희망 한국교회

멘토링
프로젝트

희망 한국교회

멘토링
프로젝트

류재석 지음

이담
Books

서문

한국교회가 오늘의 위기에서 빠져나오려면 근본적인 패러다임의 전환이 있어야 한다. 한 사람이나 한 교회가 얻으면 나머지는 잃는 양(量: Quantity)적 목회인 '제로 섬(Zero sum)'의 사고 틀에서 벗어나, 더불어 좋아질 수 있는 질(質: Quality)적 목회인 '포지티브 섬(Positive sum)' 사고방식을 하루속히 목회 현장에 적용해야 한다.

멘토링은 바로 인간(Human), 나눔(Sharing), 행복(Happiness)을 미션으로 개인과 직장과 사회와 국가에 한마음공동체를 구축하는 인격적인 협력 네트워크(Human Collaboration Belt)프로그램이다.

금번 희망 목회 멘토링은 자본주의 4.0시대에 대응하여 환경대응 목회, 가치관 목회, 롤모델 목회, 소수정예 목회, 인성교육 목회, 멘토사역단 목회로 목회자들이 포지티브 차원에서 적절히 환경에 대응하고 목회자 핵심역량(Core Competency)을 강화하여 한국교회 '포스트 위기(Post‒crisis)'시대에 기회(Opportunity)로 역전시킬 수 있는 New Paradigm 희망목회 6‒Agenda를 제시한다.

이 책의 출간 감사

멘토링 코리아 설립 당시(1998. 2. 1.) Bob Biehl 박사(美 멘토링전문가)와 William Gray 교수(加 브리티시 대학)로부터 전화, 이메일, 책자 등 귀중한 자료를 제공받은 것에 대하여 두 분께 진심으로 감사를 드린다.

초창기부터 한국적인 정서에 맞는 올바른 이론 정립과 생산성 확보에 필수적인 실행 프로그램을 개발하는 데 전문연구원으로 동참한 민홍기 박사, 김영회 박사, 최창호 박사, 최명국 박사, 탁충실 위원 그리고 최근에 합류한 김순환 박사, 이제빈 박사, 한광훈 박사, 김해영 박사, 조병용 박사, 김동철 박사, 김성일 군목, 조주영 박사, 안만수 박사, 김호정 원장, 전종현 위원, 박화현 위원, 문일상 위원에게 감사를 드린다.

멘토링 자격증을 취득하고 전문업체로 멘토링 보급에 파트너십을 하고 있는 이용철 원장(한국멘토링코칭센터), 나병선 대표(멘토링코리아컨설팅), 홍은경 소장(핸즈코리아), 이영남 대표(SMI KOREA)와 신정범 목사(청소년멘토링원장), 이순길 목사(멘토링교회개발원장) 등 현장에서 멘토링 보급에 앞장서고 있는 70명 멘토링지도사에게 감사를 드린다.

멘토링 불모지 한국에서 정부기관 도입에 앞장선 고용노동부 정원호 서기관, 농림수산식품부 신경순 사무관, 지식경제부 김영화 서기관, 행정안전부 이정래 서기관 그리고 교육과학기술부 임용우 팀장, 한국장학재단 이경숙 이사장님, 아세아연합신학연구원 공보길 원장님께 감사를 드린다.

멘토링은 저자에게 하나님이 25년 만에 기도의 응답으로 주신 선물(Gift)이다. 이에 감사하는 마음으로 멘토링에 열정을 가지고 다이아몬드와 같은 고품질의 프로그램으로 개발하여 1) 하나님께 영광, 2) 조직개발에 기여 그리고 3) 많은 사람에게 유익을 주어(고전 10:31~33) 하나님의 은혜에 보답하고자 한다.

저자의 멘토로서 8년간 저자에게 청교도 삶을 각인시킨(1980~1988) 故 김용기 장로님(가나안농군학교설립자)과 대를 이어 멘토링 관계를 이어 오고 있는 김평일 가나안농군학교 교장께 감사를 드린다.

이번 책은 그동안 저자의 기도 응원군인 서현교회 김경원 목사님과 성도님들, 그리고 저자의 에너지 근원이 된 아내 임금자를 포함한 가족 류환·류현, 한현숙, 류경헌, 류나안, 안성훈, 류지영, 안서연 모두에게 감사를 드린다.

마지막으로 어려운 여건 속에서도 기꺼이 출판을 맡아 수고한 한국학술정보㈜ 출판사 임직원들께 심심한 감사를 드린다.

2012. 01. 05.

류 재 석

저자의 한국교회에 관한 관점

1. 저자의 한국교회 주관적인 선입관점

1) 가치관 올바른 정립
한국교회는 크고 작은 교회가 문제가 아니라 각 교회마다 올바른 가치관을 갖고 있는가에 선입견을 갖고 집필하였다.

2) 목회 과정 윤리
특히 교회 성장과정이 윤리적인가 아니면 결과만 중시한 것인가에 선입견을 갖고 집필하였다.

3) 인재개발 소수정예
평신도 인재개발에서 한 마리 어린 양과 99마리 양에서 어느 편에 집중하고 있는가에 선입견을 가지고 집필하였다.

2. 저자의 한국교회 Negative(부정적) 관점

1) 양적 성장 도그마
대부분 한국교회가 크고 작은 교회 할 것 없이 양적 성장, 결국 맘몬이즘 매력에 갇혀 존재의 본질을 상실하고 있다.

2) 지적 편중목회 이원론

특히 지적 설교/성경공부 중심은 평신도로 하여금 교회에서 머리신앙과 삶의 현장에서 손발의 실천신앙에서 이원론을 부추기고 있다.

3) 교회 사유화 비윤리

교회 사유화에서 앞장선 목회자는 '절대권력은 절대 부패한다'는 이 논리에 세습 등 비윤리적 면에서 자유롭지 못한 상태이다.

3. 저자의 한국교회 Positive(긍정적) 관점

1) 목회자의 도전정신

세계적으로 도전정신을 인정받고 있는 경영자들과 같이 한국교회 목회자들의 도전정신이 오늘날 위기를 극복할 것으로 전망한다.

2) 신학교의 체계적인 운영

신학교 프로그램이 국제경쟁에서 우위로 인정받게 되고 신학과 목회의 일원화를 추진하고 엘리트 목회자 배출이 교회 생존의 길을 넓혀 줄 것으로 전망한다.

3) 글로벌 선교열정

원조받는 나라에서 주는 나라로의 이미지에 맞게 넘치는 목회인력이 세계복음화 선교열정으로 제사장나라의 사명을 완수할 것으로 전망한다.

희망목회 6-Agenda 소개

Agenda	Theme	Paradigm	
		Old	New
NO.1	환경대응 목회	영혼구원 Spiritual	사회대응 Society
NO.2	가치관 목회	물질가치 Productivity	사람가치 Humanity
NO.3	롤모델 목회	대형교회 Big Church	좋은교회 Great Church
NO.4	소수정예 목회	99마리 ⊋ 다량 Quantity	한 마리 ⊋ 소량 Quality
NO.5	인성교육 목회	단편지식 Hightech	종합인성 Hightouch
NO.6	멘토사역단 목회	독주목회 Oneway	협력목회 Twoway

CONTENTS
목 차

환경대응 목회에 희망이 있다

환경대응 목회(Confronted Society Pastoral=CSP)는 교회의 바탕이 되는 사회환경을 올바로 인식하여 대응한다. 사회정의 주장과 약자 편에 서서 대변하고 교회 기능과 가치를 제대로 실현하여 세상교회를 통한 하나님나라 건설에 목적을 둔다.

Theme

Theme 1

환경변화 목회대응 전략

오늘날 국내외 급변하는 환경변화는 나라마다, 조직마다 가치관 재정립과 혁신 리더십을 강하게 요구받고 있다. 최근 적자기업을 흑자로 전환시켜 혁신리더십의 성공자로 인정받고 있는 대니얼 애커슨(미국 GM 자동차 회장)은 '변하지 않으면 죽는다'는 말까지 슬로건으로 내걸고 있다.

[앨버트 아인슈타인]
그는 자서전에서 "종교 없는 과학은 장님이요 과학 없는 종교는 절름발이다"라 고 말했다.

[칼 바르트]
"세상의 변화를 주도하기 위하여 환경대응 차원에서 '한 손엔 성경, 한 손엔 신 문을 들어야 한다'"라고 역설했다.

[마르틴 부버]
그의 저서 『너와 나』에서 한 사람을 물질의 표현인 'It'으로 보지 말고 인격의 표현인 'You'로 보라는 말을 남겼다.

저자는 교회의 바탕이 되는 환경변화에 대응전략으로 아래 6가지 사례를 열거하고 전략적인 차원에서 대응자료로 활용할 수 있기를 기대한다.

제1장 경제환경 영향력에 대응목회
1. 기독교 자본주의 정신: 막스 베버 『프로테스탄트 윤리와 자본주의 정신』
2. 기독교 사회주의 개념: 이덕주 교수 『기독교 사회주의 산책』
3. 자본주의 경제 진화: 아나톨 칼레츠키 『자본주의 4.0시대』

제2장 사회환경 영향력에 대응목회
1. 한국의 안철수 교수 대응 목회
2. 미국의 스티브 잡스 대응 목회
3. 북한의 김정일 사망 대응 목회

제1장 경제환경 영향력에 대응목회

1. 기독교 자본주의 정신

근거자료: 독일 사회학자 막스 베버(Max Weber, 1864~1920)의 저서, 『프로테스탄티즘의 윤리와 자본주의정신』

[내용요약]

'막스 베버'와 '칼 마르크스', 두 사상가는 학계에서 흔히 맞수로 비교되곤 했다. 계급혁명론을 정점으로 하는 마르크스 저작이 좌파 진영의 교과서 노릇을 할 무렵, 베버는 『프로테스탄티즘의 윤리와 자본주의 정신』의 저자로 이름을 알렸다.

그는 이 책에서 근대 자본주의가 개신교의 예정설 신앙에서 싹텄다는 명제를 제시해 마르크스의 유물론 사관에 제동을 걸었다. '신의 선택 여부는 현세에서 경제적 성공으로 알 수 있다'는 믿음이 부(富)의 축적을 낳았다는 해석이었다.

[막스 베버의 자본주의 경제활동 5단계]

Step 1. 경제활동 명분
칼빈의 예정론을 바탕으로 한 '하나님의 소명에 의한 경제활동은 하나님의 축복이다'라는 명분을 제공하고 있다.

Step 2. 경제활동 과정
하나님의 소명으로 경제활동의 과정은 청교도의 기본정신인 금욕적인 삶으로 근면, 검소, 절약이 활동과정의 내용이다.

Step 3. 경제활동 이윤
경제활동 과정에서 소명에 의한 왕성한 활동과 최소절약 경비로 활동의 목표인 경제이윤을 확보하게 된다.

Step 4. 경제활동 저축
경제활동으로 확보된 이윤자금은 가장 완전한 금융기관에 적정하게 저축하고 발생한 이익을 다시 이윤으로 챙긴다.

Step 5. 경제활동 확대 재투자
금융기관에 저축한 자금, 즉 자기 자금으로 경제활동에 확대 재투자를 하여 사업을 확장한다.

[목회자의 경제윤리 대응과 도전정신]
1) 목회가 소명의식인가? 자기 의지나 직업의식인가?
2) 교회 예산집행 과정에서 자금관리가 낭비적인가 절감적인가?
3) 교회 1년마다 결산이 흑자인가 적자인가?

4) 교회 예산관리에서 정당하게 금융기관에 저축하고 있는가?

5) 교회 확장이 자기 자금인가 타인 부채자금인가?

2. 기독교 사회주의 개념

근거자료: 이덕주 한신대 교수 근간, 『기독교 사회주의 산책』

[내용요약]

예수님의 말씀으로 세상에서 빛과 소금이 되어야 할 기독교가 언제부턴가 세상으로부터 비판을 받고 있다. 대부분 그 원인이 세속적 자본주의 원리를 교회가 그대로 따라 하는 것에 있다고 본다.

개인의 자유와 물양적 성장을 최고 가치로 여기는 자본주의 원리를 교회에 적용한 결과 교회는 양적으로 성장했지만 그에 걸맞은 성숙이 뒤따르지 않은 것이다. 그러다 보니 교회는 '개인적 종교 자유'에만 편중해서 '사회적 책임'은 도외시하는 이기적 집단으로 비쳐지게 되었다.

그러나 한편으로 이제껏 법으로, 제도로 균등 분배를 실현하려는 공산주의는 실패로 돌아갔다. 이런 상황에서 기독교 사회주의는 인간의 힘으로 이상사회를 만들려 하지 않는다.

그것은 철저히 낮아짐으로써 희생의 본을 보이신 예수의 섬김의 정신으로, 그리고 이웃을 내 몸같이 사랑하라는 불가능한 명령을 가능으로 바꾸는 성령의 힘으로만 가능한 것이다.

[기독교 사회주의 개념]

1) 한국교회가 나아가야 할 방향은 '경쟁과 지배'의 자본주의 논리가 아니라 '나눔과 섬김'의 기독교 사회주의의 원리이다.

2) 기독교 사회주의는 개인의 영혼 구원을 강조하는 보수 신학에 맞서 교회의 사회적 책임을 강조하는 '진보적' 신학으로서 역사적 맥을 이어 왔다.

3) 부자와 가난한 자가 더불어 살아가는 하나님나라로 이는 포기할 수 없는 기독교 사회주의의 비전이다.

4) 내 것을 나누고 먼저 희생하는 기독교는 사람의 능력이 아닌 성령의 힘으로 가능한 공동체이다.

[성경에서 사회주의 산책]

1) 먼저 출애굽기 16장 17~18절의 만나 이야기다.

'한 사람이 한 오멜'이라는 균등과 평등이 만나 공동체에서 이루어진 것이다.

2) 레위기 25장 8~12절 희년 규례도 사회주의적인 관점에서 읽을 수 있다.

희년의 의미는 '가난한 자에겐 희망을, 부요한 자에겐 나눔을'인 것이다.

3) 마태복음 20장의 포도원 품꾼 비유다.

'일한 만큼 받는다'는 성과급을 원칙으로 삼고 있는 자본주의 체제에서는 용납할 수 없는 상황이다. 만나 공동체에서 율법으로 이루어진 균등 분배가 천국에서는 하나님의 뜻으로 이루어진다는 것이다.

4) 누가복음 18:27 사람이 할 수 없는 것을 하나님은 하실 수 있으니 제자들에게 '성령이 임하기까지' 기다리라는 것이다.

5) 사도행전 4:32~35의 균등 분배 공동체

즉, 물질의 공동 소유와 공동 사용, 공동 분배가 이루어진 것이다. 그 결과 공동체 안에서는 부자도 가난한 사람도 없이 모두 균등한 생활을 할 수 있었다.

3. 자본주의 4.0으로 진화 요구

근거자료: 아나톨 칼레츠기의 저서 『자본주의 4.0시대』

(아나톨 칼레츠기: 영국의 경제 전문 주간지 '이코노미스트(Economist)' 경제 칼럼니스트)

[내용요약]

자본주의 4.0은 자본주의의 진화과정을 컴퓨터 소프트웨어 버전(version)처럼 진화단계에 따라 숫자로 이름을 붙일 때 네 번째에 해당한다는 뜻이다. 자유방임의 고전자본주의가 1.0이고, 1930년대 대공황 이후 케인스가 내세운 정부주도 수정자본주의가 2.0이다. 1970년대 스태그플레이션을 겪으면서 정부개입을 최소화하고 시장의 자율을 강조하는 신자유주의(자유시장자본주의)가 3.0으로 등장해 지금까지 사상 최대의 풍요를 가져왔다. 그러나 신자유주의는 심각한 빈익빈(貧益貧) 부익부(富益富)의 그늘을 짙게 드리우면서, 탐욕과 과다를 다스리고 사회적 책임을 다하는 '따뜻한 자본주의 4.0'을 요구하게 됐다.

3.0시대	구분	4.0시대
시장중심경제	관리	시장과 정부 조화
불공정 룰	관계	협력(경영, 노동, 고객 등)
승자독식	수혜	나눔
양극화 심화	결과	공생
기업과 국가위기	기대	모두 행복

한국 대형교회 대응 및 도전

3.0 시대	4.0 시대
* 교회창립 1세대의 역동력 발휘 1. 교인 수평이동으로 대교회 독식 2 . 차량, 인력 동원 문화 대형 이벤트 3. 경쟁적으로 웅장한 교회 건축 4. 성전의식 지교회로 변질 목회 조장	* 사회와 소형 및 농어촌 교회 위해 1. 수평이동 교인감안 전도자금 배분 2. 공적-교육 및 복지시설 제공 3. 500~1,000명으로 분립 자립교회 4. 목회지원-소, 농어촌교회 멘토링
양적 성장 도그마	올바른 하나님나라 가치관 정립
목회과정 비윤리	투명목회 교인호응
자체예산 집중투자	지역사회봉사 투자역점
반국민정서로 교회 존립에 위기	교인행복 주민행복 사회와 협력목회

제2장 사회환경 영향력에 대응목회

1. 한국의 안철수 교수(서울대학교 융합과학기술대학원 원장) 대응목회

왜 이 시대는 안철수 교수에 열광하는가? 젊은이들이 가장 본받고 싶은 멘토로 꼽히는 이유가 뭘까? 사람들은 안철수에게서 무엇을 보는가? '안철수' 하면 떠오르는 이미지는 정직과 단순함, 겸손이 아닐까 싶다.

세계적 선교학자인 크리스토퍼 라이트 국제 랭함파트너십 대표. 그가 남아공에서 열린 제3차 로잔대회에서 강조한 키워드가 'HIS'다. 겸손(Humility)과 정직(Integrity), 단순함(Simplicity)의 영문자 이니셜을 딴 것이다. 그는 현대 교회 지도자들이 빠지기 쉬운 3대 우상을 'GPS', 즉 탐욕(Greed)과 권력(Power), 성공(Success)이라고 전제하며 이를 타파할 개념으로 'HIS'를 제시했다.

예수님께서는 그의 나라와 그의 의를 먼저 구하라고 하셨다. 의에 주리고 목마른 자가 복이 있고 의를 위하여 박해를 받는 자가 복이 있다고 하셨다.

안철수 교수는:

- 이(利)보다는 의(義)
- v3 백신을 국민에 무료기증

예수님은 하나님과 재물을 겸하여 섬길 수 없다고 하셨다. 예수님은 한 생명을 천하보다 더 귀하게 여기는 마음으로 사람을 세웠다.

안철수 교수는:

- 재(財)보다는 인(人)
- 전 직원에게 주식 무료기증

예수님이 우리를 사랑하여 목숨을 버리셨으니 이 사랑을 깨달은 사람은 남을 위해 목숨까지 버리는 것이 마땅하다고 하셨다(요일 3:16).

안철수 교수는:

- 자(自)보다 타(他)
- 자기 주식 50%인 1,500억 재단기부

안 교수의 자리는 우리 그리스도인이 있어야 할 자리다. 안철수를 향한 환호는 우리 그리스도인이 받아야 할 칭송이다. 있는 사람, 없는 사람이 서로 유무상통하며 천국 공동체를 실현했던 초대교회 정신이다. "저 사람들을 보라." 세상과 다른 가치관으로 세상을 구원하려 했던 초대교회를 배워야 한다. 왜 전도가 안 된다고 하는가? 왜 사람들은 교회를 외면하는가? 사람들이 환호하는 안철수에게 그 답이 있지 않을까?

2. 스티브 잡스(1955.2.24~2011.10.5, Apple社 전 회장) 대응목회

'늘 배고프게 갈망하며, 늘 우직하게(Stay Hungry, Stay Foolish).' 스탠퍼드대학 졸업식에서 그가 했던 연설의 주제다. 그는 분명 세상을 바꾸기 소망했던 사람이었다. 세상을 바꾸려면 '다르게 생각해야 한다'는 사실을 알았다. 창조적 혁신만이 세상을 바꿀 힘이라는 것을 깨달았을 것이다.

"가장 부자가 되어 무덤에 들어가는 것은 내게 중요하지 않다. 매일 밤, 잠자리에 들 때 우리가 놀라운 일을 했다고 말하는 것, 내게는 그것이 가장 중요하다."

스티브 잡스가 애플 CEO가 아니라 목회자였다면 아마 그는 교회를 바꿨을 것이다. 교회뿐 아니라 그 교회에서 흘러나오는 영적 힘으로 세상을 바꾸려 했을 것이다.

마이클 밀튼 개혁신학교(Reformed Theological Seminary) 총장은 "특히 개혁신학교를 비롯한 주요 신학교에서 교수들이 강의를 진행할 때 애플사가 제작한 아이패드와 아이폰, 맥 컴퓨터 등을 통해 후진을 양성하는 데 큰 도움을 얻고 있다"며 "또한 애플을 통해 강의에 이용하는 자료가 약 500만 개에 이르며, 이는 전 세계 목회자와 신학자, 기독교 신자 등 기독교인들의 신앙생활에 지대한 영향을 미치고 있다"고 평가했다.

목회자와 크리스천들은 이 세상을 변화시켜야 한다. 그리고 그 변화 너머 더 좋은 것도 전해야 한다. 그래서 이 땅에서 믿는 자들의 역할, 특히 남은 자들의 역할은 너무나 중요하다.

세상을 바꾸기 위해서는 시대의 흐름과는 다르게 살아야 한다. 그 '다르게 사는' 대가를 감수할 수 있어야 한다. 그는 또 말했다. "다른 사람의 삶을 사느라 한정된 시간을 낭비하지 마라. 중요한 것은 당신의 마음과 직관을 따르는 용기를 내는 것이다. 이미 마음과 직관은 당신이 하고자 하는 일을 알고 있다."

이 시대의 목회자들이, 크리스천들이 잡스와 같이 세상을 변화시킬 수 있기를 소망한다. 그날이 오리라 믿는다! 모두가 "이 땅을 고쳐주소서"라고 기도한다. 세상을 변화시키기 위해서는 각자가 대가를 지불해야 한다. 다르게 생각하며 혁신을 이뤄야 한다. 우리에게, 교회에 지금 가장 중요한 것은 무엇인가? 크리스천인 당신은 오늘 잠자리에 들 때 "놀라운 일을 했다"고 말할 수 있는가? 목회자인 당신은 세상을 바꾸기 위해서 어떤 대가를 지불하고 있는가?

3. 북한 김정일(1942.2.16~2011.12.17) 사망 대응목회

1945년 이후 북한의 역사는 1945~1974년 김일성 단독 통치시대, 1974~1994년 김일성·김정일 부자(父子) 공동 통치시대, 1994~2009년 김정일 단독 통치시대, 2009~2011년 김정일·김정은 부자 공동 통치시대로 요약할 수 있다. 북한의 봉건적 현실은 2009년 개정된 북한 헌법 전문(前文)의 "조선은 위대한 수령 김일성 동지의 사상과 영도를 구현한 주체의 나라이고, 위대한 수령 김일성 동지는 조선의 창건자이며 사회주의 조선의 시조(始祖)"라는 구절에 집약(集約)돼 있다.

1) 한 사람의 중요성

김정일이라는 한 인간이 집권 17년간 어떻게 사람들에게 저토록 두려움을 주는 인간이 될 수 있는가? (2,400만의 북한 동포들의 처참한 희생과 겉으로 나타난

1976년 판문점 도끼 만행사건, 1983년 버마 아웅산 묘지 폭탄테러사건, 1987년 KAL기 폭파 사건, 2002년 서해상의 우리 해군 기습사건, 2010년 천안함 폭침사건과 연평도 포격사건 등)

2) 국민 국론 집결

국민은 국론을 결집해 나가면서 생업에 종사하면 된다. 한반도 정세는 분명하게 대한민국에 유리한 방향으로 흘러가고 있다.

3) 한국교회 기도

우리의 기도는 북한의 500개의 가정교회, 1만 2천 성도와 남북관계가 회복되고 동양의 예루살렘이었던 평양과 북한에 새로운 부흥이 일어나길 바라는 기도와 아울러 아래 4가지 당면 현실문제에 관한 내용을 포함하여야 한다.
- 북한 동포의 대량숙청과 학살 우려에 관하여
- 북한 핵과 미사일 유출 우려에 관하여
- 북한동포의 인간다운 삶의 복원을 위하여
- 중국, 미국보다 남북 당사자가 한반도 통일 주도권을 갖기 위하여

대한민국과 남북 7,500만 동포는 지금 역사적·민족적 '진실의 순간'을 만나고 있다. 먼저 한국교회에 징벌적 십자가인 남북 분단의 고통을 이제는 거두어 달라고 전 국교회가 안주와 교만한 마음을 비우고 마음을 찢는 기도가 필요할 때다(렘 33:3).

환경대응 핵심역량 Best 5

제1장 리딩 목회

리딩(Leading=Leader+Powering) 목회란 목회자로서 소명의식을 발휘하여 개인적으로는 환경에 대응하고 앞서가는 적응 리더십과 교회조직의 혁신 리더십을 말한다.

누구나 리더는 쉽게 될 수 있다. 그러나 리딩(Leader+Powering)은 그 역할이 개발된 자만이 할 수 있는 것이다.

[한국교회 현황 촌평]

1) 부정적(Negative) 요인: 아직도 헝그리 중심의 기복 목회 매력에서 못 벗어나고 있다.

2) 긍정적(Positive) 대안: 오늘날 급변하는 사회에서 적응과 혁신리더십으로 멘토링 희망목회가 필요하다.

3) 하워즈 스나이더(Howard Snyder, 애즈버리 신학교 객원교수)가 말하는 교회의 목적

교회의 목적은 하나님나라이다. 교회는 하나님나라를 위해 존재한다. 하워즈 스나이더는 "교회가 하나님나라를 세우는 대신, 교회 자체를 세우는 존재로 자신을 규정짓게 되면, 언제나 문제가 생긴다"고 주장한다. 그는 교회의 본질로서 하

나님나라를 이렇게 말한다.

"하나님나라의 사람은 먼저 하나님나라와 그의 의를 구한다. 그러나 교회에만 속한 사람은 교회를 세우기 위해 때로 의와 자비와 진리를 간과한다. 교회에 속한 사람은 어떻게 하면 사람들을 교회로 끌어들이느냐를 생각한다. 그러나 하나님나라 사람은 어떻게 하면 사람들을 세상으로 내보내느냐를 생각한다. 교회에 속한 사람은 세상이 교회를 변화시킬까 봐 염려한다. 그러나 하나님나라 사람은 어떻게 하면 교회가 세상을 변화시킬 수 있을지를 고민한다. 이들은 하나님나라의 관점에서 교회의 존립과 사명을 생각하게 된다.

[리딩 목회 Self Test]

역량 1	진단 설문 도구(Test Tool)	Check
1. 리딩 Leading ( )	1. 성전개념에서 내려와 예배당으로 평신도와 동행한다.	4 3 2 1
	2. 최대(量)보다는 최고(質) 교회를 일구는 꿈을 꾼다.	4 3 2 1
	3. 내가 먼저 변하고 교회가 변하면 세상은 자연히 변한다.	4 3 2 1
	4. 성도의 구미(口味)보다는 하나님 만족을 우선한다.	4 3 2 1
	5. 눈을 감고 마음를 열어 원할한 소통을 이룬다.	4 3 2 1

제2장 인성목회

인성(Humanity)목회란 오늘날 지(知)적 편중된 하이테크(Hightech)에서 전인적인 하이터치(Hightouch) 목회로 방향 전환하는 리더십을 말한다.

[한국교회 현황 촌평]

1) 부정적(Negative) 요인: 아직도 사람을 교회 성장도구로 활용하는 목회에 집착하고 있다.

2) 긍정적(Positive) 대안: 예수를 닮은 한 사람을 소중히 여기는 멘토링 인성목회가 필요하다.

3) 이금만(한신대학교) 교수가 말하는 '인격형성교육'

장신대, 한신대, 서울신대, 침신대 등 9개 신학교가 공동으로 참여한 신학교육 개선 공동연구협의회 조사에 따르면 인격형성 교육은 이들 신학교 전체 커리큘럼의 6.4%에 불과했다. 반면 신학형성 교육은 85%였다. 이에 대해 이 교수는 "신학교의 인격형성 교육이 아주 미흡하다"며 "그나마 인격형성을 위한 일부 교과목마저도 이론 중심이거나 학점 이수에 급급한 경우가 많다"라고 지적했다.

신학교의 바람직한 인성교육 방향으로 이 교수는 이론과 함께 고통과 고민, 인성적 결함, 스트레스 조절 같은 신학생들의 실제적 고민과 문제를 다루는 교과목을 편성해야 한다고 했다. 현재 신학교에는 '목회와 상담', '현대인과 정신건강', '인간 심리의 이해' 등의 교과목이 있지만 대부분 지식 전달 교육에 머물러 있는 만큼 임상을 병행해 실제 인성 함양에 도움되도록 해야 한다는 것이다.

[인성 목회 Self Test]

역량 2	진단 설문 도구(Test Tool)	Check
2. 인성 Humanity (　　)	1. 지(知)적으로 잘 갖춘 신학/목회에 인격과 품성을 갖추고 있다.	4　3　2　1
	2. 삶의 방법 중에서 당근과 초달을 균형 있게 시행한다.	4　3　2　1
	3. 인간의 탈인 잎(창세기)을 벗고 주님의 몸인 가죽옷을 입는다.	4　3　2　1
	4. 목회를 우정보다는 인격을, 그보다는 사명으로 실천한다.	4　3　2　1
	5. 하나님을 사랑한 만큼 인간도 그만큼 사랑한다.	4　3　2　1

제3장 균형 목회

균형(Balance) 목회란 한국교회가 양(量=Quantity)적 성장이라는 도그마에 갇혀 변질된 복음으로 생기는 심각한 위기에 처한 상태에서 이에 대한 대안으로 질(質= Quality)적 목회와 균형을 이루는 리더십을 말한다.

[한국교회 현황 촌평]
1) 부정적(Negative) 요인: 아직도 양(量)적 성장으로 저질(低質)의 인재개발이 속출하고 있다.

2) 긍정적(Positive) 대안: 양(量)과 질(質)의 균형 성장인 시너지효과로 멘토링 균형목회가 필요하다.

3) 댈러스 윌라드(남가주대학 철학과 교수)가 말하는 '크리스천의 성공'

"크리스천들에게 성공은 거룩함에 이르는 것입니다. 말과 행동에서 성령의 열매가 나타나는 것이 바로 성공입니다. 거룩하기 위해서는 하나님의 음성을 들으며 마음의 혁신을 이뤄야 합니다. 그 혁신은 제자가 되지 않고서는 이뤄지지 않습니다. 제자가 되기 위해서는 돌아서야 합니다. 자기를 찢어야 합니다. 목회자의 성공은 사람들이 하나님을 만나 거룩함에 이르도록 도와주는 것입니다. 그래서 제자도가 필요한 것입니다. '더 큰 그리스도인(The bigger Christian)'으로 만드는 데 힘을 기울이는 것, 그것이 바로 승리의 길입니다."

한국의 크리스천들에게 당부: "여러분은 참으로 독특한 크리스천들입니다. 세계의 영적 변혁을 위한 최전선에 서실 분들입니다. 그 사명을 감당하는 유일한 길은 제자가 되는 것입니다."

[균형 목회 Self Test]

역량 3	진단 설문 도구(Test Tool)	Check
3. 균형 Balance ( )	1. 지적인 설교와 감성적인 설교에 균형을 맞추고 있다.	4 3 2 1
	2. 믿음을 강조한 만큼 실천의 순종 메시지도 강조한다.	4 3 2 1
	3. 부름 받은 특권과 보냄 받은 소명의 메시지가 균형이 맞는다.	4 3 2 1
	4. 하늘의 축복과 세상의 축복에 대한 가르침이 균형이 맞는다.	4 3 2 1
	5. 부자에게는 강하고 약자에는 부드러운 목회를 하고 있다.	4 3 2 1

제4장 경쟁 목회

경쟁(Competition) 목회란 먼저 타인경쟁에서 벗어나 교인과 목회자 자신의 역량개발 결집으로 경쟁력을 확보하는 것이다. 더 나아가 평신도 멘토와 목회자가 유기체로 협력(Collaboration)하는 목회를 말한다.

[한국교회 현황 촌평]

1) 부정적(Negative) 요인: 아직도 목사 중심의 One Man Show 독주 목회에 집착하고 있다.

2) 긍정적(Positive) 대안: 큰 목사/작은 목사 멘토, 즉 평신도와 협력하는 멘토링 협력목회가 대안이다.

3) 윌리엄 칼(피츠버그 대학원 총장)이 말하는 '현재시대 목회자 관점'

"매우 흥분되는 시대이다. 위기라 하지만 우리는 오히려 초대교회와 비슷한 상황에 있다. 기독교가 모든 대중에게 익숙해지기 전 시대와 같다. 유럽과 미국에서 기독교가 쇠퇴했지만 또 다른 곳에서는 복음을 갈망하는 사람들이 생기고 있다. 러시아와 중국에서 교회가 급속하게 성장하는 것을 목격했다. 이런 시기에 진지하게 하나님 말씀을 탐구하고 교리를 바로 전한다면 예수님께서 오병이어 사건을 일으키신 것과 같이 놀라운 일이 일어날 것이다."

[경쟁 목회 Self Test]

역량 4	진단 설문 도구(Test Tool)	Check
4. 경쟁 Competition ( )	1. 목회기술로가 아니라 영적의 힘으로 세상을 변화시킨다.	4 3 2 1
	2. 겸손, 정직, 단순함은 기본이고 그 위에 믿음이 가장 큰 무기이다.	4 3 2 1
	3. 세상의 탐욕과 권력과 세상 승리가 가장 큰 우상이다.	4 3 2 1
	4. 목회에서 양적보다 사람을 먼저 키우는 데 지혜를 모은다.	4 3 2 1
	5. 예수님의 한 사람 철학으로 나보다는 남을 먼저 세운다.	4 3 2 1

제5장 전략 목회

전략(Strategy) 목회란 차별화 전략으로 지역 불신자를 전도하는 지역주민과 공생목회(Community)를 말한다. 또 한편으로 대형교회에서 양적 편중의 목회의 보완 프로그램으로 교회 안에서 작은 미팅교회(1:1 멘토링 콤비)를 독립적으로 유지하는 것으로 유기체 교회스타일의 리더십을 말한다.

[한국교회 현황 촌평]

1) 부정적(Negative) 요인: 아직도 대형교회의 수평이동 목회로 교인쟁탈 양적 경쟁 목회에 집착하고 있다.

2) 긍정적(Positive) 대안: 지역의 불신자 복음전도를 위하여 지역주민과 멘토링 공생목회가 필요한 시대다.

3) 폴 스티븐스(캐나다 리전트 칼리지 교수)가 말하는 '목회자의 삶과 일'

"첫째, 목회자는 그리스도인들의 삶과 일을 이해해야 합니다. 둘째, 목회자는 성도들이 교회 안에서의 사역뿐 아니라 세상 속에서 일상의 삶과 일이라는 사역을 감당할 수 있도록 준비시켜야 합니다(엡 4:11~12). 셋째, 신학은 전인격적인 학문이어서 교회 안에서의 일뿐 아니라 모든 삶의 영역을 이해하는 것을 추구합니다. 넷째, 신학교육은 성직자들에게만 국한돼서는 안 됩니다. 목회가 신학적이어야 할 뿐 아니라 그리스도인의 삶 전체가 신학적이어야 합니다."

[전략 목회 Self Test]

역량 5	진단 설문 도구(Test Tool)	Check
5. 전략 Strategy ( )	1. 평생교육으로 성경 및 신학 공부에 계속 힘쓰고 있다.	4 3 2 1
	2. 항상 양심의 소리에 귀를 기울이고 영성의 문이 열려 있다.	4 3 2 1
	3. 섬기는 사회로부터 어떠한 대가도 치를 각오가 되어 있다.	4 3 2 1
	4. 세상의 웰빙 축복과 주님 때문에 고난의 축복도 겸한다.	4 3 2 1
	5. 성도에게 기복신앙보다는 주님의 열정신앙을 우선 권한다.	4 3 2 1

[핵심역량 진단 시각표]

핵심역량 측정표에서 5가지 주제별로 각 지수(점수)를 먼저 확인하고서 다음 단계로 들어간다. 아래 오각형을 보면 각 꼭지별로 5칸씩 나눠 있음을 발견할 것이다. 각 지수별의 만점은 한 꼭지당 20점이므로 한 칸에 4점씩 배점하여 실득 점수를 가지고 큰 원 속에서 오각형(실제 득점 지수)을 그리면 핵심역량 지수 시각화(視覺化)가 그려진다.

□ 작 성 자 A:

□ 작 성 자 B:

□ 작성 일자:

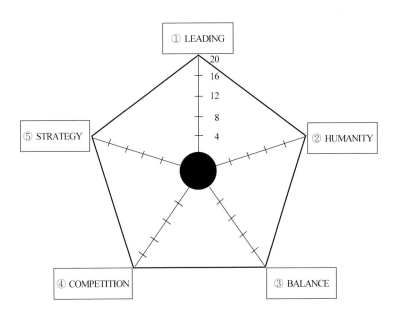

[핵심역량 진단 브레인 스토밍]

교회명: 직위: 목회자: 직책: 성명:

영역	Leading	Humanity	Balance	Competition	Strategy	합계
점수						

*점수가 가장 좋은 설문항목 5가지는 무엇인가?

1.

2.

3.

4.

5.

* 점수가 가장 낮은 설문항목 5가지는 무엇인가?

1.

2.

3.

4.

5.

* 더 좋은 핵심역량이 되기 위한 대안책은 무엇인가?

1.

2.

3.

4.

5.

Theme 3

환경대응 SWOT 분석

환경대응에 먼저 챙겨야 할 자료가 SWOT 분석이다. 『손자병법』에 '지피지기(知彼知己)면 백전불패'라는 말과 같이 먼저 환경을 제대로 분석하고 자신의 경쟁력을 갖추는 대안이다. 샘플로 국가, 한국교회 그리고 단위교회 세 곳의 실제상황을 소개한다.

제1장 국가(대한민국) SWOT 분석자료 실제 상황

1. 왜 SWOT 분석을 하는가?

국가의 참모습을 찾기 위한 장단점 분석 기법으로 현재 상태에서 국가를 평가해 본다. 평가자료는 국가의 과거, 현재, 미래를 통한 방향, 전략, 핵심역량 등을 분석하여 멘토링 활동에 적용한 것이다.

2. 작성대상자는?

멘토와 관리자급 이상으로 특별 선정해서 작성하여 빈도수를 우선하여 종합한다.

	Strengths - 강점	Weaknesses - 약점
Interior (국가 내부 요인)	1. 100여 년 단기간에 믿음대국 이룸 2. 미국 다음으로 해외 선교에 열정 3. 한국에서 영향력 1위 종교 단체 4. 6만 교회/10만 목회자/국민 15% 교인으로 막강한 목회자원 보유	1. 물적 성장 도그마에 집착 2. 기복 등 변질된 복음가치관 3. 양산으로 저질인재 배출 4. 개인영혼 구원/사회정의 약화 5. 도시집중 대형교회 목회선호
	Opportunities - 기회	Threats - 위협
Exterior (국가 외부 요인)	1. 영성 열정과 바른 복음 가치관 회복 기회 2. 목회자의 사회봉사 적극참여 위기 극복 3. 해외 선교열정으로 제사장 나라 사명감 고취 4. 북한/중국 복음화의 주역으로 부상 5. IT 활용 인터넷 목회 체계화 실시 기회	1. 교회지도자 윤리 상실로 반(Anti)국민 정서의 고조 2. 토요 휴무로 인한 교인 분산 3. 지적편 중 목회로 이원론 4. 교회 사유화로 세습 등 재산 분쟁권 다발 5. 신학생 과다배출로 극심한 경쟁 초래

제2장 교회(한국교회) SWOT 분석자료 실제상황

1. 왜 SWOT 분석을 하는가?

한국교회의 참모습을 찾기 위한 장단점 분석 기법으로 현재 상태에서 교회를 평가해 본다. 평가자료는 교회의 과거, 현재, 미래를 통한 방향, 전략, 핵심역량 등을 분석하여 멘토링 활동에 적용하고 특히 환경변화를 올바로 인식하여 우리 교회의 방향과 혁신 전략을 수립한다.

2. 작성대상자는?

멘토와 목회자급 이상으로 특별 선정해서 작성하여 빈도수를 우선하여 종합한다.

	Strengths - 강점	Weaknesses - 약점
Interior (국가 내부 요인)	1. 100여 년 단기간에 믿음대국 이룸 2. 미국 다음으로 해외 선교에 열정 3. 한국에서 영향력 1위 종교 단체 4. 6만 교회/10만 목회자/국민 15% 교인으로 막 강한 목회자원 보유	1. 물적 성장 도그마에 집착 2. 기복 등 변질된 복음가치관 3. 양산으로 저질인재 배출 4. 개인영혼구원/사회정의 약화 5. 도시집중 대형교회 목회선호
	Opportunities - 기회	Threats - 위협
Exterior (국가 외부 요인)	1. 영성열정과 바른복음 가치관 회복기회 2. 목회자의 사회봉사 적극참여 위기극복 3. 해외 선교열정으로 제사장 나라 사명감 고취 4. 북한/중국 복음화의 주역으로 부상 5. IT활용 인터넷 목회 체계화실시 기회	1. 교회지도자 윤리상실로 반(Anti)국민 정서의 고조 2. 토요 휴무로 인한 교인 분산 3. 지적편 중 목회로 이원론 4. 교회 사유화로 세습 등 재산 분쟁권 다발 5. 신학생 과다배출로 극심한 경쟁 초래

제3장 단위(OO교회) SWOT 분석자료 실제상황

1. 왜 SWOT 분석을 하는가?

OO교회의 참모습을 찾기 위한 장단점 분석 기법으로 현재 상태에서 교회를 평가해 본다. 평가자료는 교회의 과거, 현재, 미래를 통한 방향, 전략, 핵심역량 등을 분석하여 멘토링 활동에 적용하고 특히 환경변화를 올바로 인식하여 우리 교회의 방향과 혁신 전략을 수립한다.

2. 작성대상자는?

멘토와 직분자급 이상으로 특별 선정해서 작성하여 빈도수를 우선하여 종합한다.

	Strengths - 강점	Weaknesses - 약점
Interior (교회 내부 요인)	1. 한 번도 분쟁이 없이 화목한 교회다. 2. 당회가 잡음 없이 원만히 운영된다. 3. 말씀 중심으로 이단에 흔들리지 않는다. 4. 예산대로 책임 있게 지출되는 교회다. 5. 열린 예배 등 시대에 맞게 변화에 대응하는 목회 전략이 있다.	1. 전도열정이 약화되고 있다. 2. 여성도끼리 과잉 경쟁한다. 3. 권징약화로 분수에 넘는 교인도 있다. 4. 주일학교부서 감소하고 있다. 5. 새신자가 정착하기에 기존의 벽이 높다.
	Opportunity - 기회	Threats - 위협
Exterior (교회 외부 요인)	1. 필립핀 등 선교시스템이 구축되었다. 2. 인근 대형아파트가 신축되었다. 3. 담임목사가 교회 개혁성이 강하다. 4. 지역사회에 열린 문-공연장, 문화교실 등이 갖춰져 있다. 5. 대학청년 적성에 맞게 경배 찬양 예배가 드려진다.	1. 상위직분에 경쟁이 과열되었다. 2. 당회원들의 역할이 소극적인 분위기다. 3. 수양관 운영에 큰 손실을 보고 있다. 4. 주차장 시설이 열악하다. 5. 영성이 약화되어 간다.

*자료인용: OO교회(마포구 서교동 소재 예장 (합동) 중대형교회) 보완자료

Theme 4

환경대응 멘토링 리더십

제1장 교회 멘토링 핵심원리 5가지

멘토링의 현대적 의미는 핵심인재개발이다. 멘토링의 주제는 인간이며 그 목적은 한 사람의 인간에게 전인적인 인격(Personality) 프로그램을 적용하여 인격을 갖춘 차세대 크리스천 리더(A Leader)로 세우는(Standing Together) 일이다.

특별히 교회에서 한 사람 가치철학으로 목회자, 직분자, 교사, 구역장, 평신도 등 현장 사역자 한 사람 한 사람을 인격자로 개발하는 전인적인 멘토링 프로그램이 필요하게 되는데 먼저 교회 멘토링의 핵심원리로 아래 5가지를 소개한다.

[주제: 한 사람 가치관 철학]

구분	가치관	훈련과정	영역
기독교	한 사람 영혼구원	제자도	세상-천국
멘토링	한 사람 인격리더	멘토사역단	세상

1. 멘토링에서 인격이란?

방대한 하나님의 형상(창 1:26~28)을 지, 정, 의(知, 情, 意)로 최소화 형식으로 하여 재덕(才德)이 겸전(출 18:21)한 한 사람을 인간세상에 실체화한 형태를 말한다.

2. 교회 멘토링의 적용은 죄인에서 구원에 이르는 중간과정의 단계이며 이때

멘토라는 개념은 일만 스승이 아닌 전인적인 아버지의 역할(고전 4:15)로 현재 구원에 이르는 중간 단계를 더욱 정예화로 강화하는 의미가 담긴 것이다 (죄인 - 인격계발과정 - 구원).

3. 오늘날 멘토링을 통한 크리스천은 뱀의 지혜 외 비둘기의 순결(마 10:16)로 세상을 이기는 신앙적인 성숙에, 인격적으로 완숙(完熟)한 삶을 더한 것이며 특히 사회생활에서 모범을 보이도록 고도의 윤리리더십을 발휘할 수 있도록 훈련하는 과정이다.

4. 멘토사역단(Mentor Mission Group)을 통해 양성되는 인격자로서 크리스천은 결과적으로 이 세상에서 성령의 9가지 열매(갈 5:22) 등 사명완수의 삶으로, 부끄러운 강도의 구원이 아닌 사도 바울의 면류관 상급을 기대한다.

5. 멘토링 인격 프로그램은 교회에서 예수님을 닮아 가는 제자도(Apostles 弟子道) 프로그램에 더 붙여서 단지 이 세상에서 전인적인 삶으로 한 사람 인간 (A Person)을 인격자로 개발하는 목회 보완 프로그램이다.

제2장 환경대응 멘토 리더십

멘토의 역할은 전인적인 삶의 조언자다. 여기서 전인적이라는 의미는 지정의(知情意) 인격을 말하며 삶이란 의미는 삶의 현장을 말하는 것으로 직장뿐만 아니라 가정, 사회 생활까지 삶의 범위를 말하는 것이다. 조언자라는 의미는 일반적인 리더는 주관자이고 지시자인 반면 멘토는 멘제를 앞세워 어디까지나 조언을 해 주며 결정은 멘제에게 위임하는 것을 말한다. 한마디로 멘토는 멘제를 자신보다 더 훌륭하게 키우는 재생산(Reproducting), 즉 선순환의 인재개발을 말하는 것이다.

인간발달을 연구하는 심리학자와 교육가들이 강조하는 중요한 진리 중 하나는 인간은, 특별히 어린이들은 성인들의 말이나 교훈, 강의 등을 통해서 자신의 가치관이나 행위의 기준을 배우는 것이 아니라, 성인들의 행동을 보고 직접 배우며 모방한다는 사실이다.

인생이 무엇인지 어떻게 성인이 되어 가야 하는지, 인생을 어떻게 살아야 하는지를 구체적으로 가르쳐 주는 책은 세상에 없다. 그러나 우리의 삶이 중요하고 자신의 세상을 위하여 그 중요한 인생을 바르게 살아야 하며, 인생은 연습하고 실습할 만큼 여분의 시간이 없다는 것은 누구나 다 알고 있다. 이런 삶 속에서 멘토를 가진 사람은 멘토를 갖지 못한 사람에 비하여 엄청난 유익을 갖는다.

먼저 멘토링은 멘제에게 전인적인 교육을 가능케 한다. 멘토링을 통하여 멘토와 멘제 사이에 지식이나 기술 전달은 물론, 밀접한 인간관계를 통한 인격과 신앙 교류, 지혜로운 삶의 방식이 전승될 수 있기 때문이다. 멘토가 직장이나 직업상의 선배라면, 멘제는 선배인 멘토의 노하우를 통하여 불필요한 실패나 시간 낭비와 에너지, 자본을 줄이고 성장과 성공의 지름길로 갈 수 있다.

멘제는 또한 멘토를 통하여 정서적인 안정감을 얻게 된다. 인간의 감성은 안정된 삶의 원동력이 되며 건전한 자존감의 기초가 되기 때문에 인생 스승인 멘토의 유무는 멘제의 삶의 내용과 질에 중요한 역할을 한다.

인생에 필요한 많은 외적 요소를 다 갖추었다 할지라도 그 삶의 정서가 불안하고 감성에 문제점들이 있다면 그 인생은 사상누각이 될 가능성이 많다. 감성과 정서는 우리 인생의 초석이라고 할 수 있다. 인생의 기로에서 중요한 결정을 내려야할 때에 인생의 선배인 멘토의 현명한 조언과 도움은 걱정과 불안 속에서 객관성을 잃고 잘못된 결정을 하기 쉬운 멘제에게 중요한 스승 역할을 해 줄 것이다.

이러한 역할로서 멘토는 우리 가정과 사회, 교회, 교계, 정치계 등 모든 분야에서 이루어져야 할 중요한 교육 과제이다.

[오늘날 멘토가 되어야 하는 당위성]

멘토링의 선진국인 유럽 및 북미지역에서는 멘토링이 오래전에 생활화되어 멘토 선정이 별로 어렵지 않다. 왜냐하면 대부분 멘제를 거쳤기 때문에 멘토링의 효과성을 잘 알고 또 자신이 멘제 시절 도움을 받았기에 자연스러운 일로 받아들인다.

그러나 멘토링을 처음 대하는 한국 등 동양권에서는 멘토링을 경험하지 못하고 새롭게 멘토를 선정할 때 호기심과 부담감으로 일차 당혹감을 나타낸다. 그러나 우리 동양권도 멘토링이라는 공식 용어를 사용하지 않았을 뿐이지 대부분 유사 멘토링은 경험한 게 사실이다. 아래 5가지 유사 멘토링과 멘토가 되어야 할 당위성을 소개한다.

도움 1. 부모의 도움을 받고 탄생했다.
도움 2. 친척의 도움을 받고 자랐다.
도움 3. 선생님(교수님)의 도움 받고 성장했다.
도움 4. 친구의 도움 받고 어려움을 해결했다.
도움 5. 선배의 도움 받고 직장생활 하고 있다.

그러므로 자신들이 빚진 부담감을 덜어 내는 입장에서라도 멘토제도 참여는 당연한 것이다.

[가정 멘토]

먼저 가정은 어린이들에게 최초의 학교이며 그들의 인생이 시작되는 교육의 장이기 때문에 가정에서 부모가 생활하는 모범을 보이면서 그들을 말씀으로 양육할 의무와 책임을 지고 있다.

그러나 오늘날 우리 가정 대부분의 부모들이 인격적·신앙적·정서적으로 미숙한 언행으로 자녀의 모범이 되지 못하고 있음은 물론, 그 반대의 부정적인 모델상을 보이고 있는 현실이다. 이런 환경 속에서 자라는 어린이들이 또한 그런 미성숙한 부모의 모습을 보면서 자신들도 그런 부모가 되고, 그런 가정들이 이어지는 악순환이 계속되고 있다. 자녀에 대한 멘토링이 잘 이루어진 가정이 많을수록 그 사회와 국가는 건전하고 안정된 나라가 되는 것은 자명한 일이다.

[사회 멘토]

사회적으로도 멘토링은 필요하다. 자신이 소속된 직장과 사회에서 신실한 멘토를 보고 멘토링 관계를 유지하면서 건전한 직장 풍토와 사회 윤리 속에서 살고 있는 멘제는 그 자신이 좋은 멘토가 되어 다른 멘제를 또 멘토링하게 된다.

[교회 멘토]

한국교회와 교계에도 멘토는 절실하게 요구되고 있다. 인구의 25% 정도가 기독교이며 세계에서 가장 큰 대형교회들이 몰려 있다고 자랑하는 한국교회에 기독교인들의 생활의 열매가, 기독교인의 문화가 형성되어 있지 않다는 것은 자타가 공인하는 사실이다. 어느 논문에서 한국의 기독교인은 전체 인구의 25% 이상인데 해방 이후 정치, 경제, 사회 등 모든 분야에서 각종 대형 범죄 사건에 연루된 사람들 중 40%가 기독교인이라고 밝히고 있다.

[학교 멘토]

각급 학교에서 단순히 지식을 가르치는 이외에, 학생들의 삶에 중대한 영향을 미칠 멘토들이 필요하다. 입시 위주의 주입식, 경쟁적 교육이 교육의 주류(主流)를 이루고 있는 한국에서, 인격과 인격이 교류되는 인성교육이 이루어져야 하는 멘토의 필요성이 그 어느 나라에서보다 절실히 요청되고 있다.

[재계 멘토]

사회와 재계(財界) 역시 멘토링이 필요한 곳이다. 서구의 재벌들이 자신들의 자산 중 많은 부분을 사회와 국가를 위해 헌납하는 것이 일반적인 관례인 데 반하여, 대부분의 한국 재벌이나 기업들은 기본적인 세금마저도 포탈하는 것이 기본인 것처럼 보인다. 그들에게 건전한 사업가나 기업인, 재벌로서의 바른 철학이나 인생관 정립에 영향을 미친 멘토들이 있었다면 구조조정 때문에 온 나라가 고통과 진통을 겪는 그런 불행은 없었을 것이다.

[정치계 멘토]

　정치계 역시 멘토링의 절대적인 필요성에서 결코 예외일 수 없다. 어느 의미에서 가장 강도 높은 멘토링이 이루어져야 할 곳이 바로 정치계라고 할 수 있다. 국회의사당에서 소위 국정을 수행한다는 국회의원들의 작태는 말할 것도 없고, 살아 있는 전직 대통령들의 대통령 재임 시의 행적과 퇴임 후의 언행들은 국민들에게 분노와 절망감은 물론, '우리에게는 이런 부류의 지도자들밖에 없는가?'라는 허탈감에 삶의 의욕과 용기를 잃게 한다.

　이렇게 우리의 삶의 현장 곳곳에서 멘토링은 절실히 필요하다. 타락하고 부패한 시대일수록 경건하고 신실한 인격을 갖춘 지도자들을 더욱 필요로 하는데, 지식 전달이나 정보 교환이 그 중심이 되고 있는 현대의 교육 현장에서는 인격적 교류가 그 중심이 되어 이루어지고 준비되는 참지도자 배출이 제도적으로 힘들게 되어 있다. 기업, 대학, 교회, 학교, 정부기관 등 사회가 이 멘토링의 중요성과 멘토의 필요성을 인식하고 사람을 바로 기르고 양육하는 일에 지대한 관심을 기울여야 할 중요한 시대에 우리는 살고 있다.

제3장 교회 멘토링 리더십 전략

　교회론의 가장 큰 이슈는 '교회가 왜 존재하는가?'라는 물음이다. 이 질문은 '교회의 사명이 무엇인가?'라는 질문과 동일한 것이다. 한국교회는 이 질문을 답하는 과정에서 역사적으로 두 유형의 모델을 세워 나갔다.
　하나는 전도를 통한 '교회 양적 성장'이며 다른 하나는 '교회 질적 성숙'이다. 이와 같이 양적인 성장과 질적인 성숙이라는 두 바퀴가 서로 같이 구를 때만이 교회가 건강하다고 볼 수 있다.
　그러나 오늘날 목회의 현실은 어떠한가? 아래와 같이 몇 가지 문제점을 지적하고 멘토링 전략 차원에서 대안을 제시하고자 한다.

1. 성숙보다는 양적 성장 편중으로 불균형 목회가 문제다

오늘날 한국교회는 양적 성장에 대한 집착이 큰 문제로 대두되고 있다. 단기간에 대량 교인이 입교하므로 제대로 개별관리가 되지 못하므로 교인의 질적 성숙에 문제가 속속 드러나고 있다.

더욱이나 90년대 들어와 교인 절대수는 감소하는데 계속 양적 성장의 도그마에 갇혀 기존교인 쟁탈전 등 비윤리가 난무하여 이로 인한 부작용이 결과적으로는 한국교회에 피해를 주는 부메랑을 맞고 있는 현실이다. 이제는 교회마다 예수님의 한 사람 철학에 근거한 올바른 가치관 재정립이 시급한 현실이다.

2. 인성보다는 지적 편중으로 불균형 목회가 문제다

평신도에 대한 과분한 성경교육은 결과적으로 이기주의적인 제자는 양산은 될지 모르나 진정한 사역자는 얻기 힘들다. 목적보다도 수단이 앞서가는 것은 스스로 부메랑 피해를 목회자 자신이 안게 되는 것이다. 멘토링에서는 예수님의 소수 중심으로 따뜻한 인정을 베푸는 인성 목회(Hightouch)로 전향할 때가 되었다고 본다.

3. 앞문도 활짝 열리고 뒷문도 활짝 열려 있는 관리 취약 목회가 문제다

활발한 전도 활동을 통하여 새신자들이 교회에 들어오게 하는 데는 목회자마다 제 실력을 충분히 발휘하고 있다고 본다. 그러나 문제는 기존 성도들에 대한 관리기술은 어쩐지 허술해서 뒷문으로 줄줄 새고 있는 현실이다. 멘토링에서는 멘토제도를 활용해서 교인 한 사람 한 사람에 만족 기법을 발휘(Humanity, 인간성 목회)하여 뒷문을 막는 대안을 제시한다.

그러므로 미래의 모든 교회는 아무리 대형교회가 나타난다 할지라도 성도 한 사람 한 사람을 돌볼 작은 교회 시스템인 멘토사역단(Mentor Mission Group)을 구축해야 한다. 이는 큰 교회 속에 작은 1:1 교회를 만드는 것과 같다. 이 1:1 팀은

다만 지리적인 공통점을 가지고 기계적으로 나뉜 하부 조직이 아니고 멘토로 하여금 교인의 욕구를 정확히 진단하며 충족시킬 대안을 가지고 탄생되는 살아 있는 유기체 조직이 되는 것이다.

오늘날 조직에 적용하는 멘토십(Mentorship)은 1:1(소수) 인간관계를 통하여 먼저 조직체 구성원을 높은 인성(Hightouch)과 첨단기술(Hightech)을 겸비한 고품질의 인재로 개발하는 제도다.

또한 조직개발 전략으로서 멘토링은 교회의 평신도개발, 1:1 제자훈련, 교회학교의 인성교육, 특기개발교육, 출석 부진자 출석률 향상, 교회의 목회자 선교사양성 등 핵심인재개발, 새신자정착, 슬럼프교인 중보 등 각기 교회의 목표를 달성하고자 하는 조직개발 활성화 대안이다.

[빌리 그레이엄의 교회관]

"만일 당신이 대도시 큰 교회의 목사라면, 어떤 행동계획을 세우시겠습니까?"라는 질문에 그레함 목사는 이렇게 대답하였다. "제가 할 첫 번째 일 중 하나는 여덟이나 열 또는 열두 사람 정도로 이루어진 작은 그룹을 갖는 것이라고 생각합니다.

일주일에 몇 시간씩 모여서 대가를 지불하는 겁니다! 그들은 시간과 수고를 바쳐야 하겠지요? 저는 저의 모든 것을 그들과 함께 나누겠습니다. 몇 년 동안 말입니다. 그리하여 저는 평신도들 중에 열두 사역자를 갖게 되겠죠. 그들 역시 여덟이나 열 또는 열둘 남짓을 데리고 가르칠 수 있는 사람들이 되는 겁니다.

저는 그렇게 하고 있는 한두 교회를 알고 있으며, 그것 때문에 그 교회에는 혁명이 일어나고 있습니다. 제 생각에는 그리스도께서 그 전형을 세우셨습니다. 주님은 대부분의 시간을 열두 사람과 함께 보내셨습니다. 큰 무리와 더불어 시간을 보내지 않았습니다.

사실상, 큰 무리를 만나셨을 때마다 제가 보기에는 별로 큰 성과가 없었습니다. 제가 보기에 위대한 성과는 주님의 개인적 대화와 열두 제자와 보내신 시간에서 나왔습니다."

가치관 목회에 희망이 있다

가치관 목회(Value Based Pastoral=VBP)는 교회가치관을 체계 있게 정립하고 실제적으로 전 교인 한마음공동체를 구축한다. 교회마다 전문적인 차원에서 체계 있게 가치관을 수립하여 전 교인의 역량결집으로 경쟁력을 강화한다.

멘토링 한 사람 인간가치관

제1장 환경대응으로 가치관 재정립

[팥죽가치관/장자가치관]

오늘날 목회현장에도 자본주의 경제 중심인 양적 성장의 물적 가치관(Mammonism)
이 깊숙이 자리 잡고 있다. 아직도 우리는 에서의 팥죽가치관이 함정인 줄 알면서
올바른 야곱의 장자가치관을 강 건너 불 구경하듯 하고 있다(창 25:27~34).

아래 모세와 예수님의 환경대응 혁신적인 가치관 재정립에서 그 의미를 챙기
고, 신앙 차원에서 성숙된 가치관 목회를 재정립하는 데 참고자료로 소개한다.

가치관 재정립

구(Old) 가치관	모델인물	신(New) 가치관
바로 왕 통치권	구약을 대표 – 모세 메시아 – 유대교	하나님 통치권
유대이즘	신약을 대표 – 예수님 메시아 – 기독교	기독교 창시

[가치관 재정립의 필요성]

1) 한국교회 100여 년 남짓 양적 성장이라는 가치관으로 믿음의 대국을 이루고
   현재까지도 그 양적 성장이라는 도그마에 갇혀 있다.

2) 그로 인해 변질복음 – 기복목회 – 경쟁과열 – 과정무시 – 비윤리노출 – 반(反)국
   민정서 – 교인감소 – 위기를 초래하고 있다.

3) 급변하는 사회환경은 양적 성장경제인 자본주의 3.0에서 나눔, 행복의 자본
   주의 4.0으로 진화를 서두르고 있다.

4) 국내정치도 권력 추구형인 정치공학적 접근에서 오늘날 가치지향인 나눔 복
   지 정치로 대변혁을 예고하고 있다.

5) 이러한 환경에 대응해서 그동안 물적 성장 가치관에 편중된 목회에서 이제
   는 사람 중심의 질적으로 성숙한 가치관 재정립을 강하게 요구받고 있는 실
   정이다.

제2장 멘토링 한 사람 인간가치 원리

1. 멘토링의 사명은 한 사람의 인격가치를 최우선으로 한다

1) 하나님의 형상(창 1:26~28)을 최소화로 표출된 인류의 시조 아담의 인격이다.
2) 모세의 인재선발기준인 재덕(才德)이 겸전한(출 18:21) 리더의 인격이다.
3) 예수님의 그리스도인의 사회생활 지침인 뱀같이 지혜롭고 비둘기같이 순결
   하기(마 10:16)를 원하는 리더의 인격이다.

2. 멘토링은 한 사람의 전인적인 인격가치개발에 핵심가치를 둔다

1) 지식적 가치개발
2) 정서적 가치개발
3) 의지적 가치개발

3. 멘토링의 한 사람 가치관은

1) 최고 - 인간은 최고의 가치를 가지고 있다 - 이 세상 만물의 영장이다.

2) 보석 - 인간은 보석이다 - 탄생할 때 부, 모, 하나님 3위일체 보석과 같은 작품이다.

3) 승리 - 인간은 승리할 수 있다 - 보통사람이 멘토를 만나면 자기 잠재능력개발을 5%이나 더 개발할 수 있다.

4. 멘토링의 한 사람 교육철학이 담긴 스토리

1) 신과 인간을 분리하여 인간 입장을 다룬 호머의『그리스 신화』에서 출발하여
2) 군주와 백성에서 백성의 중요성을 다룬 프랑스 페넬롱의『텔레마쿠스 모험』과
3) 인간과 자연에서 자연으로 돌아가라는 프랑스의 장자크 루소의『에밀』,
4) 학생 중심 열린 교육을 주장한 미국의 존 듀이의『민주주의와 교육』에서 멘토링의 한 사람 중심 교육철학이 다루어지고 있다.

5. 교회에서 가치관개발 멘토의 역할은?

세상에 속한 사람을 멘토 입장에서 한 사람의 가치를 존엄성 차원에서 다루고, 중장기적으로 그들에게 사회 생활 속에서 전인적인 인격 생활을 보여 주고 그들로부터 품평(입소문)으로 인정받고 그들을 교회 공동체로 이끄는 역할이다.

* 멘토링은 인간의 인격 중심으로 품격의 질이 제자도보다는 낮은 편이다.
Low Quality 인간단계 - 멘토링 - 목회 보완 프로그램
1. 넓은 인격/2. 윤리회복/3. 섬김리더/4. 인격리더

* 제자도는 인간을 넘어 예수님을 모델로 그 품격이 멘토링보다 높은 차원이다.
High Quality 구원단계 - 제자도 - 목회 기본 프로그램
5. 하나님 형상회복으로 예수님상(像) 닮고 6. 영원한 구원 완성

제3장 멘토링 가치관 목회 유익성

1. 교회에 유익성

교회의 본질인 하나님나라 확장과 하나님의 백성으로서 성도들의 역량을 결집하여 땅 끝까지 이르러 증인으로서 사명을 다하고 이 세상에서 교회의 존재 가치를 더욱 빛내는 계기가 되게 한다.

2. 목회자에 유익성

환경에 대응하여 먼저 자신의 역량가치 개발로 새로운 도전의 계기를 마련할 수 있고 특히 평신도 멘토와 협력하므로 목사는 앞에서 끌고 멘토는 뒤에서 미는 이상적인 목회 비전을 실현할 수 있는 기회를 얻게 된다.

3. 평신도에 유익성

하나님의 형상으로 지음받은 하나님 백성이라는 자부심에서 좁아진 전인적인 지정의 인격 가치를 다시금 넓게 개발하여 멘토사역 공동체로 교회 사역에 참여함으로써 교회성장과 성공 목회의 파트너가 될 수 있는 기회를 얻게 된다.

4. 지역사회에 유익성

주님의 명령인 '사회를 섬기라'라는 사명에서 전인적인 멘토정신으로 지역주민과 기독교 문화 공동체를 이루고 특히 세상을 향한 여정으로 사회와 협력하여 복음화의 기틀을 마련하고 하나님나라 확장의 기회로 삼는다.

Theme 2

교회가치관 목회 추진방법

제1장 교회가치관 목회 개념

1. 가치관(View Of Value, 價値觀)

인간이 자기를 포함한 세계나 그 속의 어떤 대상에 대하여 가지는 평가의 근본적 태도나 관점(觀點), 즉 가치관이란 쉽게 말하여 옳은 것, 바람직한 것, 해야 할 것 또는 하지 말아야 할 것 등에 관한 일반적인 생각을 말한다.

가치관의 개념에는 개인적 가치관과 사회조직적 가치관이 있다. 개인적 가치관은 개인의 선호 의지에 따라 명백해지는 데 반하여 사회조직적 가치관은 개인적 가치관보다 추상화될 수 있는, 보다 범위가 넓고 안정적이며 공식성(公式性)을 지닌 전체 사회 문화의 공약(公約)을 의미한다.

2. 가치관 목회 의미

교회는 영적인 존재이며, 영적인 존재의 본질은 가치관이다. 아무리 똑똑한 인재들을 데리고 교회를 목회한다고 해도, 그들의 생각이 모두 제각각이면 교회의 에너지가 집중되지 못하고 불필요하게 낭비될 수밖에 없다. 그래서 모두의 생각을 하나로 모아 줄 전 교회적인 가치관이 필요하다.

가치관 목회를 실천하면 무엇을 하든 일관되고 명확한 기준에 따르기 때문에 시간과 자원의 유실이 적다. 또한 교회가치관이 전 교인의 합의에 의해 만들어지기 때문에, 교인 각자에게 일의 의미를 부여해 모두가 즐겁게 일하도록 할 수 있다. 따라서 에너지의 손실이 적을 뿐 아니라 새로운 에너지를 창출하는 효과도 누릴 수 있다.

가치관 목회란 이처럼 교인들로 하여금 자신이 하는 일에 어떤 의미를 갖는지 깨우치게 하고, 그 의미를 통해 그들을 이끌어 가는 목회방식이다. 목회자가 시키거나 마지못해 일하는 것이 아닌, 교인들 스스로가 일을 하고 싶어 못 견디는 분위기를 조성하는 것이 바로 가치관 목회의 목적이다.

[가치관 목회의 효과]
1) 교회에서 환경변화에 대응할 수 있는 변화의 동력을 준다.
2) 교인들을 하나로 묶어 역량을 결집하도록 한다.
3) 교인들이 열정, 몰입의 자율적인 교회 조직문화를 만들어 준다.

3. 교회의 본질을 움직이는 가치관

세상에 존재하는 모든 것에는 나름의 본질이 있다. 어떤 것에서 본질이 빠지면 그것은 더 이상 그 자체로 존재할 수 없다. 그것이 본질의 개념이다. 그러면 사람의 본질은 무어일까? 인체의 55-60%는 물, 질소, 인, 칼슘, 칼륨, 나트륨 등 갖가지 원소로 구성되어 있다. 또한 사람에게는 몸뿐만 아니라 '생각'이라는 것도 있다. 이 중에 무엇을 빼면 더 이상 사람이 아닐까? 그것은 바로 생각이다.

1) 인간(개인)의 가치관
아래 3가지 질문에 대해 어떠한 생각을 가지고 있는가 답을 들어 보자. 그 사람이 가지고 있는 가치관을 대부분 파악할 수 있다.
- 나는 왜 사는가? (내가 존재하는 이유는 무엇인가?)

- 나는 어떻게 살 것인가? (내 삶에서 무엇이 중요한가?)
- 나의 꿈은 무엇인가? (궁극적으로 어떤 모습이 되고 싶은가?)

누구나 사람은 자신의 가치관에 따라 움직인다. 소년기, 청년기를 거치며 위 질문들에 대한 자신만의 답을 만들어 간다. 각 성장 단계에서 접한 모든 경험과 이야기들은 그 사람에게 일정한 영향을 준다. 그 영향이 총합되어 나타난 결과가 바로 위 질문들에 대한 답이다.

많은 사람들은 첫 번째 질문의 해답을 종교에서 찾는다. 하나님이 삶을 주셨으니까 등이다. 비종교적인 답 또한 많다: 삶의 흔적을 남기기 위하여, 가난한 사람을 돕기 위해, 행복해지기 위해. 물론 '잘 모르겠다'도 하나의 답이다.

두 번째의 질문에 대한 답 또한 열이면 열, 사람에 따라 다르다. 자기에게 무엇이 가장 중요한지 잘 아는 사람은 삶의 우선순위가 분명해진다. 우선순위가 불분명한 사람은 주저함과 망설임으로 아무것도 제대로 해낼 수 없게 된다.

세 번째 질문은 미래 꿈에 관한 것이다. 꿈이 있는 사람과 없는 사람의 삶은 완전히 다르다. 이런 사람은 무슨 일을 해도 제대로 성과를 거둘 수 없게 된다.

2) 교회(법인) 가치관

이제 교회의 본질에 대한 것을 생각해 보자. 교회를 구성하는 가시적인 요소는 건물, 자금, 설비, 예배실, 교실, 회의실, 교인 등 다양하다. 그렇다면 교회에서 무엇을 빼면 더 이상 교회가 아닐까? 건물, 자금, 설비, 예배실, 교실, 회의실 등을 다 빼더라도 교회는 여전히 교회다. 그러나 단 한 가지, 이것을 빼면 더 이상 교회가 아니게 되는 것이다. 그것은 바로 사람이다. 즉 교회의 본질은 사람이다. 그래서 '법인'이라는 단어에는 사람인 '人' 자를 쓰는 것이다. 그렇다면 개인처럼 교회도 3가지 질문을 통해 그 가치관을 파악할 수 있다.

- 사명(Mission): 우리 교회는 왜 존재하는가?
- 핵심가치(Core Value): 우리 교회는 어떤 방식으로 목회할 것인가? 무엇에 중점을 둘 것인가?
- 비전(Vision): 우리 교회가 가진 꿈은 무엇인가?

교인들이 이 세 가지에 대해 같은 의견을 가지고 있다면, 교회는 인생관이 확고한 사람처럼 모든 일을 거침없이 해낼 수 있다. 그렇다면 이제 사명, 핵심가치, 그리고 비전에 대해 살피면서 교회의 가치관은 구체적으로 어떻게 구성되며, 어떤 역할을 하는지 알아보도록 하자.

(1) 사명(Mission)

이 사회에서 우리 교회가 생존, 성장할 수 있는 이유는? 일이 아닌 가치다. 사명이란 목회의 의미와 교회의 존재이유에 대한 진정한 답이다.

사명은 한마디로 교회의 존재이유다. 단순히 교인 수를 늘리고 교회를 크게 건축하는 등 양적으로 성장하기 위해 존재하는 교회와 하나님의 영광과 하나님의 백성을 위해 에너지와 가치창조를 제공하는 교회 중 어느 곳의 교인이 더 행복할지, 어느 곳의 효율성이 더 높을지는 불 보듯 뻔하다. 교회의 올바른 사명이 정해지고 서로 공유하게 되면 우연히 만난 사람이 아닌 의미 있는 일을 위해 모인 동지로 인식하기 시작한다. 따라서 소통도 원활해지고 감정적 대립이 줄어들며, 단결도 쉬워진다. 그런 시너지 효과는 교회의 장기적 발전에 훌륭한 밑거름이 된다.

[사명에 재미와 열정을 느끼는 경우]
- 자신이 가치 있는 일을 한다고 느낄 때
- 그 일을 할 때 자신이 선택권이 있다고 느낄 때
- 그 일을 할 만한 노하우(지식, 기술 등)가 있다고 느낄 때
- 실제로 발전하고 있다고 느낄 때

(2) 핵심가치(Core Value)

우리 교회는 사명을 다하기 위해 어떤 것을 중요한 가치로 여기는가? 핵심가치란 목회에 있어서 우선순위의 판단을 가능하게 해주는 행동과 의사결정의 규범이라 할 수 있다.

교회에서 내려지는 의사결정의 가장 중요한 기준을 정리한 것이 바로 핵심가치다. 교회가 앞으로 나아가기 위해서는 먼저 핵심가치를 분명히 해야 한다. 군대의 핵심가치는 '승리'와 '명령 복종'이다. 이런 기준이 불분명하면 오합지졸이 되어 버린다. 올바로 정립된 핵심가치가 교인들의 공감을 얻으면 그것은 놀라운 힘을 발휘하게 된다. 무엇보다도 신속하고 잡음 없는 의사결정이 가능해진다.

[핵심가치의 중요성]
- 갈등과 논란이 줄어든다.
- 의사결정을 신속히 할 수 있게 된다.
- 행동의 일관성이 생기게 된다.

(3) 비전(Vision)

우리 교회는 어떤 교회가 되고 싶은가? 비전은 끝을 생각하며 시작하는 지혜로, 교회가 나아가야 할 방향! 우리의 가슴을 뛰게 하는 멋진 꿈을 담는 것이다.

탈무드에는 '돈을 잃으면 적게 잃은 것이요, 명예를 잃으면 많이 잃은 것이다'라는 말이 있다. 그러나 인간은 꿈을 잃었을 때 더 큰 좌절감을 느낀다. 이는 교회도 마찬가지다.

훌륭한 교회의 비전에는 두 가지 조건이 있다. 첫째는 교인의 가슴을 뛰게 하는 것이고, 둘째는 교인들의 합의하에 도출되어 모두의 공감을 받아야 한다는 것이다. 이 두 조건을 만족시키는 꿈이 있는 교회와, 없는 교회는 교인들의 행복부터 다르다. 비전을 공유하고 하나의 꿈을 향해 달려가는 공동체로써 교회는 상상을 뛰어넘는 거대한 힘을 발휘한다.

[가치관 종합 개요도]

	개인 가치관	구분	교회가치관(Value System)
Why	왜 사는가?	사명(Mission)	왜 존재하는가?
How	어떻게 살 것인가?	핵심가치(Core Value)	어떤 방식으로 목회할 것인가?
What	무엇을 할 것인가?	비전(Vision)	무엇을 할 것인가?

제2장 교회가치관 재정비

가치관 목회는 사람이 모여 만든 집단인 교회를 영적인 존재로 대하는 목회 방법이다. 사람을 움직이는 근원에는 생각, 즉 가치관이 있고 따라서 가치관을 설정하는 것이 그들을 움직이는 가장 효과적인 방법이라는 점을 인식하고 실천하는 것이 목회 방식이다. 안철수 교수는 "조직에는 서로 다른 사람들이 모여 있지만 이들이 공통적으로 믿는 가치관이 있다면, 그래서 조직에 영혼을 만들 수 있다면 제가 죽거나 구성원 모두 바뀌어도 그것만큼은 바뀌지 않고 계속 갈 수 있습니다"라고 했다. 이러한 교회의 가치관 확립은 교인들에게 다음과 같은 영향을 미친다.

- 일의 진정한 의미를 알게 해 준다.
- 사소한 결정부터 중대한 결정까지 교회에서 일어나는 모든 결정에 기준을 제시한다.
- 그들이 바라는 교회의 미래를 눈앞에 그려 준다.
- 그들 사이의 유대감에 영속성을 부여한다.
- 각자의 교회에 어떻게 기여했는지 알려 준다.
- 수치화된 목표를 제시하기보다 그들의 가슴을 뛰게 한다.

1. 가치관을 통한 교회의 변화

21세기 목회환경이 급변하고 있다는 사실은 누구나 알고 있다. 그 변화 중에서도 가장 중요한 것은 바로 교인들의 변화다. 교회의 본질은 사람이고, 다른 요소는 사람에 의해 운용되기 때문이다. 교회의 가치관은 구체적으로 다음과 같은 변화를 가져온다.

1) 개인의 봉사 효율성을 높여 준다.
2) 봉사로 인한 스트레스와 긴장감을 완화해 준다.
3) 교회에 대한 자부심을 높여 준다.
4) 교인들의 충성도를 높여 준다.
5) 윤리적 행동을 장려한다.
6) 팀워크를 강화해 근면과 배려의 규범을 제시한다.

2. 교회가치관에서 목회자의 8가지 역할

가치관 목회의 전도사는 다름 아닌 목회자 본인이다. 따라서 가치관 목회만큼은 목회자 자신이 주도해야 한다. 700번 이상(잭 웰치 전 GE그룹 회장의 강조사항) 강조하고, 목회자가 먼저 모범을 보여라. 실시간으로 피드백하고, 실천을 위한 제도를 만들어라. 목회자는 다음의 8가지 포인트를 확실히 인식하고 실천하여 이 같은 공감의 과정에 긍정적인 영향을 주도록 노력해야 한다.

1) 교회의 가치관은 목회자의 믿음을 바탕으로 수립하라.
2) 교인들이 납득할 수 있는 구체적인 논리를 포함하라.
3) 700번 이상 강조하여 전 교회적인 공감을 얻으라.
4) 목회자가 먼저 솔선수범하라.
5) 제대로 실천하고 있는지 피드백하라.

6) 가치관 실천을 위한 제도를 마련하라.

7) 목회자의 보완자로 멘토사역단 역할을 강화하라.

8) 투명목회로 가치관 목회의 기반을 닦으라.

3. 좋은 가치관의 4가지 조건

'잘못된 가치관'은 없어도 '나쁜 가치관'은 있다. 그럴듯해 보이는 말이라고 해서 꼭 좋은 것은 아니다. 누구나 쉽게 실천할 수 있어야 '좋은 가치관'이다. 그러한 '좋은 가치관'이 갖추어야 할 조건은 모두 4가지다.

[좋은 가치관이 갖추어야 할 4가지 조건]

가치관	요소	조건
사명	거시성	가치를 창조하고 국가 사회에 공헌할 수 있어야 한다.
핵심가치	일관성	늘 동일하게 적용될 수 있어야 한다.
비전	방향성	가슴 뛰는 지향점이 있어야 한다.
공통	구체성	생생하게 그려져야 한다.

1) 사명의 조건

먼저 하나님나라와 하나님영광을 챙기고 그 후 사회와 국가에 공헌하는 거시적 관점을 가져라.

오늘날 교회는 물적 성장에 매여 있지만 그러나 이익을 추구하는 기업이나 공익을 추구하는 공공기관과는 다르다. 혼자 성장해서 대교회 실현에 집중만 하지말고 하나님나라와 사회에 보탬이 되는 가치를 창출해야 한다. 교회가 사명을 갖추어야 할 이 같은 조건을 '거시성'이라고 부른다.

2) 핵심가치의 조건

교회의 핵심가치 등 모든 것에 일관성 있게 적용하고 실천하라.

이는 핵심가치를 동일하게 적용해야 한다는 뜻이다. 사역하는 방식과 행동의 우선순위를 가장 크게 좌우하는 것이 바로 핵심가치이기 때문이다. 사공이 많으면 배가 산으로 가듯이, 핵심가치가 일관성을 잃으면 사역이 엉뚱한 방향으로 진행할 공산이 크다. 이 일을 하는 사람은 이 가치, 저 일을 하는 사람은 저 가치를 따르려고 하면 한 교회 내에서 서로 모순된 가치가 충돌해 결국 교회운영이 뒤죽박죽이 되고 만다. 한편 현재 대부분 교회에서 하듯이 핵심가치를 만들어 놓기만 하고 지키지 못하면 교인들은 그 가치를 장식품 정도로밖에는 생각하지 않는다. 제대로 지키지 못할 가치는 처음부터 만들지 말거나 우선순위를 낮추어야 한다. 목회자의 언행일치는 좋은 가치관을 만들고자 하는 교회가 우선적으로 지켜야 할 덕목이다.

3) 비전의 조건

지향점이 확실히 명시된 미래의 방향설정이다.

이는 가슴 뛰는 지향점이 비전에 녹아들어야 한다는 의미다. 또한 그 지향점은 확실하게 명시되어야 한다. '글로벌'이나 '국내 1위 교회가 되겠다'와 같은 말은 너무 막연하다. 수치를 사용한다고 해서 지향점이 반드시 명확해지는 것도 아니다. 현재 상황을 고려치 않고 꿈만 크게 꾸는 것도 경계해야 한다.

4) 공통조건

손에 잡힐 듯, 그림이 그려지는 구체적인 언어를 사용하라.

마지막 조건인 구체성은 사명, 핵심가치, 그리고 비전에 공통적으로 적용된다. 교회의 가치관은 보는 즉시 머릿속에 명확한 그림이 그려지도록 정하라는 의미다. 교회가치관은 구구절절한 설명 없이도 즉시 이해되어야 한다.

(1) 사명의 구체성
모호: 일류공헌에 이바지 등
구체: 우리 시·군·구청복음화, 우리 지역 그리스도공동체

(2) 핵심가치 구체성

모호: 세계일류 교회, 좋은 교회

구체: 감동적 예배, 도전적인 선교 등

(3) 비전의 구체성

모호: 가장 행복한 교회

구체: 온누리교회를 모델, 순복음교회를 모델, 사랑의 교회를, 명성교회를 모델 등

*명확한 과제를 비전에 담고

*극복할 대상을 명시하고

*벤치마킹 모델을 선정하여 담는다.

4. 교회가치관 체크리스트

비록 '가치관'이라는 이름이 붙지 않더라도 교회마다 고유의 목회철학이나 이념, 목표 등은 있게 마련이다. 이러한 것도 모두가 넓은 의미에서 가치관의 일종이다. 그런데 교인들은 좋은 가치관의 조건에 만족하는가? 다음 도표의 체크리스트를 통해 이를 점검해 보자. 각 질문에 대한 점수가 3점 이하라면 이번 기회에 자신의 교회가 가진 가치관을 재검토해 보라. 액자 속에만 존재하고 교인들에게 아무 영향도 미치지 못하는 가치관은 쓸모가 없다.

구분	조건	관련질문	전혀 아니다~매우 그렇다				
사명	구체성	우리 교회가 제공하는 가치가 잘 드러나 있는가?	1	2	3	4	5
	거시성	가치를 창조하고 세상에 공헌할 수 있는가?					
핵심 가치	구체성	행동과 의사결정의 정확한 기준이 될 만큼 구체적이고 명쾌한가?					
	일관성	어떤 경우에도 동일하게 적용될 수 있는가?					
		우리의 사역하는 방식을 잘 나타내고 있는가?					
비전	구체성	우리 교회의 미래의 모습을 구체적으로 표현하고 있는가?					
	방향성	교회의 10년 후 모습이 생생하게 그려지는가?					
		교회의 지향점이 가슴 뛸 만큼 도전적인가?					

5. 가치관 수립이 필요한 때는 언제인가?

가치관을 언제 수립하는 것이 적기인가? 교회를 새로 개척한다면 창업과 동시에 가치관을 만들면 된다. 그러나 이미 존재하는 가치관을 대대적으로 뜯어 고치거나 전혀 새로운 가치관을 만들어야 하는 경우에는 시기를 정하기가 쉽지 않다. 역사가 긴 교회일수록 이러한 고민은 더욱 크다. 가치관은 남들에게 과시하기 위해 만드는 것이 아니다. 교회가 가치관을 새롭게 해야 할 시기는 다음과 같다.

1) 교회에 전반적인 혁신이 필요할 때

교회를 목회하다 보면 이럴 때가 꼭 있다. '교회에서 자꾸 문제가 발생한다, 예배당이 점점 지저분해진다, 회의 시간이 하염없이 길어진다, 교인들의 표정이 밝지 않다, 모두들 열심히 일하는 것처럼 보이는데 머릿속은 다른 생각이나 불만으로 가득 차 있다' 등의 시기다.

2) 교회환경에 중대한 변화가 일어났을 때

교회를 둘러싼 환경이 심상치 않을 때가 있다. '헌금액이나 교인이 언제부터인가 급감하기 시작했다, 교회부지가 도시개발에 포함되었다, 교회를 확장하고자 한다, 타 교회와 합동이나 분리의 계획이 있다, 목회자가 새로 바뀌었다' 등의 시기다.

3) 목회성과와 차이가 너무 클 때

목회성과가 목표에 비해 현저히 떨어진다면 비전에 수정을 가하는 것이 불가피하다. 교회의 꿈과 목표를 현실에 맞게 다시 세워야 한다는 얘기다. 한편, 목회의 성과가 크게 뛰어넘을 때도 마찬가지다. 이는 애당초 교회가 이룰 수 있는 최대성과에 못 미치는 목표를 설정했기 때문이다. 그럴 경우에도 비전을 바꿔야 한다. 그렇지 않고 낮은 목표를 계속 유지하면 교인들은 자신의 능력을 제대로 발휘하지 않으려고 할 것이다. 그렇게 되면 목회성과가 점점 줄어들어 나중에는 목표

조차 만족할 수 없게 된다. 참고로 교회는 1년 단위로 사역계획을 수립하고, 단기 목표는 3년마다 세운다. 중장기 목표를 수립하는 주기는 5년에서 10년 사이다. 그러나 비전은 이보다 더 장기적인 안목으로 세워야 한다.

6. 명쾌한 가치관 수립을 위한 4가지 질문

어떤 일을 하든지 출발점은 존재한다. 그리고 가장 큰 막연함은 그 출발점을 찾지 못하는 데서 기인한다. 가치관 수립을 어떻게 시작해야 할지 몰라 답답하다면 다음 4가지 질문을 순서대로 던져 보라. 각각의 질문에 대한 답을 찾아가는 과정이 곧 교회가치관을 세워 가는 과정이다.

1) 사명
우리 교회의 존재이유는 무엇인가?

개인이나 교회나 존재이유는 너무나 분명하다. 다만 챙기지 않거나 너무 당연시하여 그냥 넘어가기 때문이다. 그러나 존재이유를 어떻게 정의하고 분명히 명시하는가에 따라 목회전략은 바뀌게 마련이다. 당신의 교회는 무엇을 위해 존재하는가?

[사명 도출]
교회가치관을 세울 때는 먼저 사명부터 확립하는 것이 순서다. 그러나 사명을 정하려면 교회의 현재 사명이 무엇인지를 먼저 돌아봐야 한다. 교인들이 교회의 사명을 잊어버리고 있지는 않은지, 사명이 불분명하지는 않은지를 좋은 사명의 조건인 구체성과 거시성을 기준으로 점검하고 반성한 후에 새로운 사명을 도출해야 한다.

2) 핵심가치
무엇과도 바꿀 수 없는 우리의 근본적인 행동가치는 무엇인가?

교회에서 근본적인 행동가치라 함은 모든 의사결정에 가장 우선적인 기준이 되는 가치, 즉 핵심가치를 의미한다. 핵심가치는 수십 년간 교회의 모든 행동과 의사결정에 활용될 중요한 기준이다. 따라서 미래에 중요하게 여겨질 만한 가치 또한 추가해야 한다.

[핵심가치 도출]

앞 단계에서 도출한 사명을 지키기 위해 어떤 기준으로 일할지 정하는 순서다. 이때도 사명과 마찬가지로 기존의 핵심가치를 먼저 점검한 후 아래 3가지 사항에 유의하여 도출한다.

(1) 핵심가치가 행동과 의사결정의 정확한 기준이 될 만큼 구체적이고 명쾌한가?
(2) 늘 동일하게 적용할 수 있는가?
(3) 우리가 일하는 방식을 잘 나타내고 있는가?

3) 비전 1

우리의 사역은 무엇이며, 경쟁상대는 누구인가?

교회의 꿈, 즉 비전을 구체화하려면 먼저 교회가 되고자 하는 모습을 뚜렷하게 밝혀야 한다. 그러려면 미래의 교회가 나아갈 방향까지 고려하여 현재의 사역을 명확히 정의해야 한다. 이처럼 교회가 자신의 모습을 무엇으로 정의하는지에 따라 경쟁상대도 달라진다.

4) 비전 2

우리 교회가 가진 차별점은 무엇인가?

교회가 원하는 원래 모습은 결코 그냥 이루어질 수 없다. 그 모습을 이루기 위해서는 경쟁자를 앞지를 수 있는 자신만의 색채, 즉 차별점을 가져야 한다. 여기에는 지극히 당연해 보이는 의사결정도 포함된다. 이처럼 다른 교회와의 차별화를 통해 교회가 이루고자 하는 미래의 모습을 정리해 놓은 것이 바로 비전이다.

[비전 도출]

사명과 핵심가치가 도출되고 나면 교회의 꿈, 즉 비전을 정하는 마지막 순서만 남는다. 비전을 새로 정할 때에도 사명이나 핵심가치와 마찬가지로 기존의 것을 먼저 돌봐야 한다. 비전은 중장기 목표의 형태로 나타나는 경우가 많다. 좋은 비전의 기준인 구체성과 방향성은 다음 3가지 질문에 대해 토론함으로 점검 가능하다.

*질문 1

(1) 현재 비전이 교회의 미래 모습을 구체적으로 표현하는가?

(2) 교회의 10년 후 모습이 생생하게 그려지는가?

(3) 가슴을 뛰게 할 만큼 매력적인가?

*질문 2

(1) 10년 후 우리 교회 모습이 어떻게 바뀌었으면 좋겠는가?

(2) 그 모습이 되기 위한 우리만의 차별점은 무엇인가?

7. 가치관 수립 의견을 종합하라

가치관 수립에 교인들이 적극적으로 참여해야 그들의 꿈과 열정이 반영된 교회가치관이 만들어지고, 그래야만 일상적인 업무에서 그것이 실천될 수 있다. 이와 같이 교인들의 의견을 종합하는 상향식(Bottom-Up) 방법이 바람직한 이유로는 다음과 같다.

1) 가치관 자체보다는 모두가 참여해서 만들어진 과정(Process)이 중요하다.

2) 가치관 수립은 없는 가치관을 만들어 내는 것이 아니라 교인들의 곁에 존재하는 가치관을 찾는 것이다.

3) 가치관은 교인들이 자발적으로 실천할 수 있도록 만들어져야 한다. 아무리 멋진 문구로 가득찬 가치관도 제대로 실천하는 사람이 없으면 '그림의 떡'

이다. 그러므로 가치관을 만들기 위해서는 교인들의 참여가 절대적으로 필요하다.

[가치관 수립을 위한 샘플]

구분	사명	핵심가치	비전
기독교	하나님 1. 하나님의 영광 2. 하나님의 나라	사랑 1. 하나님 사랑 2. 인간 사랑	복음 1. 한영혼 복음화 2. 세계 복음화
멘토링	인간 1. 인간관계 2. 나눔 3. 행복	인격 1. 지식 가치 2. 정서 가치 3. 의지 가치	시스템 1. 조직 체계 2. ON/OFF Line 3. 마케팅 체계
교회	각자 작성	각자 작성	각자 작성

교회가치관 교육과 유지관리

제1장 가치관 목회 교육과정

교회가치관을 수립하는 데 필요한 기간은 교회의 규모와 상황에 따라 다르지만, 준비단계부터 워크숍까지 1~3개월가량이 일반적이나 가치관 수립과정은 먼저 직분자들을 중심으로 교인의 5% 범위 내에서 전문멘토들을 지정하여 가치관 추진 멘토사역단을 구성하고 이들을 교육하여 전 교인에게 가치관의 필요성을 전파하는 것으로 시작한다.

1. 전문멘토 교육과정

1) 참가대상자: 목회자, 직분자, 멘토 및 전문가 대상자

2) 왜 전문멘토 교육과정이 필요한가?

가치관 전문멘토 교육과정은 3일(24시간)을 투자하여 참석자의 멘토정신 무장과 리더십, 가치관 본질 이해, 수립방법, 가치관 내재화, 365 가치관 관리 멘토링 프로젝트까지 전문 멘토리더십과 가치관 전반, 그리고 최초 1년간 관리 유지에 관한 모든 것을 배울 수 있다.

3) 가치관교육 내용과 시간 배정은?

(1) 멘토정신과 리더십론-4시간

(2) 교회가치관 본질이해-4시간

(3) 교회가치관 수립방법-8시간

(4) 교회가치관 내재화론-2시간

(5) 365 프로젝트 방법-6시간

4) 가치관 교육의 특징은?

(1) 참여자를 멘토리더십으로 무장하고 교회 한 사람 가치 철학을 확립한다.

(2) 가치관 수립을 위한 사명, 핵심가치, 비전을 Workshop으로 진행한다.

(3) 가치관 목회를 위한 기본 12개월 유지관리 방법으로 성공률을 높인다.

5) 가치관 교육진행 프로그램

우리 교회의 힘과 역량을 한 방향으로 결집하는 가치관 목회의 의미를 알고 먼저 추진팀인 참가자들에게 멘토리더십으로 정신무장하는 방법, 프로그램 전문관리 방법, 우리 교회에 맞는 가치관 수립방법, 가치관을 살아 움직이게 하는 내재화 방법과 그리고 멘토사역단을 통해 기본 12개월 유지관리 방법을 배우는 과정이다.

[전문멘토 24시간 교육 Curriculum]

Module	Contents	Hour	Style
멘토 리더십	멘토 리더십	2	이론 토론 진단
	한 사람 철학	2	이론 토론
가치관 목회 추진	가치관 본질 이해	4	이론 Workshop
	가치관 수립 방법	8	토론 Workshop
	가치관 내재화	2	이론 평가실습
멘토링 프로젝트	멘토사역단 운영	2	실습 1:1 결연식
	365 프로젝트	4	4-Process 점검표 실습

2. 목회자대상 가치관 개요 특강과정

　1) 참가대상: 목회자
　2) 교육시간: 4시간
　3) 교육내용
　　(1) 멘토 한 사람 철학 리더십-1
　　(2) 가치관 목회 이해-1
　　(3) 가치관 수립 방법-1
　　(4) 가치관 유지관리 방법-1

3. 전 교인 가치관 선포식 교육과정

　1) 참가대상: 전 교인(헌신) 예배
　2) 교육시간: 1시간
　　(1) 가치관 이해
　　(2) 가치관 추진방법
　　(3) 가치관 선포식

제2장 교회가치관 선포와 유지

이 모든 단계를 거쳐 가치관이 확립되면 이를 공식적으로 선포한다. 가치관 선포는 새로운 변화를 알리는 신호탄이며 가치관이 수립되기까지 수고한 교인들의 노고를 치하하는 자리이기도 하기 때문에, 약간의 이벤트를 곁들이는 것이 좋다. 교회가치관을 나타내는 상징물을 제작하거나 포스터를 게시하고, 각종 회의시간에 다 함께 교회가치관을 암송하는 등 작은 이벤트를 통해 활발히 변화하고자 하는 교회의 의지를 드러낸다.

[가치관 수립단계]

Step 1. 가치관 전문멘토 교육(가치관 전문 멘토 양성교육)

Step 2. 최종의논 결과 취합(워크숍을 통한 가치관 – 사명 – 핵심가치 – 비전 초
안 도출)

Step 3. 문서화로 목회자와 당회 합의(당회를 통한 최종합의)

Step 4. 문구 다듬기: 카피라이터로 최종적으로 문구확정

Step 5. 로고 제작: 교회가치관을 반영하는 새로운 로고 제작

Step 6. 가치관 선포식: 로고 공개/비전 선포식 진행

Step 7. 가지관 개발 멘토사역단 활동

Step 8. 가치관 중간평가(연중 1회 중간 평가)

Step 9. 가치관 최종평가(매년 1회 정기적 평가)

1. 가치관 유지관리 및 내재화

가치관 수립이 가치관 목회의 끝은 아니다. 힘들게 만들어진 가치관도 실천되
지 않으면 의미가 없다. 교회의 추진력을 강화하고 교인들의 신뢰를 얻고 싶은가?
멘토사역단을 가동하여 핵심가치에 따라 행동하고 생각하는 것을 습관화하라.

가치관은 사명, 핵심가치, 비전으로 구성된다. 이 세 가지가 교인들을 한 방향
으로 모으고 조직의 영혼을 살아 있게 하는 데 큰 역할을 한다. 이 중 핵심가치는
교인들의 일상생활과 가장 밀접한 관련이 있다. 매일 일어나는 크고 작은 판단과
결정의 기준이 되기 때문이다.

그렇다면 핵심가치를 어떻게 내재화할 수 있는가? 지금부터 핵심가치를 교인
한 명 한 명에게 내재화(內在化)하는 방법을 상세히 소개하겠다.

세상의 모든 것은 두 번의 창조로 이루어진다. 첫 번째는 정신적 창조, 두 번째
는 행동적 창조다. 우리가 매일 사용하는 볼펜도 디자인이라는 정신적 창조를 거

친 후 제조라는 행동적 창조를 통해 완성된 것이다. 이처럼 교회의 가치관 목회도 첫 번째 창조인 기치관 수립과 두 번째 창조인 핵심가치 내재화를 통해 완성된다. 여기서 내재화(內在化)란 여러 가지 습관이나 생각, 기준 등을 마음속에 받아들여 자기 것으로 체화(體化)하는 과정을 말한다.

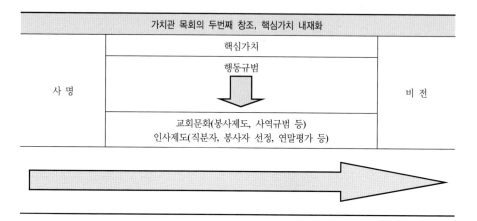

성실을 핵심가치로 정한 교회에서 직분자들이 항상 늦게 도착한다면 과연 일찍 도착한 교인들이 '우리 교회의 핵심가치는 성실이야'라고 흔쾌히 받아들일 수 있을까? 이처럼 많은 교회가치관이 액자 속에 혹은 홈페이지 교회 소개란에만 갇혀 있는 것은 그 교회의 가치관이 모두의 마음속에 내재화되지 않았기 때문이다.

핵심가치 내재화란 핵심가치를 교회에서 이루어지는 모든 의사결정의 기준으로 받아들이고, 그에 따라 생각하고 행동하는 것을 당연하게 여기도록 교인들을 변화시키는 과정이다.

2. 성공적인 내재화를 위한 3가지 전제

모처럼 체계 있게 수립한 가치관이 업무현장에서 구석구석에 살아 숨쉬게 하기 위해서는 일관성, 참여성, 그리고 지속성이 전제되어야 한다.

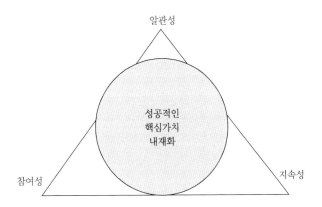

일관성

성공적인
핵심가치
내재화

참여성   지속성

1) 일관성

많은 사람들이 신뢰란 믿는 것이라 말한다. 그렇다면 그것은 무엇을 의미하는
가? 상대방의 성격이 될 수도 있고 역량이 될 수도 있다. 그러나 믿는다는 말의 의
미를 자세히 생각해 보면 신뢰는 예측 가능한 행동을 통하여 구축됨을 알 수 있다.
예측 가능하다는 것은 행동에 일관성이 있다는 뜻이다. 이처럼 신뢰와 밀접한 관
계를 가진 일관성은 'MOV(Moment Of Value, 가치구현의 순간)'에서 나온 말이다.

2) 참여성

핵심가치를 우선적으로 실행해야 할 상황은 정했는데, 모두에게 핵심가치가 지
켜지고 있다는 믿음을 주려면 그 상황에서 어떻게 행동해야 할까? 핵심가치가
'신뢰'인 교회의 경우, 그 핵심가치가 살아 있음을 모두가 공감하고 느끼게 하려
면 어떤 행동원칙을 정해야 할까? 또, 그런 행동원칙은 누가 정해야 할까? 교인이
지킬 행동규범은 교인이 스스로 만들어야 한다. 이렇게 합의하에 만들어진 행동
규범은 신뢰받기 쉽고, 실천하기도 좋아 참여율을 극대화할 수 있다.

[참여자들의 화합에 대한 오해와 진실]

잘못된 진실 – 방임적 참여자	올바른 진실 – 건설적 참여자
1. 언쟁하지 않는다.	1. 건설적 갈등을 인정한다(다양한 의견을 받아들인다).
2. 친하게 지낸다.	2. 무조건 친한 것만 찾지 않고 공과 사를 구분한다.
3. 무조건 같이 지낸다.	3. 소통과 동의를 통해 한 방향으로 나아간다.

3) 지속성

가치관 수립 후 교회의 핵심가치를 자세히 이해하고 실천을 다지는 것은 조직문화 구축에 매우 중요한 활동이다. 그러나 이러한 실천 의지는 작심삼일로 끝날 위험이 크다. 이를 방지하려면 교인들의 행동규범을 지속적으로 실천하도록 유도하는 조직문화와 제도적 장치를 만들어야 한다. 그러기 위해서는 다음 3가지 원칙을 꾸준히 지켜야 한다.

[지속성 유지 3가지 원칙]

1. 가치관 모범 진흥대회 등 작은 성공 경험을 쌓아라.

   1) 가치 페스티벌 개최: 핵심가치를 잘 지킨 사람은 누군가?

   2) 롤모델을 제시한다: 핵심가치 강화

2. 시각적으로 볼 수 있게 주변의 홍보 매체 등 환경을 이용해 교인들을 끊임없이 행동규범에 노출시키라.

   1) 공간을 활용하여 끊임없이 게시: 엘리베이터, 게시판, 휴게실, 식당 등

3. 교인의 봉사 및 직분 시스템(멘토인증서 수여 등) 등 평가와 연결하라.

   1) 핵심평가를 기준으로

일반 업무 성과	가치관 핵심 가치	⟹	핵심가치 실천 자기 평가
50%	50%		1. 핵심가치별 인사 평가지수를 1점부터 5점까지 제시 2. 5점은 1~4점에 해당하는 행동을 모두 보였을 때 받을 수 있음

*핵심가치 실천 자기 평가 설문도구 6개 주제 30개 설문항목은 별도 제공함

교회의 목표를 모르는 교인은 별로 없다. 문제는 어떤 원칙과 기준을 갖고 있는가, 모두가 그 원칙을 알고 그 기준에 따라 행동하는가이다. 교회가 전략적 목표를 달성하기 위해서는 모든 교인이 같은 생각과 원칙으로 하나가 되어야 한다. 핵심가치 실천에 따른 작은 성공 경험을 통해 자신감을 불어넣는 일관성, 긍정적

합의의 힘을 이끌어 내는 참여성, 가치관 수립을 위한 일회성 이벤트가 아닌 굳건한 조직문화로 뿌리내리기 위한 지속성, 교인의 생각과 행동을 하나로 만들어 주는 핵심가치를 위한 세 가지 전제를 반드시 기억하자.

롤모델 목회에 희망이 있다

롤모델 목회(Role Model Pastoral=RMP)는 오늘날 한국교회의 양적 성장 대형교회(Big Church)라는 변질된 모델에서 올바른 질적 성숙, 하나님교회로의 본질을 회복하여 좋은 교회(Good Church)로 성장하는 데 의미를 갖는다.

롤모델(Role Model)
교회의 개념

제1장 롤모델(Role Model) 교회의 개념

1. 롤모델 교회의 개념

오늘날 교회의 위기는 교회론의 위기에서 기인한다고 본다. 즉, 한국교회가 초기부터 추구해 온 것은 한국문화와의 만남에서 융합된 현상이다. 한국교회 갱신의 원동력이 완전히 소모되었다고 보지 않는다. 하지만 오늘날 교회는 하나님나라보다는 건물의 크기, 효율성을 중시하는 실용주의와 희생과 헌신보다는 자기중심적 성장/축적논리에 사로잡혀 하나님나라의 가치와 전도된 방향으로 나아가고 있다.

오늘날 교회의 지위나 성직자의 지위, 더 나아가 모든 개신교인들의 지위에 대한 평가는 내부와 외부를 막론하고 부정적이고 냉소적인 반응과 평가가 지배적이다. 개신교의 상황을 살펴보면 기존의 통계나 분석 자료들을 통해서 알 수 있듯이, 종교의 역기능적인 측면들이 표면적으로 너무 잘 드러나고 있는 실정이다.

한국개신교의 위기에 대한 논의가 끝날 기미가 보이지 않는다. 한국개신교의 위기 상황에 대해 진단하고 그 해결책을 신학적 혹은 목회학적으로 모색해 보려는 수많은 시도들이 있었다. 위기는 '위험(Danger)인 동시에 기회(Opportunity)'라는 말처럼 위험한 상황을 극복하고 갱신과 개혁의 활력을 회복할 때 어떤 기회나 단초를 마련하고자 하는데 이런 면에서 한국교회 역할 모델을 제시하고자 한다.

인류학적 관점에서 지위(Status)와 역할(Role)은 역동적 관계를 갖고 있다. 지위는 위치이며 역할은 자신에게 부여된 지위에 걸맞은 방식(혹은 사회문화의 기대에 부응하는 방식으로)으로 감당하는 것을 의미한다. 따라서 역할은 지위의 역동적인 측면이다.

1) 역할 모델(Role Model)은 어떤 한 사람이나 기관을 정해, 그것을 표본으로 성숙할 때까지 모델이나 본으로 삼는 것을 말한다.
2) 모델이라는 것은 패러다임이나 선글라스와 같이 실재(Reality)를 파악하는 일련의 도구이다. 모델은 완벽한 것이 아니다.
3) 오늘날처럼 세계화의 현상으로 인해 급격한 문화적 가운데 교회라는 특이한 현상을 설명하기 위해 가장 좋은 방법은 모형이나 이미지를 사용하여 교회를 이해하는 것이다(최형근 서울신학대학교 교수).

2. 롤모델 교회 올바른 방향 설정

잘못된 롤모델	환경대응	올바른 롤모델
양적 성장 중심 최대교회 Big Church	자본주의 3.0시대 경영계의 양적 성장 최대(Exellant)기업	질적 성장 중심 최고교회 Good Church
본질이탈 결과중심 비윤리 반국민 정서	자본주의 4.0시대 경영계의 질적 성장 최고(Great)기업	본질회복 과정중심 윤리회복 희망 이미지

1) 롤모델 교회란?

어느 특정분야에 특정주제에 남다른 차별화로 인정되어 모범(Model)을 보일 수 있는 개인이나 조직을 말한다.

롤모델 교회가 교회에 주신 하나님의 은혜, 교인 개인의 특성 그리고 사회 환경에 따라 일정한 형식(Format)에 의해 한 방향으로 몰아간다면 우를 범할 수 있다.

그럼에도 한국교회는 단편적으로 양적 성장 대형교회가 롤모델로 굳어져 그 변질된 가치관으로 인해 생긴 수많은 부작용으로 결국 위기에 직면해 있다.

금번 롤모델은 한국교회 롤모델의 스타일을 180도 혁신하는 차원에서 양적 성장 대형교회에서 벗어나 다양성으로 교회 사명의 본질인 예배, 교육, 교제, 봉사, 전도 등 5가지 핵심가치를 설정하여 객관적 품평형식과 주관적 서면진단방법으로 진행하고자 한다.

[롤모델 적용 2가지 방법]

방법 1. 한국교회 31개 롤모델 교회 선정: 객관적 품평(입소문, 자료수집) 진단 방법

방법 2. 서현교회를 단위교회 롤모델 선정: 주관적 서면(기존설문지 이용) 진단 방법

3. 롤모델 교회 선정을 위한 진단방법

1) 롤모델 교회 진단의 필요성

그동안 한국교회는 객관성과 공정성을 갖춘 바람직한 롤모델 교회를 선정하는 기준이 없었다. 단지 대량인원으로 양적 성장한 대형교회가 좋은 교회이고 그렇지 못한 소형교회는 잘못된 교회로 평가받고 있었던 게 사실이다.

이것은 결국 객관성과 공정성이 결여된 평가로 언젠가는 롤모델의 기준 틀에

의거하여 제대로 평가받고 선정되어야 한다.

그러한 상황에서 금번 롤모델 목회는 현재의 불균형적인 변질된 가치관을 안고 있는 부담에서 예수님이 기뻐하는 본질회복 교회로 업그레이드를 시도하고자 한 것이다.

한편 우수한 롤모델로 선정된 교회의 목회자는 그 역량과 노하우를 그렇지 못한 교회 목회자에게 멘토링 방식으로 나눔(Sharing)에 참여할 수 있도록 권장할 것이다.

2) 롤모델 교회 진단 형식(Style)

(1) 객관적 품평(Reference) 진단방법: 타 교회 목회자가 입소문이나 자료수집을 근거로 진단에 참여하는 방법

(2) 주관적 서면(Paper) 진단방법: 자기 교회 직분자가 별도 설정된 서면진단도구로 참여하는 방법

3) 롤모델 교회 진단 단계

Step 1. 진단 테마선정: 한 예로 예배, 교육, 교제, 봉사, 선교 등을 설정한다.

Step 2. 진단 설문지 작성: 설문 항목 개수 체크 방법을 일목요연하게 작성한다.

Step 3. 진단 실시 유의사항 소개: 객관적·주관적 품평, 서면 등을 정한다.

Step 4. 진단관리자 선정: 실제로 현장에서 전단지를 관리할 사람을 선정한다.

Step 5. 진단평가자 선정 및 유의사항: 목회자, 직분자, 평신도 등을 정하고 객관성·공정성을 보장한다.

Step 6. 진단평가 기간 설정: 진단기간을 일주일 10일 1개월 등으로 정한다.

Step 7. 진단도구 수집 종합: 관리자가 소집하여 통계표를 작성한다.

Step 8. 진단결과 분석: 종합된 자료로 브레인스토밍 기법 등으로 분석과 대안을 수립한다.

Step 9. 진단결과 등급: 총 득점표에 따라 등급과 내용 그리고 대안 등을 공포한다.

제2장 한국교회 모니터링 목회방법

롤모델 교회 선정 등에 활용되는 모니터링(Monitoring) 목회는 경영진단도구를 활용하여 교회구성원들과 의사소통을 원활히 하고 눈높이 목회를 통하여 교인들의 역량을 결집하며 신뢰와 존경받는 목회로 새로운 10년 합리적인 리더십을 갖춘 목회자 되기를 목적으로 한다.

21세기에 들어와서 이 지구촌에서 아주 작은 한국이 세계를 깜짝 놀라게 한 두 가지 사건은 먼저 짧은 기간에 가난을 극복하고 세계 10대 경제대국을 이룬 것과 다음은 역시 단기간에 믿음(선교)의 대국을 이룬 것을 들 수 있다. 아울러 이 성과에 대한 일등공신은 자타가 공인하는 기업의 경영자와 교회의 목회자다.

그러나 오늘날 두 분야의 상반된 현상은 기업경영은 계속 성장하고 있다는 것과 한국교회는 계속 쇠퇴일로를 걷고 있다는 것이다. 이러한 주요 원인은 한마디로 경영자는 자기 혁신에 앞장서고 모니터링 기법으로 고객의 가치창출과 만족경영(CSI)으로 협업(協業, Collaboration)을 중요시하고 있는 것과 그렇지 못한 목회자와의 차이라고 볼 수 있다.

[환경급변 진단과 3가지 대응관점]
1. 개인 웰빙 생활 극대화에 대한 대응
2. 가정 중심 재택 인원에 대한 대응
3. 교회 중심 모임에서 개인, 가정을 찾아가는 대응

[멘토링 프로그램 3가지 대응기법]
1. 목회자 인격중심 목회: 목회자의 개인 이미지가 중요한 시대다.
2. 모니터링 목회: 의사소통으로 신뢰와 존경으로 한마음을 이룬다.
3. 미팅교회 목회: 한 사람, 한 가정을 찾아가 전인적인 삶을 나눈다.

[교회 모니터링의 진단도구 샘플]

교회 조직 진단 도구	1. 행복진단	목회자 개인 진단 도구	1. 인격진단	직분자 그룹 진단 도구	1. 적합성진단
	2. 희망진단		2. 성격진단		2. 인간성진단
	3. 강약진단		3. 리더십진단		3. 장래성진단

Theme 2

한국교회 역할모델조사
연구발표 세미나

　한국교회 롤모델을 선정하기 위한 조사와 그 연구 발표를 위한 세미나가 있었다. 조사내용은 예배, 교육, 교제, 봉사, 선교 등 5개 교회 사명이며 7개 교단 목회자들을 대상으로 실시된 자료 수집(2011.5.9.~7.29.)과 약 1개월간의 분석 기간에 걸쳐 이루어졌다. 객관적 품평방법으로 남자 목회자 300명으로 한국교회 모델로 삼아도 될 만한 바람직한 교회로 385개 교회 중 상위 31개 교회가 추천되었다.

　발표자료: 한국교회 역할모델 조사 연구발표 세미나(101p 분량)

제1장 역할모델조사 연구발표 세미나 개요

1. 일시: 2011년 9월 28일 오후 2~5시
2. 장소: 명동 청어람 3실
3. 주관: 바른교회 아카데미(원장 김동호 목사), 인사이트 코리아, 뉴스엔조이
4. 내용: 한국교회 역할모델 조사 연구발표 세미나
5. 진행:
   1) 사회: 이창호 목사(바른교회 아카데미 부원장)
   2) 인사말: 김동호 목사(바른교회 아카데미 원장, 높은뜻 연합 선교회 대표)

3) 발표 1: 한국교회 역할모델에 관한 조사보고서

　　　　박수일 소장(인사이트 리서치)

4) 발표 2: 한국교회 역할모델에 대한 사회학적 고찰

　　　　노치준 목사(광주 양림교회회 담임)

5) 발표 3: 한국교회 역할모델 조사에 관한 교회론적 평가

　　　　최형근 교수(서울신학대학교, 선교학)

[발표요약]

1. 김동호 목사: 이러한 시도들이 이번만이 아니라 계속되었으면 좋겠다.

2. 박수일 소장

1) 설문조사: 7개 교단 목회자 300명이 참여했다.

2) 설문내용: 교회의 주요 사명인 5가지 사명을 대상으로 했다.

　　　　(레이투르기아, 디다케, 코이노니아, 케리그마, 디아코니아)

3) 추천교회: 교회 중 31개 교회(특징이자 실망스러운 것은 대형교회가 90%인 점)

4) 특징: 소형교회일수록 공동체성이 강해 교회 안에서의 교제와 또 지역사회에
서 봉사를 많이 하고, 중형 정도의 교회는 전도를 많이 하며, 대형교회는 다
수를 대상으로 메세지를 전할 수 있는 예배와 제자 양육에 초점을 두고 있다.

3. 노치준 목사

"많은 교회들이 디아코니아 사명의 일환으로 사회복지에 손을 대고 있는데 이
것에 대한 사회적인 문제들이 많이 발생하고 있다"라는 말과 디아코니아와 케리
그마가 결합되었을 때의 문제에 대한 말은 인사이트 리서치에서 주었다. "만약
내가 너를 도울 테니 교회로 오라는 것은 어찌 보면 약자에 대한 폭력이요 종교
의 자유를 침해하는 행위이며, 전도의 순수성을 훼손한다"는 것이었다. 또 "교회
의 사회복지 기관 설립은 교회에게 하나의 이권이 되어 가고 있다"는 지적도 있
었다.

4. 최형근 교수

보고서는 그 조사목적을 '바람직한 한국교회의 역할모델을 목회자(목사)를 대상으로 하여 실증적으로 조사 분석하여 확인하고자 함'이라고 밝히고 있으며, 설문지 내용 가운데에도

1) '본질에 충실한 교회와 목회자를 찾아내어 알리기 위한 자료로 활용될 것'임을 밝히고 있다. 여기서 한국교회의 역할 모델이란,

2) '교회의 본질에 충실한' 한국교회를 대변하는 교회들로서 그리스도인들뿐 아니라 한국사회에서도 제시할 수 있는 교회들이라는 의미를 담고 있다고 볼 수 있다.

3) 보고서에 제시된 교회 역할 모델의 긍정적 지표를 결정하는 사명('Mission)은 5가지다. 이 5가지 요소들이 각각 강조하는 독특성이 있지만, 교회 본질로서 하나님의 나라와 하나님의 영광이라는 점에서 그 요소들은 독립적으로 가능한 것이 아니라 유기적으로 연관되어 있다.

* 선정된 31개 교회는 대다수 1,000명 이상의 대형교회나 초대형교회로서 설문에 응답한 목회자들이 이루고자 하는 희망이 투영된 결과라고 볼 수 있을 것이다.
* 목회자들 대부분이 교회의 본질과 건강성에 대해 관심을 갖고 있기보다는 교회의 크기와 성장에 관심을 두고 있으며, 그들이 추구하며 선호하는 목회나 교회의 구조가 크기와 효율성에 근거한 것임을 암시하고 있다.

첫째, 선정된 31개 교회는 대다수 1,000명 이상의 대형교회나 초대형교회로서 설문에 응답한 목회자들이 이루고자 하는 희망이 투영된 결과라고 볼 수 있을 것이다. 흥미로운 것은 31개 교회들 가운데 ― 서울소재 교회는 12개, 수도권 소재교회 12개, 지방소재 교회 6개, 해외 1개로서 ― 서울을 포함한 수도권소재 대형교회들이 80%에 이른다.

[얻은 교훈]

리서치를 통해 얻은 교훈들을 기반으로 한국교회의 개혁과 갱신을 위한 전반

적인 심층적 리서치(목회자들, 신학생들, 신자들을 대상으로 하는)가 이루어지기를 희망한다. 교회 갱신과 개혁은 교회에 대한 바른 이해와 제자도에 근거한 사도적 실천을 통해 지속적으로 회심의 자리에 나아가느냐에 달려 있다고 본다.

제2장 한국교회 롤모델 31개 교회 명단

1. 선정내용: 교회 사명 핵심가치 5가지

교회의 사명들은 교회의 본질과 목적인 하나님나라를 중심으로 유기적으로 연결되어 있다. 만일 어떤 교회가 5가지 사명 가운데 한 가지를 잘 감당한다고 하면서 다른 사명들을 도외시하거나 망각한다면, 그 교회는 본질에서 괴리된 교회일 것이다.

1) 레이투르기아(예배)
2) 케리그마(선교, 전도)
3) 디아코니아(봉사, 사회적 책임)
4) 코이노니아(교제, 친교, 성도 간의 연합)
5) 디다케(교육, 양육, 훈련)

2. 롤모델 선정 31개 교회 지역별 분포도

- 서울소재 교회는 12개
- 수도권 소재교회 12개,
- 지방소재 교회 6개,
- 해외 1개로서

서울을 포함한 수도권소재 대형교회들이 80%에 이른다.

3. 롤모델 선정 31 교회 명단(가나다 순위임)

1. 거룩한 빛 광성교회 정성진	11. 분당샘물교회 박은조	21. 온누리교회 하용조
2. 경동교회 박종화	12. 분당 우리 교회 이찬수	22. 전주안디옥교회 박진구
3. 광염교회 조현삼	13. 사랑의 교회 오정현	23. 제자들 감리교회 김동현
4. 꿈의 교회 김학중	14. 선한 목자교회 유기성	24. 지구촌교회 진재혁
5. 높은 뜻 연합 선교회 김동호	15. 세계로교회 손현보	25. 참된교회 박창하
6. 만나교회 김병삼	16. 신길성결교회 이신웅	26. 청파감리교회 김기석
7. 명성교회 김삼환	17. 안산동산교회 김인중	27. 풍성한교회 김영곤
8. 바울교회 원팔연	18. 여의도 순복음교회 이영훈	28. 향린교회 조헌정
9. 백주년기념교회 이재철	19. 연세중앙교회 윤석전	29. 향상교회 정주채
10. 부광교회 김상현	20. 열린교회 김남준	30. 호산나교회 최홍준
		31. 휴스턴 서울교회 최영기

제3장 현재 롤모델 교회 사명과 그 내용 통계표

1. 현재 우선적으로 힘쓰고 있는 사명은 1) 교육(28.4%), 2) 선교, 3) 봉사, 4) 예
   배, 5) 교제(10.1%)의 순으로 나타났다.

2. 가장 바람직하게 감당하고 있는 사명은 어떻게 수행하고 있는지는 교제 중
   지역사회와 친밀이 10.7%로 가장 중요하게 거론되었고, 교육 중 체계적 지
   도자 양성(10.2%)이다.

구분	빈도(%)	진단 설문 도구(Test Tool)	빈도(%)	사명(%)	전체(%)
1. 예배 레이 투르 기아	231 18.8% 4등	1. 성령의 역사하심으로 인한 감동의 예배	56	24.2	4.5
		2. 다양한 형식으로 예배 프로그램을 개발	43	18.6	3.5
		3. 목사님 설교가 복음 중심이고 은혜 감동	31	13.4	2.6
		4. 오로지 하나님께만 영광 돌리는 예배	30	13.0	2.4
		5. 예배 중요성을 강조하고 철저한 준비	28(231)	12.1(100)	2.3(18.8)
2. 교육/ 양육/훈련 디다케	350 28.4% 1등	1. 체계적인 훈련을 통해 지도자를 양성	126	36.0	10.2
		2. 성경공부를 체계적으로 열심히 한다	52	11.7	3.3
		3. 신앙과 삶을 일치시키는 교육을 한다	27	7.7	2.2
		4. 다양한 프로그램을 통한 균형 잡힌 교육	19	5.4	1.5
		5. 소그룹을 통한 활발한 교육을 한다	11(350)	3.1(100)	0.9(28.4)

			빈도	사명(%)	전체(%)
3. 교제/친교/성도 간 연합 코이노니아	125 10.1% 5등	1. 교회 각 기관 부서가 연합하여 친목	55	44.0	4.5
		2. 소그룹에 많은 인원이 참여하고 교제	35	28.0	2.8
		3. 지역사회 기관과 단체, 주민과 친밀	9	7.2	10.7
		4. 목회자와 성도 간에 친밀한 교제	8	6.4	0.6
		5. 지역교회 또는 노회 소속 교회와 연합	7(125)	5.6(100)	0.6(10.1)
4. 봉사/사회적책임 디아코니아	240 19.5% 3등	1. 지역사회를 섬기고 협력사업	131	54.6	10.6
		2. 지역사회와 그 지역 약자를 돌보고 있다	53	22.1	4.3
		3. 사회정의에 관해서는 입장에서 거론한다	24	3.3	1.1
		4. 지역사회를 위하여 문화사역을 봉사	14	2.2	1.0
		5. 지역사회봉사 대원을 체계적으로 훈련한다	10(240)	2.1(100)	1.0(19.5)
5. 전도/선교케리그마	286 23.2% 2등	1. 해외선교/농어촌 전도에 우선 힘쓰다	113	19.6	4.5
		2. 다양한 선교 프로그램 및 전략	33	11.5	2.7
		3. 교회 개척/분립하고 타 교회 지원 활발	12	4.2	1.0
		4. 지역 교회 중에서 지역사회 복음화 앞장	10	3.5	0.8
		5. 교회의 사회적 책임에 재정도 적극 지원	7(286)	2.4(100	0.6(23.2)
합계			1,232	500.0	100.0

제4장 10년 후 한국교회 교회 사명과 그 내용 설문

1. 앞으로 10년을 위해 더 힘써야 할 사명은 1. 봉사, 2. 예배, 3. 교육, 4. 선교, 5. 교제 순으로 나타났다.

2. 왜 그렇게 생각하였는지는 봉사 중 사회적 책임감당(10.6%)이 가장 중요하게 거론되었고 예배 중 교회와 신앙본질에서가 13.3%이다.

구분	빈도%	진단 설문 도구(Test Tool)	빈도	사명(%)	전체(%)
1. 예배 레이투르기아	132 26.5% 2등	1. 교회와 신앙의 본질이므로	66	50.0	13.3
		2. 예배가 세속되고 인본주의적	24	18.2	4.8
		3. 하나님과의 진정한 교제 필요	20	15.2	4.0
		4. 예배가 형식화되었으므로	12	9.1	2.4
		5. 복음적인 말씀서포가 부족	8(132)	7.6(100)	1.6(31.1)
2. 교육/양육/훈련 디다케	104 20.9% 3등	1. 그리스도인으로 소양 갖추도록	46	44.2	9.2
		2. 그리스도인으로 삶을 살기 위함	20	20.8	4.0
		3. 다음 세대 준비를 위해	14	13.5	2.8
		4. 성경교육의 필요성	11	10.6	2.2
		5. 교회의 성장과 재생산 위해	10(104)	9.6(100)	2.0(20.9)

3. 교제/친교/ 성도 간 연합 코이노니아	30 6.0% 5등	1. 성도 간의 깊은 교제 필요	15	50.0	3.0
		2. 교회본질로서 코이노니아	8	26.7	1.6
		3. 공동체 회복 통한 사회적 책임	7	23.3	1.4
			(30)	(100)	(6.0)
4. 봉사/ 사회적책임 디아코니아	155 31.1% 1등	1. 사회적 책임감당을 위해	53	34.2	10.6
		2. 교회 본질적 사명임으로	38	24.5	7.6
		3. 교회 이미지 제고를 위해	34	21.9	6.8
		4. 선교/전도 전략으로	22	14.2	4.4
		5. 기타	8(155)	5.2(100)	(31.1)
5. 전도/ 선교케리 그마	77 15.5% 4등	1. 교회본질적 사명 지상명령	35	45.5	7.0
		2. 전도의 필요성	24	31.2	4.8
		3. 교회성장의 원동력	12	15.6	2.4
		4. 기타	6	7.8(	
			(77)	100	(15.5)
합계			498	500.0	100.0

Theme 3

개인 영향력 대응 롤모델 소개

제1장 개인 영향력 대응 롤모델 - 3인

목회모델 1. 옥한흠 목사

어느 시대나 환경에 대응하여 혁신리더십을 발휘하는 리더는 크게 영향력을 행사하게 되고 수많은 팔로워(Fowllower)들이 본을 받게 된다. 국내에서도 셀구역의 조용기 목사, 새벽기도의 김삼환 목사, 경배와 찬양의 하용조 목사, 태신자로 길자연 목사, 두날개로 김성곤 목사, 그리고 제자훈련으로 옥한흠 목사 등의 리딩목회를 들 수 있다.

[옥한흠 목사의 차별화 리더십]

옥한흠 목사는 스스로 자기 기준을 세워서 자기 절제와 자정(自淨)에 독특함을 보여 주었다. 일반적으로 보람이라고 평할 수도 있는데도 하나님 앞에서 부담으로 여기는 차별화 리더십을 발휘해서 우리에게 깊이 사려(思慮)하는 마음을 전하고 있다.

1) 설교의 부담

매주일 수만 명의 교인에 선포하는 설교가 하나님의 영광을 올바로 전했는지? 혹시 설교로 상심한 교인은 없었는지? 늘 부담이 되었다. 보람은 그 다음 일이다.

2) 성장에 부담

한 사람 철학에서 질적 양육을 아직 제대로 다하지 못했는데 주일마다 몰려오는 대량 교인에 관하여 올바른 교회론 차원에서 부담을 느꼈다. 보람은 다음 일이다. "나의 교회론과 제자훈련은 엇박자가 된 것 같다."

3) 정년에 부담

"목사가 늙으면 교회도 늙는다. 더 늙기 전에 떠나야 교회가 산다." 옥 목사에게는 목회 정년 70세까지는 부담이 되었다.

4) 건축에 부담

올바른 교회론에 의하여 연차적으로 질적 목회, 한 사람 목회가 성공했으면 대형교회 건축은 고려할 수 있는데 그렇지 못한 상태에서 전 교인의 열화같은 찬성으로 건축이 이루어져 부담이 된다.

5) 평가에 부담

대형교회 목회자의 외형 평가로 성공한 목회자로 칭찬을 받고 있는데 하나님 앞에서 또한 질적인 면에서 자신의 이름과 같이 너무나 '흠'이 많은 사람인데 과대평가되어 부담이 된다.

경제모델 2. 벤자민 프랭클린

칼빈의 예정론으로 자본주의를 풀어 가는 막스 베버(저서 『프로테스탄트윤리와 자본주의 정신』)가 자본주의 모델로 추천한 벤자민 프랭클린은 자기 관리에 매우 뛰어난 사람으로 13가지 덕목으로 나쁜 습관을 좋은 습관으로 길렀다. 오늘날 목회자에게 자본주의 경제 환경대응으로 경제윤리리더십 분야에 자기 도전 점검표로 소개한다.

[벤자민 프랭클린의 경제 윤리 13가지 지침]

1) 절제: 우둔할 정도로 먹지 말고, 취하도록 마시지 말라.

2) 침묵: 타인이나 자신에게 유익하지 않는 말을 하지 말라. 필요 없는 말도 삼가라.

3) 질서: 모든 물건은 제자리에 있게 하라. 모든 일은 때를 잃지 말고 하라.

4) 결심: 해야 할 일을 다 하겠다고 결심하고 결심한 일을 반드시 실행하라.

5) 절약: 타인이나 자신에게 도움이 되는 경우를 제외하고 돈을 쓰지 말라.

6) 근면: 시간을 헛되이 쓰지 말라. 항상 유익한 일을 하라. 불필요한 일을 끊어버려라.

7) 진실: 속임수로 남을 해치지 말라. 깨끗하고 공정하게 사고하라. 말할 때도 그렇게 하라.

8) 정의: 해로운 일을 하거나 당연히 베풀어야 할 은혜를 베풀지 않음으로써 과오를 저지르지 말라.

9) 중용: 극단을 피하라. 자존심이 상하는 말이라도 당연하다고 생각되면 참으라.

10) 청결: 몸이나 옷이나 주택에 불결한 것이 있으면 그대로 두지 말라.

11) 침착: 사소한 일. 일상사나 불가피한 일이 있을 때 마음이 들뜨지 말라.

12) 순결: 건강과 자신을 위해서만 성생활을 하라. 우둔하고 쇠약해질 정도로 또는 부부의 평화와 평판에 해가 될 정도로 문란하지 말라.

13) 겸손: 예수와 소크라테스를 따르라.

영성모델 3. 조나단 에드워즈

조나단 에드워즈(1703~1758)는 미국 식민지 시대의 장로교 목사, 신학자, 원주민 선교사이다. 에드워즈는 "미국 역사에서 가장 중요하고 독창적인 철학적 신학자로 널리 인정되고 있다."

미국 3대 부통령과 뉴욕 주 주지사를 지낸 애런 버(Aaron Burr Jr., 1756~1836)의 외할아버지였으며, 매우 다양한 분야에 관한 저술을 남겼으나, 주로 개혁주의 신학과 신학적 결정론의 이론적 바탕, 청교도 전통에 관한 저작들로 알려져 있다.

그의 유명한 설교인 '분노한 하나님 손에 있는 죄인들'은 대각성 운동의 시발점으로 인정되고 있다. 그는 1758년 1월 뉴저지대학교(College of New Jersey, 지금의 프린스턴 대학교)의 총장이 되었으나 천연두 예방 인두법 시술의 부작용으로 3월 22일 사망하였다.

1. 성경이 신자들에게 주는 경고(설문 5개)
나의 천국행은 얼마나 안전한가?

2. 자기 점검도 우리의 의무인가?(설문 5개)
나는 얼마나 악에 기울어져 있는가?

3. 사람들은 왜 속고 사는가?(설문 4개)
나는 죄에 얼마나 많이 속고 있는가?

4. 약은 없는가?(설문 6개)
나는 하나님의 규칙에 따라 판단하고 있는가?

1. 나의 천국행은 얼마나 안전한가?

1) 성경은 천국에 들어갈 수 있다고 자신만만하게 생각하는 사람들 중에 매우 많은 사람들이 마지막 순간에 이르러서야 자신들이 천국에 들어갈 수 없는 사람이라는 것을 깨닫게 된다고 말씀하신다. 예수님께서는 이렇게 말씀하셨다.
"그날에 많은 사람이 나더러 이르되 '주여! 주여! 우리가 주의 이름으로 선지자 노릇하며 주의 이름으로 귀신을 쫓아내며 주의 이름으로 많은 권능을 행치 아니하였나이까?' 하리니 그때에 내가 저희에게 밝히 말하되 '내가 너희를 도무지 알지 못하니 불법을 행하는 자들아! 내게서 떠나가라!' 하리라"(마 7:22, 23).

2) 이 사람들은 자기들이 그리스도의 제자들이라고 확신하고 있었고 당연히 하나님나라에 들어갈 것이라고 굳게 믿고 있었다. 또 이 사람들의 삶에는 능력과 헌신과 증거들이 있었다. 어느 시대고 이런 사람들은 교회에서 으뜸가는 신자들로 인정받을 만한 사람들이다. 하지만 그들의 확신이 옳지 않았다는 것이 마지막 순간에야 드러나고 말았다.

3) 이런 기만의 위험은 혼인 잔치 비유에서 극명하게 드러난다. "혼인 자리에 손이 가득한지라. 임금이 손을 보러 들어올새 거기서 예복을 입지 않은 한 사람을 보고 가로되 '친구여 어찌하여 예복을 입지 않고 여기 들어왔느냐?' 하니 저가 유구무언이어늘"(마 22:10~12).

  여기에서 예복을 입지 않은 사람은 단 한 사람뿐이었다. 다른 모든 사람들은 예복을 입고 혼인 잔치의 주인공을 기다리고 있었다. 자기 혼자만 다른 옷을 입고 있었으니 누가 말해 주지 않아도 뭔가 이상하다는 느낌을 갖고 생각해 보는 것이 자연스러웠을 것이다.

4) 그런데도 이 사람은 아무런 생각도 없이 아무런 느낌도 없이 태연하게 잔치가 시작되기를 기다린 것이다. "만물보다 거짓되고 심히 부패한 것은 마음이라"(렘 17:9). 실로 우리 마음은 그러하다.

  이 사람은 자기 상태에 대해 전혀 반성하지도 않았고 알아보려고 하지도 않았다. 결국 어떻게 되었는가? 이 사람은 잔치에서 쫓겨났다. 신앙에 있어서 확신을 가진다는 것은 참으로 중요한 일이다.

5) 구원의 확신을 가진다는 것, 하나님과 동행하고 있다는 확신을 가진다는 것은 우리 마음에 대단한 위로와 힘을 부여해 준다. 그러나 확신만큼 중요한

것이 있다면 자기 점검이다. 정확한 점검이 있은 후에야 올바른 확신이 존재하는 것이다.

2. 나는 얼마나 악에 기울어져 있는가?

1) 하나님께서는 하나님을 섬기는 일에 있어서 우리가 각별한 경계심을 행사하도록 요구하신다.

신 4:9 _____

잠 4:23 _____

마 26:41 _____

엡 5:15 _____

2) 우리가 이 일을 게을리하고 부주의한 방식으로 살아가다가 죄를 범하면 하나님의 영광을 가리게 된다.

3) 우리가 우리 자신의 유익과 행복을 고려한다면 이 일을 하지 않을 수 없다. 사람이 모든 사악한 길을 버렸다 할지라도 한 가지 죄악에 묻혀 살면 그것은 영원한 파멸을 초래할 것이다. 우리가 고의적으로 악의를 품지 않고 산다 해도, 부주의하게 살아간다면 부패한 우리 마음의 기만성 때문에 하나님을 노엽게 할 것이다.

4) 우리 마음은 본래 악으로 기울기 때문이다. 성도들 속에도 죄의 세력이 존재하므로 엄격하게 우리 자신을 통제하지 않으면 속에 죄의 세력이 고삐 풀린 망아지처럼 돌아다닐 것이고 우리는 죄악을 행하게 될 것이다. 더구나 우리가 사는 이 세상은 죄의 유혹으로 가득 차 있으니 여간 심각한 문제가 아니다.

고후 11:2 _____

벧전 5:8 _____

5) 우리 중에 많은 사람들이 실질적으로는 죄악 중에 살면서도 그런 자신에 대해서 잘 생각하지도 않고 그것을 지각하지도 않기 때문이다.

시 19:12 _____

3. 나는 죄에 얼마나 많이 속고 있는가?

1) 죄는 본래 사람의 눈을 혼미하게 하고 속이는 성질을 가지고 있다. 사람이 죄를 짓거나 죄가 사람을 지배하게 되면 마음을 더 어둡게 하고 기만한다. 그러므로 죄를 짓게 될수록 사람의 마음은 어두워져서 자기의 행실을 뉘우칠 줄 모르게 된다.

더구나 사람의 마음에 있는 정욕은 육적인 이성(理性)을 자극하여 모든 교활한 수단을 다 동원하여 자신의 행동을 정당화시킨다. 사람이 악한 일을 하면 자아(自我)를 사랑하는 이기적인 마음이 발동하여 자신의 악행을 인정하도록 편견을 심어 준다.

사람들은 자신들의 양심에 따라 행동하려고 하지 않고 행동에 양심을 맞추려고 한다. 이런 이유로 우리 자신의 행실을 바르게 판단한다는 것은 매우 어려운 일이다. 이런 이유로 각별한 부지런함으로 우리 마음을 살피지 않으면 안 되는 것이다.

히 3:12~13 _____

잠 21:2 _____

렘 17:9 _____

잠 28:26 _____

그러므로 우리는 이런 문제에 있어서 우리 자신의 마음을 신뢰하지 말아야 한다. 오히려 우리 자신을 면밀하게 관찰하고 우리의 마음과 행실을 깊이 살피며 하나님께 기도 드리어 우리 마음을 살펴 주시도록 해야 한다.

시 139:23, 24 _____

2) 사탄이 우리를 속여서 죄악된 길에 계속 머물도록 유인하기 때문이다. 사탄은 우리의 육적인 이성(理性)을 사로잡아 우리에게 잘하고 있다고 아첨하고 양심을 눈멀게 한다.

3) 오래되고 널리 퍼져 있는 관습이 우리를 무감각하게 하기 때문이다. 시대의 전체적인 기류가 악하면 처음에 양심에 꺼리던 사람도 이내 괜찮다고 생각하고 서슴없이 그런 행동에 동참하기 때문이다. 이렇게 사회의 일반적인 통념과 다른 사람들의 실례를 보는 것은 우리 마음을 눈멀게 한다.

4) 사람들이 자신들의 의무에 대해서 세심하고 진지하게 생각하지 않기 때문이다. 예를 들어 어떤 사람들은 죄를 모두 개혁 한답시고 개인적인 경건 생활과 공예배 출석에만 열심을 낸다. 그리고는 이웃을 향한 윤리적인 의무들에 대해서는 손 하나 까딱하지 않는다. 그러면서도 자신의 상태는 올바르다고 확신하며 편안한 마음으로 살아가는 것이다.

4. 나는 하나님의 규칙에 따라 판단하고 있는가?

우리의 마음이 어리석고 속기 쉬운 것이지만 하나님께서는 그의 거룩하신 말씀 안에서 우리의 의무에 관하여 빛을 비춰 주셨으므로 우리가 주의 깊게 살펴보고 탐사해 본다면 우리 자신의 상태를 알 수 있다.

1) 하나님께서는 우리가 어떻게 행해야 하는지 완벽하고 진실된 규칙을 제정해 주셨다. 그러므로 우리는 그 규칙을 부지런히 익히고 완전하게 알 수 있도록 수고를 아끼지 않아야 한다. 하나님께서 풍성하게 규칙을 알려 주셨는데도 익히지 않아서 무지함 가운데 범죄한다면 핑계할 수 없을 것이다.

시 119:105 _____

시 119:11 _____

2) 하나님의 규칙을 안 다음에는 우리 자신을 그 규칙에 비추어 점검해야 한다. 그렇게 하기 위해서는 우리 자신에 대한 바른 지식을 가지고 있어야 한다. 우리는 우리 자신의 마음과 행실을 조사하고 그것이 하나님의 규칙과 맞는 지 판단을 내려야 한다.

애 3:40 _____

◆ 자기 점검을 위한 도움말 여섯 가지

(1) 하나님의 말씀을 읽거나 들으면서 우리 자신을 항상 돌아보고 반성해 보아 야 한다. 하나님의 말씀과 우리의 행실 사이에 일치하는 것은 무엇이고 불 일치하는 것은 무엇인지 숙고하고 반성해야 한다. 하나님의 말씀은 거울과 같아서 우리 자신의 참모습을 그 안에서 발견해야 한다.

딤후 3:16~17 _____

(2) 신앙이 탁월한 사람들과 매우 경건한 사람들이 이구동성으로 정죄하는 삶 의 방식으로 살고 있다면 그것이 정말로 죄가 되는지 살펴보라.

(3) 우리가 지금 살고 있는 모든 방식이 임종 시에 즐거운 마음으로 되돌아볼 수 있는 것인지 조사하라.

(4) 다른 사람들이 우리에 대해서 말하는 것들을 현명하게 받아들이되 우리가 어떤 죄악된 방식으로 살고 있는 것은 아닌지 점검해 보는 기회로 삼도록 하라. 원수가 우리에게 하는 말이라도 새겨듣고 우리 자신을 돌아보는 기회로 삼아야 한다.

상대방이 악의를 품고 행하는 비난 속에도 우리 안에 실재(實在)하는 죄악을 겨냥한 비난이 섞여 있을 수 있기 때문이다.

다른 사람들이 우리 뒤에서 우리를 비방하는 것은 분명히 그들의 잘못이지만 우리가 그것을 잘 활용하는 방법은 우리 자신을 돌아보고 그들이 비방하는 대로 무슨 죄악 속에 살고 있지는 않는지 점검해 보는 것이다.

(5) 다른 사람들의 결점을 볼 때 우리 자신에게도 같은 결점이 있는 것이 아닌지 점검해 보라.

갈 6:1 _____

(6) 우리 자신이 스스로 살펴봄이나 점검이 정확하지 않을 수 있다는 점을 명심하고 이 모든 일을 행하기에 앞서, 행하는 도중에, 행한 다음에 기도로서 하나님의 도움을 간구하라. 다윗이 기도했던 것처럼 하나님께 기도하라.

시 139:23 _____
시 139:24 _____

제2장 한국교회 교단별 Best Mentor 모델 8인

한국교회 교단별 목회자 Best Mentor 선정작업은 2009.7~2010.6까지 1년에 걸쳐서 본인 목회자의 의사와 관계없이 매스컴에 반영된 자료(신문 방송, 잡지 등)와 언론 종사자의 객관적인 자료를 수집, 가공, 정리하여 이루어졌다. 금번 1차로 11명을 선발하고 일정기간이 지나면 계속해서 모범 Best Mentor를 선발할 것이며 특별히 2차부터는 교계언론매체와 목회자단체와 공조하여 시행할 것을 아울러 제안한다.

1. 선정목적

1) 한국교회 목회자의 윤리리더십 귀감으로 벤치마킹 대상으로 삼고자 한다.
2) 멘토링코리아 및 목회자 전문 교육업체에서 강사로 초빙하여 그동안 어렵게 가꾼 값진 역량을 한국교회 목회자들과 나누기(Sharing) 위함이다.

2. 심사기간(1차)

2009.7.1~2010.6.30(12개월)

3. 추천 및 심사위원

김평일 교장(제1농군학교)
최명국 박사(백석대교수, 기독교 연합신문 주필)
류재석 대표(멘토링코리아)
탁충실 위원(멘토링코리아 전산시스템)
멘토링 지도사로서 각 교단별 추천위원

4. 한국교회를 빛낸 열정목회자 멘토명단(1차)

1) 한국교회 Best World Mentor Model

한국교회를 세계 속에서 빛낸 열정 목회자로서 한국교회 전체에서 3명 선발하였다.

2) 교단별 Best Mentor Model

한국교회를 빛낸 열정 목회자 멘토로서 각 교단별로 8개 교단에서 1명씩 8명을 선발하였다.

한국교회를 빛낸 목회자 Best Mentor Model 명단

Best World Mentor 한국교회(3명)
조용기 원로목사(순복음교회)
옥한흠 원로목사(사랑의교회)
김삼환 목사(명성교회)

Best Mentor (교단별 1명씩)	
(장)합동교단 김경원 목사	기장교단 전병금 목사
(장)통합교단 이성희 목사	순복음교단 최성규 목사
성결교단 이정익 목사	감리교단 김인환 목사
침례교단 이동원 목사	고신교단 박은조 목사

제3장 목회자 Best 멘토 롤모델 선정 진단도구

1. 멘토로서 열정의식이 남다른 목회자이어야 한다

남을 배려하는 마음이 뛰어나고 특히 교회 내에서도 목회자가 교인을 사랑가치 1순위/교인이 목회자를 존경가치 1순위로 한마음으로 열정적으로 목회하는 목

회자다.

2. 멘토로서 전문의식이 남다른 목회자이어야 한다

성경 중심 교회설교와 방송설교 그리고 대외 강의자료 등으로 많은 목회자와
교인들에게 지적인 분야에서 영향력을 열정적으로 행사한 목회자다.

3. 멘토로서 윤리의식이 남다른 목회자이어야 한다

윤리적인 면에서 교회 내외에서 존경받고 교단에서 최고의 리더십을 발휘한
자로 특히 교단정치, 물질, 이성, 언행, 재물 등 윤리 면에서 자유로운 목회자다.

구분		인격 Mentor 평가진단도구	5	4	3	2	1
전문 지식 분야	지식기술	나의 목회지식과 기술은 경쟁력이 있다.					
	목회능력	출석교인 1,000명 이상 교회를 목회한다.					
	노하우	전도, 성경 공부 부흥기법 등 노하우를 갖고 있다.					
	정보공유	교계에서 목회 정보 파악을 잘하고 있다.					
	경력개발	자기계발 등 목회경력을 우수하게 쌓고 있다.					
열정 정서 분야	정서영성	친목미팅 등 정서 활동에 앞장서고 있다.					
	타인배려	남의 어려운 일 처리에 앞장서고 있다.					
	건강향상	정신 및 신체 건강에서 인정받고 있다.					
	관계촉진	가정/동료/상급기관 목회자와 관계가 좋다.					
	심리차원	교회나 가정에서 스트레스를 스스로 잘 푼다.					
윤리 의지 분야	의지결단	매사 결단력이 분명함을 인정받고 있다.					
	윤리의식	언행, 자금, 이성, 물질 등 윤리 면에서 깨끗하다.					
	절제관리	혈기/탐욕 등 본능적인 면에서 절제가 잘된다.					
	목표의식	생애목표 및 목회 목표계획 설정에 우수하다.					
	리더역할	교계나 지역사회에서 리더 역할을 제대로 한다.					
합계점수							

Theme 4

단위교회 롤모델 샘플: 서현교회
(핵심가치지수/교인 행복지수 진단방법)

　　마포구 서교동 소재 중대형교회인 서현교회는 예수교 장로회 합동측 교단에서 품평(입소문)으로 롤 모델교회로 인정받고 있는 교회다. 특별히 담임목사인 김경원목사는 교회갱신협의회 대표회장으로 더욱 모델교회로서 신뢰를 더하고 있다.

　　금번 롤 모델교회로 선정은 먼저 사명 핵심가치 5가지 주제인 예배. 교육, 교제, 봉사, 전도별로 평가해보고 아울러 교인행복지수(Christian Happiness Index=CHI)를 파악하고자 한다.

[대상선정 이유]

1. 담임목사의 30여 년 장기시무
2. 교회갱신협희회 대표회장인 담임목사
3. 교회 창립 이래 분열이 없는 화목한 교회
4. 성경 중심과 감성 여린 열린 예배 교회
5. 농어촌 전도와 해외선교가 체계적인 교회
6. 창립 이래 매년 지속적인 성장을 하는 교회

제1장 서현교회 롤모델 교회 진단개요

1. 진단추진 조직업무 및 위원

업무 해당 사항	추진 주관한 사람
사명 핵심가치선정	1. 내용: 예배, 교육, 교제, 봉사, 전도 2. 결정: 김경원 목사(서현교회 담임)
교회소개 및 실적	주호연 목사(서현교회)
핵심가치진단 관리자	관리: 배호진 목사(서현교회) 평가: 장로 10/권사 10/집사 10명(계: 30명)
진단설문 도구양식 적용	인사이트 리서치 박수일 소장의 서면설문지 사명 핵심가치 5테마에 25개 설문 항목
진단평가분석	류재석 대표 멘토링코리아 Role Model 교회 등급 선정

2. 서현교회 진단내용: 사명 핵심가치 5가지

[서현교회 5대가치]

3. 롤모델 서현교회 진단 실무

1) 진단방법: 주관적 서면평가방법으로 외부 진단양식을 사용하여 자기 교회를 진단한다.

2) 진단평가자 선정: 사전 지식을 주지 않고 생소한 입장에서 객관성과 공정성을 유지하도록 한다.

장로 10명(남): 시무와 원로 장로 중에서 나이가 적은 자를 선정한다.

권사 10명(여): 시무권사로 선정하되 나이가 적은 자로 선정한다.

집사 10명(남): 교회 출석 10년 이상 안수집사로 나이가 적은 자로 선정한다.

3) 진단기간: 1주일간으로 한다(2011.11.6~12).

제2장 서현교회 핵심가치지수/교인행복지수 진단실시통계

이 진단도구는 주관적 서면평가 방식으로 교회(금번은 서현교회) 롤 모델(Role Model)선정을 위한 핵심가치 지수와 교인 행복지수를 평가하기 위한 설문양식이다. 각 진단도구 25개 항목마다 4-3-2-1-0점으로 표시한다.

핵심가치 5가지	진단 설문 도구(Test Tool)	점수
1. 예배 레이투르기아	1. 성령의 역사하심으로 인한 감동의 예배가 드려진다.	3.43 − 4등
	2. 다양한 형식으로 예배 프로그램을 개발하여 드려진다.	2.97
	3. 목사님 설교가 복음 중심이고 은혜로워 감동받는다.	3.67 − 1등
1등	4. 오로지 하나님께만 영광 돌리는 예배가 드려진다.	3.50 − 3등
(16.90)	5. 예배 중요성을 강조하고 예배 전에 철저한 준비를 한다.	3.33
2. 교육/양육/훈련디다케	1. 체계적인 훈련을 통해 지도자를 양성한다.	3.07
	2. 성경공부를 체계적으로 열심히 한다.	2.97
	3. 신앙과 삶을 일치시키는 교육을 한다.	3.00
4등	4. 다양한 프로그램을 통한 균형 잡힌 교육을 한다.	2.93
(14.23)	5. 소그룹을 통한 활발한 교육을 한다.	2.87

3. 교제/친교/성도 간 연합 코이노니아 5등 (14.23)	1. 교회 각 기관 부서가 연합하여 친목이 이루어진다.	2.83 − 5등
	2. 소그룹에 많은 인원이 참여하고 교제가 활발하다.	2.70 − 4등
	3. 지역사회 기관과 단체 그리고 주민과 친밀한 관계다.	2.87
	4. 목회자와 성도 간에 친밀한 교제가 이루어지고 있다.	2.93
	5. 지역교회 또는 노회 소속 교회와 연합이 잘 이루어진다.	2.90
4. 봉사/사회적 책임 디아코니아 3등 (14.60)	1. 지역사회를 섬기고 협력사업 등을 잘하고 있다.	3.43 − 5등
	2. 가난한 자, 소외된 자 등 지역사회의 약자를 돌보고 있다.	3.23
	3. 사회정의에 관해서는 선지자적인 입장에서 거론한다.	2.57 − 2등
	4. 지역사회를 위하여 문화사역을 통하여 봉사하고 돌본다.	2.87
	5. 교회에서 지역사회봉사 대원을 체계적으로 훈련한다.	2.50 − 1등
5. 전도/선교 케리그마 2등 (15.61)	1. 해외선교/농어촌 전도에 우선 힘쓰고 있는 교회다.	3.57 − 2등
	2. 다양한 선교 프로그램 및 전략을 가지고 있다.	3.20
	3. 교회를 개척하여 분립하고 타 교회 지원을 활발하게 한다.	2.60 − 3등
	4. 지역 교회 중에서 지역사회 복음화에 가장 앞장서고 있다.	3.07
	5. 교회의 사회적 책임에 재정도 적극적으로 지원한다.	3.17
평가자 선정	장로 10명 권사 10명 집사 10명 계: 30명	75.57

제3장 서현교회 진단결과 우수/열세 항목분석

　서현교회 사명 핵심가치 5가지 주제와 25개 설문항목을 주관적 서면방식으로 진단하고 그중 우수한 항목 5개와 열세한 항목 5가지를 아래와 같이 열거한다. 핵심가치 5가지의 점수를 분석한 결과 서현교회는 목회 전반적으로 균형목회를 이루고 있다고 평가했다.

우 수 항 목

순위	우수 설문항목	주제	점수
1위	목사님 설교가 복음 중심이고 은혜로워 감동받는다.	예배	3.67
2위	해외선교/농어촌 전도에 우선 힘쓰고 있는 교회다.	선교	3.57
3위	오로지 하나님께만 영광 돌리는 예배가 드려진다.	예배	3.50
4위	성령의 역사하심으로 인한 감동의 예배가 드려진다.	예배	3.43
5위	지역사회를 섬기고 협력사업 등을 잘하고 있다.	봉사	3.43

*유의사항
1. 핵심가치 우선순위는 1위 예배, 2위 선교, 3위 봉사, 4위 교육, 5위 교제
2. 점수 산정은 전체 25개 설문으로 각 설문당 4점 만점으로 계산된 것임
3. 1위는 목사님(김경원담임목사) 설교이며 특히 예배주제가 우세 항목 중 3개를 차지하고 있음
4. 4위와 5위는 4.43으로 동점으로 나타났음

순위	열세 설문항목	주제	점수
1위	교회에서 지역사회봉사 대원을 체계적으로 훈련한다.	봉사	2.50
2위	사회정의에 관해서는 선지자적인 입장에서 거론한다.	봉사	2.57
3위	교회를 개척 분립하고 타 교회 지원을 활발하게 한다.	전도	2.60
4위	소그룹에 많은 인원이 참여하고 교제가 활발하다.	교제	2.70
5위	교회 각 기관 부서가 연합하여 친목이 이루어진다.	교제	2.83

* 유의사항
1. 우수 1위(3.67)와 열세 1위(2.50) 차는 1.17점으로 큰 폭이 아니여서 전체 균형을 이루고 있음
2. 앞으로 열세 5가지 항목은 멘토사역단이 중점 관리하여 향상시켜야 할 대상임

제4장 서현교회 진단 실시 후 채점 상황표

1. 진단평가 시 가감(加減)할 사항

진단도구에 의하여 평가된 내용을 아래 양식에 의거하여 진단점수에 추가로 더할(加) 사항, 그리고 감(減)할 사항을 확인한다.

아래 원인 경우에는 진단결과 후 가점(+)을 주는 사항

원 인	근 거	가 점	서현교회
교회역사	80년	1점	해당 없음
	90년	2점	
	100년	3점	
	110년	4점	
	120년	5점	
담임근속	10년	1점	서현교회 해당
	20년	2점	
	30년	3점	
	40년	4점	
	50년	5점	
주민호감	호감	3점	평가유보
가점 소계		3점	

원 인	근 거	감 점	서현교회
교회분쟁	분리경험	−5점	해당 없음
목회자윤리	언론에 1회마다	−3점	"
사회법정	사회법정 1회마다	−3점	"
후계자	후계자 문제로 어려움	−3점	"
지역 비호감	비호감 평가(30명 전화 설문지)	−3점	"
감점 소계		0	

2. 최종진단 가감 계산 후 평가

진단도구에 의하여 평가된 내용을 양식에 의거하여 총점수에 더할(加) 사항, 그리고 감(減)할 사항을 가감하여 총 점수와 주제별 점수를 확인한다.

계 산 방 식

원 인	근 거	가 점
1) 합계 점수	진단도구계산	76점
2) 더할(+) 사항	가(加)할 사항 채점표	3점
3) 감할(−) 사항	감(減)할 사항 채점표	0점
최종 합계(1+2−3=)		총점 79점

3. Role Model 교회 평가 등급 및 확정표

최종 가감하여 계산을 완료하고 롤모델 교회로 자가 진단결과 최종 합계점에 의거 등급(Glade)을 확인하고 공포한다.

Glade	Scored	Evaluation
Best	총점 80~테마별 16 이상	국내 최고등급으로 벤치마킹 대상이다.
Diamond	총점 70~테마별 14 이상	각 교단별로 우수한 모델이다.
Gold	총점 60−테마별 12 이상	지역에서 모범이 될 만한 모델이다.
Silver	총점 50~테마별 10 이상	자체로 부분적인 변화 시도가 필요하다.
Bronze	총점 40~테마별 08 미만	교회 모든 분야에 혁신이 필요하다.

멘토링코리아의 전문가의 최종 평가겸 서현교회 교인행복지수
1. 평가 점수: 핵심가치지수 및 교인행복지수 79점 (테마 최저점 14점)
2. 균형목회 : 핵심가치 5가지가 균형(16.90~14.23)을 이루고 있는 것이 특징.
3. 평가 등급: Diamond 등급.

제5장 서현교회 스토리와 장점/담임목사 소개

*설립연도: 1966년 마표구 서교동(설립 박경남 목사)
*담임목사: 1980년~현재 2대 김경원 목사 – 교회갱신협의회 대표회장
*교단소속: 예수교장로회 서울노회소속 교회

먼저 저자가 1971년 3월 본 교회 처음 출석 당시의 비화를 소개한다. 당시 친구인 통합 측 주년도 목사에게 교회 추천을 의뢰한 결과 통합 측 교역자인데도 길 건너 자기 교단 서교동 교회가 아닌 합동 측 서현교회를 추천해 주었다.

그 친구는 "자네 성격과 합동 측 전주 서문교회 교회 출신 배경을 감안해서 서현교회를 추천했네"라고 말해 줬다. 그 이후부터 필자는 본 교회 40여 년 출석과 20년 장로로, 현재는 원로장로로 봉사하고 있으며 지금도 그 친구 목사에게 필자 입장에서 좋은 교회를 추천해 준 것에 늘 감사하게 생각한다.

저자는 오랜 기간 동안 개인적으로 우리 교회장점으로 학사(學舍), 대학청년부 모임, 영유치부모임, 당회운영, 재정공개, 성경 중심, 화목 중심, 봉사와 선교, 특히 균형목회 등 장점들을 염두에 두고 있었으며 그중 아래 3가지를 확정하고 평소 수요일 개인적인 기도시간에 감사기도의 제목으로 포함시켜 왔다.

장점 1. 우리 교회는 화목 중심의 교회이다.
1) 그동안 당회에서 한 번도 언쟁이나 담임목사의 안건이 부결된 적이 없이 화목하였다.
2) 교회 창립 이후 한 번도 직분자 간, 평신도 간 분쟁으로 교회가 갈라진 적이 없었다.
3) 1983년 교회 전소(全燒)로 대형화재를 당하고도 그 후 교회 건축 등 더욱 부흥하였다.
4) 주위 분쟁 교회에서 탈회 교인이 최고 73명, 40명, 30명 등 집단으로 자주 전입해 왔다.

장점 2. 우리 교회는 성경 중심의 교회이다.

1) 1973년 전국 성경대회 대상(이규섭, 김경수, 김양숙 고교생) 수상의 아름다운 경력이 있다.

2) 담임목사의 30여 년간 창세기~계시록까지를 번복해서 성경해설 설교가 자리 잡았다.

3) 매년 성경 읽기와 필사자를 독려하여 작년에는 전 교인 1,004독을 성공리에 목표 달성했다.

4) 매주 구약반 신약반 성경공부로 담당교역자의 강의가 진행되고 있다.

5) 최근 극성을 부리는 신천지 등 이단집단에 넘어가는 교인을 거의 찾아볼 수 없다.

장점 3. 우리 교회는 봉사와 선교 중심의 교회이다.

1) 매년 농어촌 봉사 지원팀이 2~3팀으로 봉사 활동을 계속하고 있다.

2) 지역사회(장학, 의료, 미용, 예사봉, 호스피스, 경로, 병원 등) 봉사에 앞장서고 있다.

3) 지역 경로봉사로 진행되는 경로대학 인원이 200여 명을 넘고 있다.

4) 해외로 필리핀 서현국제학교 운영 등 8군데 주파송과 18군데 협력선교에 앞장서고 있다.

[담임목사 소개와 장점]

한국교회 목회자로 개혁부부문의 영향력 1순위는 김경원 목사를 들 수 있다. 필자는 본교회 30여 년간 사역하고 있는 담임목사의 그동안 장점 성공 사역으로 2가지, 그리고 앞으로 개혁사역으로 2가지 등 4가지로 요약해서 개인적으로 평소 기도 중에 포함시키고 있다.

1. 성공한 2가지 사역 – 감사기도 대상

    장점 1. 우리 교회 목사님은 목회사역에서 성공한 분이다.

    장점 2. 우리 교회 목사님은 선교사역에서 성공한 분이다.

    1) 기간: 한 교회에서 30여 년간 성도들의 존경을 받으면서 사역한 자체를 성공
      으로 본다.

    2) 당회: 당회를 늘 합리적인 리더십으로 운영함으로 화기애애하게 진행된다.

    3) 성장: 1979년도 취임 당시 600명 성도가 최근 2,700명으로 성장했다.

    4) 선교: 주파송 및 형제선교 KBM과 같이 선교에 성공 – 앞 페이지 선교장점
      참고

2. 앞으로 2가지 사역 – 간구기도 대상

    현재 우리 목사님은 옥한흠 목사의 뒤를 이어 교회갱신협의회 대표 회장로서 오래전 합동 측 총회 제비뽑기 선거 방식을 도입한 핵심멤버이다.

    미래 1. 앞으로 우리 목사님은 총회교단 개혁 사역에 앞장설 분이다.
    미래 2. 앞으로 우리 목사님은 총신교육 개혁 사역에 앞장설 분이다.

제6장 서현교회 사명 핵심가치-5가지 실적소개

    교회 5대 핵심가치는 사도행전 2장의 초대교회 예루살렘 교회가 지향했던 모델을 본 것이다. 예배, 교육, 교제, 본사, 전도 등 5대 기능은 일반화되었지만 이러한 모든 것들이 균형을 이루는 것이 중요하다고 생각한다.

    선정 1. [예배]
    예배는 하나님께서 기뻐 받으시는 예배를 드리고, 복음의 진리에 대한 타협은

절대로 없어야 한다고 생각한다. 그러나 복음을 담는 그릇, 그 방법에 대하여서는 다양하게 할 필요가 있다고 생각한다.

[예배 실적]
슬로건 <하나님께 영광 돌리는 예배>

본질이 살아 있는 예배, 예배의 주인이신 하나님께만 영광된 예배를 드리기 위해 최선을 다한다. 주일예배는 장년 중심의 1, 2부 예배와 청년 중심의 3부 예배, 오후예배로 구성되어 있다.

모든 예배는 역동적인 찬양과 경배를 통해 하나님의 영광을 높이고, 균형 잡힌 건강한 말씀을 통해 하나님의 진리가 성도들의 삶을 구체적으로 변화시키시기를 사모하는 마음으로 준비된다. 그 밖에 새벽예배와 수요성령기도회를 통해서는 말씀에 근거한 올바른 기도를 통해 경건과 능력이 삶으로 드러나는 것을 갈망하고 있다.

분기별로 드려지는 삼세대통합 예배는 각 세대가 서로를 이해하고 교제하며 교회의 신앙유산을 전승하는 데 많은 유익을 주고 있다. 또한 격월로 연 6회 실시되는 성찬예식은 예수 그리스도의 몸과 피를 기념하며 빵과 잔을 나누는 시간으로 이를 통해 주님의 은혜를 깊이 되새기며 주님과 연합된 몸으로서 거룩한 삶을 결단하는 시간을 갖고 있다.

선정 2. [교육]
교육에 대해서도 특별한 관심을 가지고 있는데, 기본적으로는 옥한흠 목사님의 제자훈련을 통하여 교육에 대한 기본적인 것들을 정립할 수 있었다. 한국교회는 계속해서 주일학교 학생들이 줄고 있다. 미래의 희망인 학생들이 줄어든다는 것은 현대 교회의 위기라 생각한다. 이러한 때 교회 밖의 문제로 핑계를 댈 것이 아니라서, 더욱 교육에 신경 쓰며 마음을 기울이고 있다.

[교육실적]

슬로건 <말씀으로 일꾼을 세우는 교육>

1) 영아부: 말씀과 부모교육을 통해 영유아기부터 하나님의 사람으로 양육하는 사랑의 공동체

2) 유치부: 하늘꼬마들을 예수님 닮은 차세대의 성품 리더로 양육한다.

3) 유년부: 어린이가 함께 참여하여 만들어 가는 차별화된 말씀과 형식으로 예배한다.

4) 초등부: 어린이들의 눈높이에 맞는 다양한 형식의 예배를 드리며 제자훈련을 통해 성숙을 이룬다.

5) 영어예배부: 원어민 교역자의 인도로 초등학생들과 함께 영어로 예배한다.

6) 중등부: 소망의 말씀으로 사춘기 청소년들의 정체성을 회복시키고, 자존감을 향상시켜 예수님의 새 시대를 선도해 갈 비전메이커를 양육한다.

7) 고등부: 1:1관계 훈련과 제자훈련을 통해 삶의 소중함을 인식시키고 자신의 책임을 감당할 줄 아는 성인으로 준비시킨다.

8) 청년부: 25세를 기준으로 나뉘는 믿음마을과 소망마을, 40세 이상의 미혼자들의 모임인 사랑마을로 구분되어 각 세대의 필요와 상황에 초점을 맞춘 말씀과 신앙의 눈높이 교육을 실시한다.

9) 제자훈련: 서현제자훈련원에서는 새가족반, 양육반, 제자반, 사역반을 통해 교육 프로그램을 운영 중이며, 그 외에 교리연구반, 구약연구반, 신약연구반과 영어성경반, 일어성경반 등 성경공부반과 성경적부모학교, 결혼예비학교, 직분자학교 등 각종 세미나를 통해 성도의 내적 성숙을 이루는 데 힘쓰고 있다.

10) 장학사업: 신앙 안에서의 인재 양성을 위한 장학사업은 하나님나라를 위해서나 국가를 위해서 대단히 중요한 일이다. 이를 위해 마포구청과 성산초등학교의 추천을 받아 매월 소년소녀가정을 돕고 있으며 초등학생들에게 장학금과 급식비를 지원하고 있다.

선정 3. [교제]

성도들의 교제는 각 전도회와 마라톤, 축구, 족구, 산악 동호회 등 서로의 협동이 필요한 동호회를 운영하여 서로에 대하여 알아가고, 서로를 위해 기도할 수 있는 접촉점을 만들고 있다.

[교제 실적]

슬로건 <사랑의 공동체로서 교제>

예수님께서는 수많은 사람들을 만나시고, 말씀을 선포하셨지만 동시에 12명의 제자들에게 집중하셨다. 이와 같이 대그룹에서 부어진 말씀과 은혜는 소그룹에서 더욱 깊어지고 서로를 향한 돌봄 역시 실제화된다.

서현교회의 모든 성도는 지역에 따라 구역에 편성된 후 자신이 원하는 사랑방에서 성도의 교제를 나누게 된다. 사랑방은 남녀 혹은 부부 사랑방으로 운영되며 목사님의 설교를 바탕으로 제작된 나눔지를 통해 주의 말씀을 더욱 깊이 묵상하고 함께 기도함으로써 신앙의 성장을 이룬다.

매월 마지막 주 오후예배는 대그룹과 소그룹의 간극을 메워 줄 중그룹 모임인 교구 예배로 드려진다. 이를 통해 성도 간의 교제 폭을 넓히며 공동체의 하나 됨을 견고히 하고 있다. 또한 자체적으로 활동하는 동호회는 서현교인 누구든지 자신의 취미에 따라 언제든 가입할 수 있다. 현재 기타, 마라톤, 축구, 족구, 산악, 동양화 동호회 등이 활동 중이다.

선정 4. [봉사]

다음으로 봉사에 대해 말하자면, 교회는 지역사회에 봉사하는 교회가 되어야 한다고 생각하고 지역사회를 위해 마음을 쏟고 있다.

많은 교회들이 성탄절 등 특별한 날에 단회적으로 돕는 것에 그치고 있다. 그러나 지속적으로 돕는 것은 매우 어려운 일이다. 그럼에도 불구하고 끼니 해결이 힘들고 여력이 되지 않는 노인들을 보며 지속적으로 돕는 것이 정말 필요하다고 느꼈기 때문에 이러한 봉사를 하게 되었다.

[봉사실적]
슬로건 <지역사회를 섬기는 봉사>

그리스도의 사랑으로 이웃을 섬기는 구제와 봉사의 일은 직접적으로 복음을 전하는 것만큼이나 교회가 꼭 감당해야 할 사명이기에 서현교회는 이를 통해 교회와 성도의 참된 모습을 실천하고 있다.

1) 지역사회: 마포구 지역 내의 소년소녀가장들에게 장학금을 지원하며 지역 내 경로당 6곳과 관할 파출소 3곳에 매달 1회 다과를 지원하고 있다. 연말에는 환경미화원 초청 위로회와 노숙자 위로회를 갖는다.
2) 작은 자: 고아원, 재활원 등 복지기관에 매월 지원금을 전달하며, 격주 월요일에는 마포경찰서의 유치장을 방문하여 유치인들을 위로하고 섬긴다.
3) 병원봉사: 매주 수요일 연대세브란스 어린이 병동을 방문하여 함께 예배하고 격려한다.
4) 호스피스: 입원한 성도들을 병문안하고, 연대세브란스병원에서는 임종 환자들에게 위로와 복음을 전하고 있다.
5) 경로대학: 70세 이상 어르신을 위한 경로대학을 운영하고 있다. 맛있는 식사와 예배, 다양한 프로그램, 특강, 야외 활동 등으로 영육간의 건강한 노후 생활을 돕는다.
6) 예수사랑봉사회(예·사·봉): 예사봉은 IMF 이후 급증한 노숙자들을 돕는 무료급식시설로 시작되었다. 그러나 지역특성상 독거노인들을 위한 반찬지원이 더 시급하다는 판단으로 주민센터를 통해 연계된 독거노인 50가정에 매주 목요일 1주일 분량의 반찬을 지원하고 있다.

7) 미용봉사: 미용기술을 가진 성도를 중심으로 하여 매월 1회 장애인 공동체를 찾아 이·미용 봉사를 전개하고 있다.

8) 열두광주리: 재활용품을 수집한 후 판매하여 불우이웃을 돕는다.

9) 서현학사: 미자립교회와 농어촌교회 교역자 자녀, 선교사 자녀 중 수도권 소재 대학과 대학원에 재학 중이면 누구나 지원할 수 있다. 교단에 제한을 두지 않으며, 서류와 면접을 통해 30명을 선발한다.

10) 교육관 시설 제공: 주중 교육관 시설을 지역주민과 선교단체, 학생들 모임 장소로 제공한다.

선정 5. [전도/선교]

전도와 선교는 1980년부터 세계 선교에 관심을 가지고 아프리카 파송을 시작으로 8명의 선교사님과 협력 파송으로 24명의 선교사를 돕고 있다.

[전도/선교 실적]

슬로건 <복음 듣지 못한 이들에게 전도>

1) 전 교인 새생명축제: 매년 가을 전 교인이 전도대상자를 정하고 오랜 시간 기도하며 교제하여 좋은 관계를 맺은 뒤 때가 되면 교회로 초청하는 축제의 시간이다.

2) 쉼터 전도: 합정역 역사 내에 쉼터를 마련하여 지하철을 이용하는 사람들에게 커피와 녹차 등 음료를 제공하며 복음을 전한다. 또한 연말에는 어려운 이웃을 위해 지하철역에 사랑의 쌀독을 설치하여 이웃사랑을 실천하고 있다.

3) 수요 및 새벽전도: 수요일 오전, 말씀을 통해 전도에 대한 사명을 확인하고 기도로 준비한 후 교구별로 각 지역에서 실시하는 수요 전도와 금요일 새벽예배 후 합정역, 홍대역, 망원역에서 출근하는 직장인들에게 빵과 전도지를 나누어 주는 새벽 전도가 진행되고 있다. 또한 현장에 나가지 못하는 성도들은 중보기도로 사명을 함께 감당한다.

4) 농어촌 선교: 1981년부터 시작된 농어촌 선교는 매년 여름 농어촌 교회와 연합하여 이·미용, 의료봉사, 도배, 마을 청소 등의 섬김과 전도활동을 벌이고 있다. 또한 52개 농어촌 교회와 20곳의 대외협력단체들을 후원한다.

5) 세계 선교: 예수님의 명령인 복음이 온 세상을 덮는 '그날이 오기까지'라는 목적을 가지고 주파송(8명)/협력(18명) 선교사와 선교기관 지원(7곳)을 통하여 세계선교에 힘쓰고 있다. 매월 해외 선교부 기도회 및 선교교육을 위한 선교학교를 운영하고 있으며 매년 수차례의 단기 선교를 통하여 준비된 선교를 진행하고 있다. 또한 주도적으로 운영하고 있는 6개 교회 연합선교단체인 한국형제선교회(KBM)를 통해 주파송(23명)/협력(47명) 선교사와 기관(4곳)을 집중적으로 후원 협력함으로 선교네트워크를 통한 선교의 확장을 이루고 있다.

사명 핵심가치 - 5가지 개발방법

롤모델 교회 사명 5가지 핵심가치는 전 교인 한마음공동체 구축 차원에서 1차 진단 후에 교회 직분자, 기관장, 부서장, 교사 구역장, 선교회 임원 등 주요 봉사자에게 계속해서 5개의 멘토단의 협력하에 개발에 힘쓰도록 해야 한다. 그리고 12개월 후에는 재진단하여 5개 주제별로 향상 여부를 공개해야 한다.

제1장 사명 핵심가치 - 5가지 진단도구

1. 레이투르기아(예배)

하나님나라의 관점에서 볼 때, 예배의 궁극적인 근거는 예수 그리스도가 선포한 하나님의 역사 속에서 개입을 통한 종말론적 통치에서 찾아야 한다. 그것은 예수 그리스도의 십자가와 부활 사건에 대한 말씀의 증언과 경축을 통해 교회의 공동체 안에서 이루어진다. 위에서도 언급했듯이, 예배는 교회의 본질적인 존재양식으로서, 하나님의 약속을 증언하는 하나님의 선교로 표현된다. 이러한 예배를 통해 받은 영적 능력은 다른 차원의 사역으로 흘러 들어가며, 교회의 사역의 에너지와 열매는 공동체의 예배로 흘러 들어온다. 교회는 단순히 예배의식에 참여하는 행위를 통해서가 아니라, 하나님의 영광을 위한 삶을 살아 냄으로써 예배를 드려야 한다.

지금 한국에는 예배 갱신이 절실히 필요하다며 그 요체는 목회자 주도형 예배에서 평신도 주도형 예배로 전환하는 것이라고 강조했다. 그에 따르면 오늘날 한국교회를 축구경기로 비유할 때 예배 인도자들이 선수 노릇을 하고 회중은 관람석에 앉아 있다. 하나님은 구약시대처럼 코치 역할을 한다. "예배의 유일한 관객은 하나님이십니다. 예배의 선수는 회중이 되고 목회자는 코치 역할만 하면 됩니다(이유정 목사 예배사역연구소 공동대표)."

[레이투르기아(예배) 진단 포인트]

핵심가치 5	진단 설문 도구(Test Tool)	Check
1. 예배 레이투르기아 ( )	1. 성령의 역사하심으로 인한 감동의 예배가 드려진다.	
	2. 다양한 형식으로 예배 프로그램을 개발하여 드려진다.	
	3. 목사님 설교가 복음 중심이고 은혜로워 감동받는다.	
	4. 오로지 하나님께만 영광 돌리는 예배가 드려진다.	
	5. 예배 중요성을 강조하고 예배 전에 철저한 준비를 한다.	
평가자 선정	장로 10명　권사 10명　집사 10명　계: 30명	

2. 케리그마(선교, 전도)

하나님은 선교적인 하나님이기 때문에 하나님의 백성들 또한 선교적 백성이다. 교회는 하나님나라를 선포하고 하나님나라에 속한 백성답게 세상에서 복음을 살아 내는 선교로 인해 존재한다. 따라서 교회의 삶의 양태는 예배하는 공동체일 때 분명하게 나타난다. 예배와 공동체의 응집력을 통해 나타나는 교회의 선교적 차원(Dimension)은 의도적으로 사회봉사와 변혁의 차원으로 확장된다. 기독교 선교는 항상 기독론적이고 성령론적이며, 종말론적인 성격을 가지고 있다. 따라서 교회의 두 가지 강조점은 예배와 성령 안에서 교제를 통해 세상으로 나아갈 수 있다.

선교와 전도에 열정 있는 교회들이 양적 성장을 가져오고 눈에 띄는 해외 활동을 가져왔지만 그로 인한 역기능도 주의 깊게 살펴보아야 할 것이다. 전도의 경우 물량공세와 타 교회 성도들의 수평이동의 문제가 있으며 해외선교의 경우 사회적 갈등과 문화적 충돌의 문제가 생겨날 수도 있다. 전도와 선교의 경우 그 방법이 바르고 지혜롭지 못하면 전도와 선교가 되는 만큼 전도와 선교의 문이 다른 편에서는 막히는 역작용이 일어날 수 있기 때문이다.

[케리그마(선교, 전도) 진단 포인트]

핵심가치 5	진단 설문 도구(Test Tool)	Check
2. 전도/선교 케리그마 ( )	1. 체계적인 훈련을 통해 지도자를 양성한다.	
	2. 성경공부를 체계적으로 열심히 한다.	
	3. 신앙과 삶을 일치시키는 교육을 한다.	
	4. 다양한 프로그램을 통한 균형 잡힌 교육을 한다.	
	5. 소그룹을 통한 활발한 교육을 한다.	
평가자 선정	장로 10명 권사 10명 집사 10명 계: 30명	

3. 디아코니아(봉사, 사회적 책임)

교회는 하나님의 선교에 참여함으로써 이 세상에서 새로운 삶의 방식을 보여주어야 한다. 따라서 디아코니아는 선교와 복음 전도의 한 방편이나 도구가 아니라, 선교와 복음전도 자체이다. 이 둘은 서로 분리될 수 없다. 통전적 선교(Holistic Mission)는, 복음전도는 사회적 중요성을 내포하고 있으며 사회참여는 복음 전도적 중요성을 갖고 있다. 만일 우리가 세상을 무시한다면 세상을 섬기라고 우리를 보내신 하나님의 말씀을 배반하는 것이 될 것이다.

만일 우리가 하나님의 말씀을 무시한다면 우리는 세상에서 가져갈 아무것도 갖지 못하게 될 것이다. 한국교회 일부 목회자들이 갖고 있는 디아코니아에 대한 이해와 인식이, 교회가 사회 문화에 대해 거룩한 영향력을 미치므로 하나님의 나라를 드러내고 변혁하는 차원이라기보다는 대개 봉사 프로그램이나 복지나 구제 등 매우 제한적임을 파악할 수 있다.

[디아코니아(봉사, 사회적 책임) 진단 포인트]

핵심가치 5	진단 설문 도구(Test Tool)	Check
3. 교제/친교/ 성도 간 연합 코이노니아 ( )	1. 교회 각 기관 부서가 연합하여 친목이 이루어진다.	
	2. 소그룹에 많은 인원이 참여하고 교제가 활발하다.	
	3. 지역사회 기관과 단체 그리고 주민과 친밀한 관계다.	
	4. 목회자와 성도 간에 친밀한 교제가 이루어지고 있다.	
	5. 지역교회 또는 노회 소속 교회와 연합이 잘 이루어진다.	
평가자 선정	장로 10명 권사 10명 집사 10명 계: 30명	

4. 코이노니아(교제, 친교, 성도 간의 연합)

예수 그리스도 안에서 나누는 코이노이아는 세상을 향한 그분의 사도직에 참여하는 일이다. 각 회중은 하나님과 어린 양의 보좌 둘레에 모든 종족과 언어 출신의 사람들이다. 함께 모일 것을 보증하는 담보요 맛보기다. 오늘날 한국교회 안에서 가장 잘못 이해되고 있는 것이 바로 코이노니아이다. 신자들뿐 아니라 목회자들조차도 코이노니아가 내포하고 있는 본질적인 의미를 제대로 파악하고 있지 못하기 때문에 교회의 표지된 하나 됨(Oneness)과 거룩함(Holiness)을 상실하고 있다고 볼 수 있다. 극단적인 개인주의가 만연하고 있는 한국의 사회 문화 가운데 교회가 하나님나라의 백성들임을 보여 주는 방식은 오로지 '공동체'를 통해서이다. 교회는 세속적인 '멤버십' 중심으로 모인 집단이나 조직이 아니라, 그리스도 몸에 참여이다.

크레이크 밴 겐더(Craig Van Gender)는 성령에 의해 창조된 공동체인 교회의 사회적 친교의 특성을 다음과 같이 설명한다. 교회는 어떤 건물이 아니다. 교회는 어떤 체계화된 프로그램과 활동이 아니다. 교회는 단지 개인들의 집합체가 아니다. 교회는 하나의 사회적 공동체, 하나님과 화해되었을 뿐만 아니라 타인(자연을 포함하여)과도 서로 화해된 사람들로 구성된 공동체이다. 교회로서 존재한다는 것은 화해된 관계 안에 있는 것이다. 교회로서 존재한다는 것은 적극적인 친교 안에 있는 것이다. 교회로서 존재한다는 것은 타인과의 상호 의존을 통해 살아간다는 것이다. 사회적 공동체로서 교회는 삼위일체의 사회적 현실을 반영한다. 교회를 일종의 사회적 공동체로 묘사하는 4가지 주요 이미지는 하나님의 백성, 그리스도의 몸, 성도의 교제, 성령의 창조물이다.

[코이노니아(교제, 친교, 성도 간의 연합) 진단 포인트]

핵심가치 5	진단 설문 도구(Test Tool)	Check
4. 봉사/사회적 책임 디아코니아 ( )	1. 지역사회를 섬기고 협력사업 등을 잘하고 있다.	
	2. 가난한 자, 소외된 자 등 지역사회의 약자를 돌보고 있다.	
	3. 사회정의에 관해서는 선지자적인 입장에서 거론한다.	
	4. 지역사회를 위하여 문화사역을 통하여 봉사하고 돌본다.	
	5. 교회에서 지역사회봉사 대원을 체계적으로 훈련한다.	
평가자 선정	장로 10명 권사 10명 집사 10명 계: 30명	

5. 디다케(교육, 양육, 훈련)

케리그마는 설교이고 설교는 예배의 한 부분인 반면, 디다케는 교육이고 이것은 설교와는 관계없는 지적 행위라고 이원화해 온 것이 일반적인 역사의 오류다. 디다케와 케리그마의 관계에 대한 교회의 이원론적 사고를 비판적으로 성찰한다. 케리그마와 디다케는 기능상 구별은 있으나, 복음을 전파하는 데 있어서는 본질상 연합되어 있다. 왜냐하면, 교육과 훈련이라는 행위가 하나님 계시의 말씀을 해석하는 일과 분리되지 않기 때문이다. 이러한 이분법적 접근은 교육을 예배와 공동체로부터도 분리시켰다. 따라서 교회에서 이루어지는 교육과 양육과 훈련은 케리그마에서 시작되어야 하며 공동체와 분리된 전문화된 집단에서만 이루어지는 것으로 축소되어서도 안 된다.

교회론적으로 디다케라는 교회의 사명은 본래 하나님의 선교를 위한 것이라고 볼 수 있다. 즉 교회에서 이루어지는 교육과 양육, 훈련은 공동체를 통해 하나님 나라의 백성들이 하나님의 선교를 수행하게 만드는 중요한 사명이다.

[디다케(교육, 양육, 훈련) 진단 포인트]

핵심가치 5	진단 설문 도구(Test Tool)	Check
5. 교육/양육/훈련 디다케 ( )	1. 해외선교/농어촌 전도에 우선 힘쓰고 있는 교회다.	
	2. 다양한 선교 프로그램 및 전략을 가지고 있다.	
	3. 교회를 개척하여 분립하고 타 교회 지원을 활발하게 한다.	
	4. 지역 교회 중에서 지역사회 복음화에 가장 앞장서고 있다.	
	5. 교회의 사회적 책임에 재정도 적극적으로 지원한다.	
평가자 선정	장로 10명 권사 10명 집사 10명 계: 30명	

제2장 사명 핵심가치-5가지 개발방법

1. 사명 핵심가치 - 5 시각도표

사명 핵심가치 - 5 측정표에서 5가지 주제별로 각 지수(점수)를 먼저 확인하고서 다음 단계로 들어간다. 아래 5각형을 보면 각 꼭지별로 5칸씩 나눠 있음을 발견할 것이다. 그러면 각 지수별 각의 만점은 한 꼭지당 20점임으로 한 칸에 4점씩 배점하여 실득 점수를 가지고 속에서 오각형(실제 득점 지수)을 그리면 소속 교회의 사명 핵심가치 지수 시각화(視覺化)가 된다.

□ 작 성 자 A:
□ 작 성 자 B:
□ 작 성 일 자:

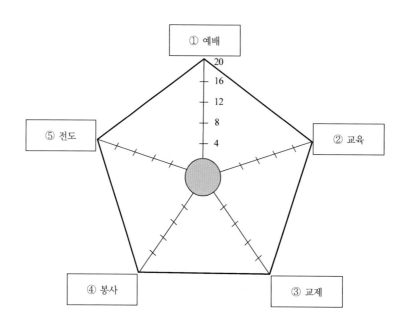

2. 사명 핵심가치-5 개발 브레인 스토밍

교회명: 부서: 직분: 성명:

영역	예배	교육	교제	봉사	전도	합계
점수						

*우리 교회의 우수한 설문항목은 무엇인가?

1.

2.

3.

4.

5.

* 우리 교회의 저조한 설문항목은 무엇인가?

1.

2.

3.

4.

5.

* 우리 교회가 더 좋게 되기 위한 대안책은 무엇인가?

1.

2.

3.

4.

5.

소수정예 목회에 희망이 있다

소수정예 목회(Core Person Pastoral=CPP)는 인원수를 1:1 전제로 소수, 내용은 현재 지적 편중의 한 사람을 전인적인 인격으로 채우는 것을 의미한다. 작은 교회는 전체 교인을, 대형 교회는 교회 안 작은 미팅 교회를 정예화한다.

개념: 소수정예 - 헨리 나우웬 '한 영혼'

제1장 소수정예 개념 정리

[그리스도인의 소금과 빛의 사명]

교회에서 소수정예 의미는 그리스도인 한 사람 한 사람이 세상을 향해 소금과 빛의 사명을 제대로 완수하라는 의미를 담고 있다(마 25:13~16).

1. 어원: 영어로 Elitism(엘리트주의)으로 표기하나 멘토링에서는 Core Person (핵심인간)으로 표기한다.

2. 의미: '나(A Person)'라는 한 사람의 존재는 과거도, 현재도, 미래도 존재하지 않는 오로지 '나'만의 한 사람을 의미한다(Only & Best One).

   성경 - 하나님사랑과 같이 한 사람 인간사랑을 하나님 사랑과 동등의 가치로 인식한다(마 22:37~40, 요 3:16).

3. 개념: 소수정예 2가지 개념

1) 소수정예에서 인원수(Numbers)

현재 리더 한 사람이 많은 학습자에게 영향력을 행사하는 스타일에서 반대개념으로 한 사람 멘제를 위하여 한 사람이나 여러 명의 멘토가 도움을 주는 형태를 의미한다. 멘제 한 사람을 소수정예화하는 형태다.

2) 소수정예 내용 면(Contents)

현재 지적 편중(Simple)에서 전인적인 인격프로그램으로 꽉 찬(Complex) 인간개발로 소수정예화 형태다. 결국 그리스도인은 알찬 인격으로 무장하여 예수님의 명령인 소금과 빛의 사명을 완수하는 것이다.

4. 적용: 개인과 교회에 2가지 적용방법

1) 방법 1: 교회에 적용방법

큰 교회 안에 작은 교회(멘토링 1:1 콤비미팅 교회를 의미)를 소수정예화 한다.
작은 교회에서 전 교인(멘토사역단에 의한 전 교인 1:1 멘토체인화 의미)을 소수정예화한다.

2) 방법 2: 개인에 적용방법

개인은 멘토와 멘제로 1:1 콤비로 연결하여 멘토링 인격계발 프로그램(Star Game)을 적용하여 지적 편중된 상태를 전인적인 인격계발로 지·정·의(知情意)의 균형인간으로 계발한다.

제2장 명사/명인의 한 사람 중요성

1. 탈무드

인류에게는 단 하나의 조상이 있을 뿐이다. 따라서 어느 한 사람이 다른 한 사람보다 우월하다고 할 수 없다. 만일 당신이 어떤 사람을 죽였다면 온 인류를 죽인 것과 같다. 또 어떤 사람의 목숨을 건져 주었다면 온 인류를 구한 것과 같다.

세계는 한 사람에 의해 시작되었으므로 그 최초의 사람을 죽였다면 오늘날 인류는 존재하지 않았을 것이기 때문이다.

2. 소크라테스

가장 위급한 순간이 오면 결국 현명한 한 사람이 전체 사회를 구할 것이다. 그러나 그 반대의 경우는 없을 것이다.

3. 파스칼(佛 Pascal, 철학자)

인간은 하나의 연약한 갈대에 지나지 않는다. 모든 자연 중 가장 약한 존재이다. 그러나 그것은 생각하는 갈대이다. 그를 무찌르기 위하여 전 우주가 무장할 필요는 없다. 한 줄기의 증기, 한 방울 물만으로도 그를 죽이기에 충분하다. 그러나 우주가 그를 무찌른다 해도 인간은 자기를 죽이는 자보다 더 고귀하다. 왜냐하면 인간은 자기가 반드시 죽어야만 한다는 사실과 우주가 자기보다 강하다는 사실을 알지만, 우주는 그것을 전혀 모르고 있기 때문이다.

4. 잭 웰치

최고의 인재를 뽑을 수 있고 최고의 인재를 키울 수 있다면 그 기업은 성공할 것이다.

경영자는 한 손에는 물뿌리개를, 한 손에는 비료를 들고 꽃밭에서 꽃을 가꾸는 사람과 같다.

인적자원이 중시되는 미래 지식기반 경제에서 경영자의 가장 중요한 역할이란 바로 인적 자원 개발이다. 나는 업무시간의 70%를 꽃밭에서 보내고 있다.

5. 마쓰시타 고노스케

단골손님이 "당신네 회사는 무엇을 만들고 있느냐?"라고 질문할 때마다 "마쓰시타(송하) 전기는 사람을 만들고 있다. 전기 제품도 만들고 있지만 이에 앞서서 사람을 만들고 있다"라고 대답한다.

6. 빌 게이츠

만일 어느 날 아침에 깨어 보니 마이크로소프트가 화재로 모두 타 잿더미가 되었다 하더라도 내게 20명의 최우수 직원만 준다면 빠른 시일 내에 모든 것을 다시 시작할 수 있다.

7. 김승호 보령그룹 회장

기업은 곧 사람이다. 사람을 가장 우선으로 생각하는 정신이 없으면 그 기업은 이미 기업으로서의 생명을 잃은 것이다.

기업의 생명력은 바로 사람을 존중하고 귀하게 여기는 마음에서 비롯된다. 바로 이러한 인간 존중 정신이 보령제약의 창업철학이자 존재이유다."

8. 이건희 삼성그룹 회장

우수인력 한 사람이 10만 명을 먹여 살린다. 바둑 1급 10명이 힘을 모아도 바둑

1단 한 명을 이길 수 없다.

성공하는 경영자는 본능적으로 사람 욕심이 있어야 한다.

우수인재를 확보하고 양성하는 것이 기본 책무다.

9. Steven Scott(포춘지 500대 기업 중 8번째 부자 CEO)

훌륭한 선생님이나 코치는 학생의 능력을 25%에서 50% 정도, 기껏해야 100% 상승시킬 수 있을 뿐이지만 훌륭한 멘토는 그 수준을 1,000%에서 5,000%, 때로는 1만%까지 높여 줄 수 있다.

예를 들어, 비즈니스 멘토는 내 수입을 5만 600% 이상 높여 주었다. 대인관계 멘토는 내가 아내의 마음을 돌려서 우리가 경험해 보지 못했던 가장 행복하고 완벽한 관계를 형성할 수 있도록 도와주었다.

10. Jeffrey Pfeffer(스탠퍼드대학 교수)

기술이나 가격은 경쟁기업이 쉽게 모방할 수 있지만 사람의 의욕과 창의성을 극대화시키는 인재개발 정책은 쉽게 모방할 수 없는 장기적인 기업경쟁우위의 원천이다.

11. 아인슈타인

인간이 경험할 수 있는 최고의 아름다움은 생명의 신비로움이다. 진정한 예술과 과학은 바로 이 신비로움 안에 있다.

과학과 예술은 이성과 감성에서 각각 흘러나오지만, 그 처음을 찾아가면 생명의 노래가 넘치는 인간의 근원에 도달하게 된다. 그러나 인간은 잠재능력의 10% 밖에 사용하지 않는다.

12. 솔로몬

두 사람이 한 사람보다 나음은 저희가 수고함으로 좋은 상을 얻을 것임이라. 혹시 저희가 넘어지면 하나가 그 동무를 붙들어 일으키려니와 홀로 있어 넘어지고 붙들어 일으킬 자가 없는 자에게는 화가 있으리라.

두 사람이 함께 누우면 따뜻하거니와 한 사람이면 어찌 따뜻하랴. 한 사람이면 패하겠거니와 두 사람이면 능히 당하나니 삼겹줄은 쉽게 끊어지지 아니하느니라.

13. 피터 드러커

경제적 발전에서 최대의 자원이 되는 것은 인간이다. 경제를 발전시키는 것은 인간이며 자본이나 원료가 아니다. 미개발국에서도 가장 필요로 하는 것은 새로운 조직을 만드는 일-그것은 바른 판단력을 구사하여 책임 있는 결정을 내리는 유능한 사람들을 적절하게 조직화하는-을 할 수 있는 사람이다.

14. 마더 테레사

나는 결코 대중을 구원하려고 하지 않는다.
난 한 번에 단지 한 사람을 사랑할 수 있다.
한 번에 단지 한 사람만을 껴안을 수 있다.
단지 한 사람, 한 사람, 한 사람씩만……
따라서 당신도 시작하고 나도 시작하는 것이다.
난 한 사람을 붙잡는다. 만일 내가 그 사람을 붙잡지 않았다면 난 4만 2천 명을 붙잡지 못했을 것이다. 모든 노력은 단지 바다에 붓는 한 방울 물과 같다.
하지만 만일 내가 한 방울의 물을 붓지 않는다면 바다는 그 한 방울만큼 줄어들 것이다.
당신에게도 마찬가지다.

당신의 가족에게도 당신이 다니는 직장에서도 마찬가지다.

단지 한 사람으로 시작하는 것이다.

15. 예수님: 한 사람의 발자취

바다도 푸르고 하늘도 푸른 맑은 날에, 주님과 성도는 해변에 두 발자국을 남기면서 거닐었다. 얼마 후 폭풍과 비바람이 몰아치는 시련의 시기가 찾아왔다.

성도는 있는 힘을 다해 그 시련기를 겨우 통과하게 되었다. 그리고 뒤를 돌아보니, 그 시기엔 하나의 발자국만 있음을 보았다. 성도는 주님께 말했다. "주님! 그 어려운 시기에 어디로 가 버렸습니까? 저를 버리셨습니까?" 주님이 대답했다. "그건 내 발자국이란다. 그때 내가 널 업고 걸었지."

제3장 한 사람을 위한 멘토사명

1. 피터 드러커(美 경영학 Guru)

미래조직에서 가장 강력한 인재육성의 틀은 멘토링이다.

2. 밥 빌(Bobb Biehl) 박사(美 멘토링 컨설턴트)

멘토는 우리의 고통을 함께 나누고 우리의 성공을 진심으로 기뻐해 줄 수 있는 사람이다.

3. 잭 웰치(Jack Weltch, 전 GE그룹 회장)

멘토는 "멘제의 가치를 인정해 주어라", "그를 칭찬해 주어라", "그를 사랑해 주어라", "자주 포옹해 주어라", "키스해 주어라."

4. 샤린 베글리(GE플라스틱 여사장)

나는 GE그룹 임원 멘토링을 통하여 20년에 배울 업무를 멘토들을 만나 6년 만에 마스터했다.

5. 신유근 교수(서울대)

멘토의 역할은 선생님이나 코치로서의 역할, 보호자로서의 역할, 후원자로서의 역할, 지능개발자로서의 역할, 안내자로서의 역할 등 인재개발 및 육성을 위한 학습의 촉진자로서의 역할이다.

6. 윤종용(전 삼성그룹 부회장)

내가 멘토로서 멘제와 한 달에 한 번씩 만나는 약속은 하늘이 무너져도 지킨다.

7. 레빈슨(Levison) 교수(예일대학)

제도권 교육을 마치고 성인시기로 들어가는 청년에게 좋은 멘토가 없다는 것은 마치 어린아이에게 좋은 부모가 없는 것과 같다.

8. 로체(Roche) 교수(하버드대학)

사업계에서 임원 자리를 차지하고 있는 대부분의 사람들이 과거에 멘토가 있었다는 사실을 발견해 냈다.

9. 윌리엄 그레이(William Gray) 교수(캐나다 브리티시대학)

고전적이고 사전적인 의미의 멘토는 신망 있는 안내자, 지혜롭게 자문이나 충고를 주는 자, 절친한 친구이다. 인류역사의 전반을 통하여, 이러한 일들은 멘토링이 시행되는 중에 수행된다.

10. 마이클 제이(Michel Zey)(캐나다 멘토링학자)

멘토링은 이제 그 뿌리를 내리게 되었다. 존슨&존슨, 벨코어, MCR, AT&T, 벨 연구소, 메릴린치사社 등 수백 개의 회사가 멘토링 프로그램을 채택하고 있다. 멘토링이 생산성을 높이며 불필요한 인사이동을 줄이고, 의사소통을 촉진했다.

제4장 헨리 나우웬의 한 영혼 철학

헨리 나우웬(Henri Jozef Machiel Nouwen, 1932~1996)은 네덜란드 출신의 미국 로마 가톨릭 사제이자 작가이다.

한 영혼을 예수 그리스도의 마음으로 환영하라!

故 헨리 나우웬이란 신부님은 그의 삶 속에서 환영한 사람을 한 사람 말하라고 한다면 아담 아네트(Adam Arnett)라는 한 중증 장애인이라고 말할 수 있습니다. 나우웬 신부님은 70년에는 예일대에서 신학적 심리학을 가르쳤고, 80년대에는 하버드에서의 파트타임 강의와 남미 선교를 병행하였다가, 90년에 들어서서 그의 마지막 인생 한 10년간은 캐나다의 라르쉬 공동체 데이브레이크에 들어가서 장애인들을 돌보면서 살았는데 그 장애인들 중에 아담이란 장애인을 그의 삶과 마음에 특별히 환영했습니다.

그래서인지 아담이 1996년 2월에 34년의 생을 마감한 후, 헨리 나우웬도 『아담: 하나님이 사랑하시는 자』라는 책을 쓰고 난 직후인 같은 해 9월, 마치 자신도 할 일을 다 하였다는 듯 아담의 뒤를 따라간 것입니다. 헨리 나우웬 신부님을 아끼던 많은 친구들은 나우웬에게 이렇게 말했다고 합니다.

"헨리, 자네가 시간을 허비하고 있는 데가 여기인가?", "아담에게 자네의 시간과 에너지를 투자하기 위해 그렇게 많은 사람들에게 영감을 주던 대학을 떠났단 말인가?"

더 많은 사람들을 위한 도움, 더 체계적인 인도함, 더 큰 섬김의 기회들을 마다하고 이런 곳에 와 있는 그를 이해할 수 없었던 것입니다. 그러나 헨리 나우웬은 아담의 삶을 통하여 예수님을 보았고 또한 자신도 보게 되었던 것입니다. 그래서 그는 그의 책 『아담: 하나님이 사랑하시는 자』란 책에서 아담의 시간을 본 경험을 이렇게 썼습니다.

"나는 관에 누워 있는 아담의 시신을 본 순간부터, 그의 삶과 죽음의 신비에 사로잡혔다. 그때 섬광처럼 내 가슴에 와 닿은 사실은, 바로 이 장애인이 영원 전부터 하나님의 사랑을 받았으며 독특한 사명을 띠고 이 세상으로 보냄을 받았다는 것, 그리고 이제 그 사명을 완수했다는 것이었다."

헨리 나우웬은 아담이란 장애인을 "하나님이 우리에게 보내신 자로, 곧 철저한 연약함 가운데서 하나님의 축복의 도구가 되도록 하기 위해 보내신 자로 환영했"던 것입니다. 그랬을 때 근본적인 변화가 일어난 것을 나우웬은 이렇게 그의 책에서 썼습니다.

"그때부터 아담은 특별하고, 경이롭고, 타고난 재능이 있는 약속의 사람으로 나타나기 때문이다.

그의 경이로운 존재 자체와 믿어지지 않는 가치는 우리에게, 우리도 그처럼 하나님께 귀히 여김을 받고 은혜를 입었으며 사랑받는 자녀임을 이해할 수 있도록 안내해 줄 것이다.”

참으로 헨리 나우웬 신부님의 글은 제 마음을 신앙의 본질인 예수님의 삶의 모습을 보여 줍니다. 특히 그의 글을 통하여 예수님을 생각나게 하는 나우웬 신부님의 삶을 엿볼 수가 있기에 마음이 뭉클하며 도전을 받는 것입니다.

과연 '나는 어떻게 살아드려야 할 것인가?', '어떻게 목회 사역을 해야 할 것인가?'라는 질문을 던지면서 한 영혼을 예수 그리스도의 마음으로 환영하자는 결론을 얻게 되는 것입니다. 그러기 위해서는 한 영혼을 주님의 눈으로 볼 수 있어야 하지 않나 생각합니다.

주님의 눈으로 한 영혼을 본다는 것은 한 영혼의 존재 가치를 귀하에 여기는 것부터 시작되지 않나 생각합니다. 그리 할 때 한 영혼을 주님의 마음으로 환영할 수 있지 않나 생각합니다. 그러나 우리가 살아가고 있는 세상은 한 영혼을 존재 자체를 귀하게 여기기보다 이런저런 토대를 많이 달고 있지 않나 생각합니다. 그것에 대해 헨리 나우웬 신부님은 이러한 말씀을 하였습니다.

“인생은 선물이다. 우리 각 사람은 독특하며, 우리 이름이 아신 바 되었으며, 우리를 만드신 그분의 사랑을 받는다. 불행히도 우리 사회로부터 우리에게 다가오는 너무 크고 끈질기며 강력한 메세지가 있다. 그것은 우리가 겉으로 드러나는 모습과 가진 것 그리고 성취할 수 있는 것으로 사랑받는 존재임을 증명해야 한다고 믿도록 한다.”

사랑받는 존재임을 증명하기 위하여 겉으로 드러나는 것들에 신경을 쓰면서 이런저런 노력을 기울이게 만드는 이 세상에서 살아가는 우리는 과연 아담과 같은 장애인 한 영혼을 주님이 보시듯 참으로 귀하게 여기는 마음을 갖게 하는 데 너무나 큰 장애물이 되고 있지 않나 생각합니다. 그러나 헨리 나우웬 신부님이나 데이브레이크 공동체 일원들은 아담이 얼마나 하나님께 사랑받는 자임을 알았기에 그 한 영혼을 품고 그 모습 그대로 사랑할 수 있었던 것입니다.

"그들은 아담의 장애만을 보게 하는 시험을 이겨 냈다. 그들은 그가 돌을 떡으로 바꾸거나, 높은 탑에서 안전하게 뛰어내리거나, 큰 부를 획득할 수 없다는 사실을 진정으로 받아들였다.
아담은 이런 세상적인 일들을 할 필요가 없었다. 그들은 마음 깊은 곳에서 그가 사랑받는 자임을 알았기 때문이다."

이러한 사랑의 지식을 추구하고 싶습니다. 머리로만 아는 지식이 아닌 마음으로 아는 지식을 말입니다.

한 영혼 영혼의 존재를 그 모습 그대로 사랑하시는 하나님처럼 사랑하고 싶습니다. 마음 문을 활짝 열고 환영하고 싶습니다.

한 영혼, 영혼의 "장애만을 보게 하는 시험을 이겨"내고 싶습니다. 내 자신의 마음의 장애들을 직시하면서 나 같은 죄인을 이 모습 이대로 귀하게 여기시사 사랑해 주신 주님의 사랑에 편견으로 가득 차고 세상의 가치관으로 오염된 마음이 녹아지므로 말미암아 주님의 마음으로 한 영혼 영혼을 환영하고 싶습니다.

그러한 가운데서 그 한 영혼 영혼을 통하여 주님의 모습을 발견하면서 나 자신의 모습 또한 발견하기를 원하는 것입니다. 그러므로 왜 예수님이 이 땅에 성육신 하셨는지를 깊이 깨달아 감으로 말미암아 주님께서 저에게 주신 사명을 완수한 후 주님 앞에 서기를 기원하는 것입니다. 주님의 마음으로 한 영혼을 환영하는 사역자가 되기를 기원하는 마음으로.

제임스 목사(미국 LA 평화교회 담임) 나눔

(2006년 11월 27일 사회로부터 소외된 영혼들을 나 자신의 마음의 근본적인 변화를 위해서라도 찾아가 만나는 사역자가 되도록 힘쓰길 원하면서)

사례:
소수정예 - 한 사람 인격 멘토링

인간은 개인적으로 조직적으로, 사회 모든 영역에서 전인적인 인격활동을 하게 된다. 그러나 어떤 경우에서는 만남의 성격에 따라 기술, 업무, 학업 등에만 편향되는 불균형 인격활동도 이루어진다.

그러한 이유로 멘토링의 인격활동은 인간을 기술자로 만드는 것이 아니고 기술자를 인간으로 만드는 전인적인 인격활동의 모델 프로그램이 되는 것이다.

아래 일반적인 인격활동과 멘토링 활동에 관한 조건과 차별성을 다루어 보기로 하자.

*개인적용 멘토링: 전통적 멘토링(Typical Mentoring)
*조직적용 멘토링: 제도적 멘토링(Systematic Mentoring)

일반적 인격활동 조건	구분	멘토링 인격활동 조건
개인과 조직 전분야	영역	개인과 조직 전분야
관계 없음	연결	한 사람을 멘토 1명이나 멘토가 다수
전인적(인격 3요소 등)	내용	전인적(인격 3요소 등)
인격평등의식과 관계	관계	인격평등의식과 관계
배려 조언 지도 등	목적	조언으로 인간성장 – 리더양성

1. 기술, 업무, 학업에 편향은 인격활동보다는 코치활동이다.
2. 멘토링은 반드시 전인적인 인격활동을 원칙으로 한다.

<각 영역에 적용 모델>

제1장 개인별 멘토링
1. 학문 영역
2. 청소년 영역
3. 예체능 영역
4. 저명인사 영역

제2장 조직별 멘토링
1. 가정 영역
2. 학교 영역
3. 직장 영역
4. 교회 영역

제1장 개인별 멘토링

1. 학문 영역

학문의 영역은 스승과 제자 간에 인격활동이다.

학문영역의 인격 멘토링 사례로는 철학의 원조인 소크라테스와 제자 플라톤, 플라톤과 아리스토텔레스, 그리고 아리스토텔레스와 알렉산더 장군으로 이어지는 전형적인 멘토링이다.

두 사람 간의 아름다운 삶의 동행이 전인적인 지원의 인격적인 생활로 이어지고 학문계승의 큰 족적을 이루게 된 것이다.

특이하게도 플라톤은 형이상학의 원조인대 그의 제자 아리스토텔레스는 형이하학의 원조가 되었다. 이와 같이 인격적인 멘토링은 통솔이나 주입식이 아니라 인격의 평등 속에서 자기의 적성을 그대로 발휘하는 인간성장 프로그램으로 '된 사람-든 사람-난 사람'이라는 선 순환의 과정으로 리더개발이 이루어지는 것이다.

철학	1대	2대	3대	비고
멘토	소크라테스	플라톤	아리스토텔레스	
멘제	플라톤	아리스토텔레스	알렉산더 대왕	

소크라테스는 제자인 플라톤에게 이렇게 말했단다. "나는 내가 아는 것이 없다는 것을 알고 있어. 진정한 지혜란 바로 자신의 무지(無知·아는 것이 없음)를 인정하는 거야! 무엇이든 물어보는 사람은 모든 것을 아는 척하는 사람보다 지혜로운 사람이다."
그는 '너 자신을 알라'라는 말을 했지. 물론 그가 한 말이 아니고 델포이 신전에 있던 말인데 소크라테스가 한 말로 유명해졌어. 아이들에게 "이 말의 뜻이 무엇일까"라고 물었더니 어떤 아이는 "'너나 잘하세요'라는 뜻"이라고 말하고, 또 어떤 아이는 "'네 분수를 알라'라는 의미"라고 말하더라고.

2. 청소년 영역

청소년 영역은 청소년과 어른 간의 인격활동이다.

청소년 멘토링이 활발하게 발전한 것은 1904년 미국에서 청소년 멘토링(BBS) 시스템을 도입한 이후부터다.

특히 청소년은 감수성이 가장 예민한 때이기에 멘토가 절실히 필요한 시기로 평생교육학자 레빈슨 교수는 멘토가 없는 사람은 부모가 없는 고아와 같다고 말했다. 우리가 익히 잘 알고 있는 설리반 선생과 헬렌 켈러는 장애우에 적용되었던 우수한 인격멘토링 모델이다.

국내에서도 보건복지부, 교과부등 청소년 멘토링 Human Net-Work 프로젝트를 가동하여 다문화가정, 저소득가정, 소년소녀가장, 소외된 청소년 등에 집중적으로 멘토제도를 활용하고 있다.

사랑과 꿈과 용기(헬렌 켈러와 설리반 선생의 멘토링)

6살이 되도록 손으로 음식을 집어 먹고 마음에 들지 않으면 닥치는 대로 주위 물건을 집어 던지는 야수 같은 아이가 있었다. 태어난 지 19개월 되던 때 열병을 앓으며 눈이 멀고 귀가 먹어 벙어리가 됐기 때문이다.

이 아이는 앤 설리번 선생을 만나 교육을 받은 끝에 하버드대에 입학해 우등으로 졸업했다. 결국 전 세계 장애인들에게 희망을 주며 사회복지사업을 펼친 '빛의 천사'가 됐다.

그가 바로 '삼중고(三重苦)의 성녀'로 유명한 헬렌 켈러다. 설리번 선생은 장애를 극복하려는 헬렌 켈러의 의지와 가능성을 발견하고 그를 진실하게 가르쳤으며 헬렌 켈러는 끝없이 노력해 희망의 빛을 찾을 수 있었다. 헬렌 켈러는 이렇게 말했다.

"항상 사랑과 희망과 용기를 불어넣어 준 설리번 선생님이 없었으면 저도 없었을 것입니다. 만약 제가 볼 수 있다면 가장 먼저 설리번 선생님을 보고 싶어요." 이처럼 훌륭한 멘토와 만나 도움과 사랑을 받은 사람은 위대하고 아름다운 결실을 맺는다.

3. 예체능 영역

예체능 영역은 사부와 제자 간에 이루어지는 인격활동이다.

멘토링 활동 중에서 가장 빈번히 이루어지는 활동으로 옛날에는 사부라는 호칭으로 침식을 같이 하면서 자연스럽게 전인적인 인격활동이 이루어졌다. 그러나 오늘날 대부분 기술지도에 국한하여 기술분야에만 치중하기 때문에 대부분 코치에 머물고 있는 수준이다.

*코치: 기술이나 업무나 학업 등 전문적인 특정 부문을 지도한다.

*멘토: 코치의 역량을 포함하여 전인적인 역량을 발휘하여 인간성장을 돕는다.

오늘날 국내 예체능 성공 모델로 김연아, 박지성, 박태환 선수가 멘토를 잘 만나 성공적인 모델이 되었고, 골프에서는 박세리, 신지애 등이 성공 모델, 바둑에서 이창호는 어릴 때 멘토 조훈현과 침식을 하면서 지도받아 대성하였고, 연예계에서 가수 정지훈(예명: 비)은 박진영 멘토를 만나 세계스타가 되었고, 음악에서 장한나, 조수미, 신현수 등도 어릴 때부터 멘토를 만나 현재 성공적인 활동을 하고 있다.

*기술스타: 피겨나 수영 축구 등과 같이 기술로만 뛰어난 선수가 있는 반면
*인간스타: 기술도 뛰어나고 인간성도 뛰어나서 인간스타로 존경받는 선수가
있다.

희망과 꿈과 행복(바둑 프로기사 이창호와 조훈현 선배의 침식동행 멘토링)

이창호(李昌鎬) 선수는 대한민국의 바둑 프로기사다. 그는 조훈현 문하생으로 견고한 기풍과 대국 중에 흔들리지 않는 표정으로 바둑인들에게서 돌부처라는 별명을 얻게 되었다.
멘토 조훈현 사범은 감각과 취향이 전혀 다른 이창호 기사를 어릴 때 가정숙식 內弟子(내제자)로 받아들였다. 세계 정상의 프로가 절정을 달리는 나이에 제자를 받아들이는 일은 프로세계의 '禁忌(금기)'다. 그것도 넓지 않은 집에 부모를 모시는 형편에 집안으로 제자를 받아들여 가르치는 것은, 보통사람의 상상을 뛰어넘는 모험이었다. 조훈현 사범은 많은 멘토 중에서 가장 인격적인 멘토로 인정받고 있다.

---

4. 저명인사 영역

저명인사 영역은 후배와 저명인사를 멘토로 연결하는 인격활동이다.
저명인사 멘토링은 국내외 역사 속에서 유명한 인물로 가끔 드라마의 주인공으로 등장하기도 한다.
특히 무명의 멘제가 저명한 인사를 멘토로 맞이하여 멘토보다 나중에 더 훌륭한 리더로 성장하는 것이 특징이다. 멘토링의 선순환 인재개발의 정석코스라고 볼 수 있다.

국내 드라마에서도 그려졌듯 이순신 장군은 류성룡을 만났고, 동의보감 명의 허준은 유의태를 만났으며, 의주거부 임상옥은 홍득주를 멘토로 만났다. 또한 민속화가 신윤복은 김홍도를 멘토로 만났는데, 이들의 공통점은 탁월한 멘토를 만나 당대 최고의 인간스타인 저명인사로 명성을 빛냈다.

링컨 대통령은 멘토로 초등학교 교사 그레이엄을 만났고, 삼성그룹 이건희 회장이 고바야시 요타로 멘토를, 나눔의 천사인 빌 게이츠는 워런 버핏을 만나 유익한 멘토링 활동에서 삶의 가치를 더욱 높이는 계기를 만들었다.

> **아름다운 경영 동반자(이건희 회장과 고바야시 회장 멘토링)**
>
> 이건희 삼성 회장은 2004년 6월 2일 서울 한남동 소재 삼성 영빈관 승지원에서 고바야시 요타로(小林 陽太郞) 일본 후지 제록스 회장과 만찬 접견을 갖고, 최근 한일 경제현황과 두 교회 간 협력 증진방안 등 상호 관심사에 대해 논의했다. 특히 양사가 세계적 강점을 갖고 있는 레이저프린터·복합기 관련 분야의 기술과 인력·경영노하우 등의 교류를 확대해 돈독한 협력 관계를 발전시켜 나가기로 했다.
>
> 이날 접견에서 이건희 회장과 고바야시 요타로 회장은 "경제가 잘되도록 구상하는 것이 기업가의 의무"라는 데 공감하고, 두 회사가 경제활성화를 위해 협력을 강화해 나가기로 했다.

제2장 조직별 멘토링

1. 가정영역

가정영역은 자녀와 부모 간의 전인적인 인격활동이다.

가정은 이 세상에서 가장 행복한 조직이다. 이곳은 엄한 아버지와 따뜻한 어머니가 수위 조절을 하면서 자녀와 아름다운 동행으로 삶의 터전을 이루었기 때문이다.

명필 한석봉을 길러 낸 떡장수 멘토 어머니, 대학자 이율곡을 길러낸 멘토 신사임당 어머니, 그 유명한 맹자를 길러 낸 지혜로운 '맹모삼천지교', 과학자 뉴튼을 재개발한 어머니, 아인슈타인의 가치를 재개발한 어머니 등 자녀를 위한 인격 멘토로 이루 헤아릴 수 없이 많다.

대화와 토론의 장으로 구축된 유대인의 가정교육과 어머니의 자녀사랑 멘토링 프로그램을 보면서 오늘날 한국 가정의 심각한 문제는 자녀들을 아예 인격은 제쳐 놓고 사랑이 아닌 돈으로 키우려는 위험천만한 발생이다.

GE그룹 잭 웰치 전 회장은 자신의 위대한 스승으로 어머니를 꼽아 공감을 얻기도 했다. 어릴적 말을 더듬는 습관이 있었던 웰치에게 어머니는 늘 "네가 말을 빨리 못하는 이유는 너무 똑똑하기 때문이란다. 다른 사람보다 두뇌 회전이 빨라서 말이 네 생각을 못 쫓아가는 거야"라 고 지혜롭게 말해 주었다.

2. 학교영역

학교영역은 학생과 스승 간의 인격활동이다.

멘토링의 목적이자 학교교육 목적인 '전인=인격'교육과 공통점으로 멘토링 프 로그램이 가장 필요한 곳이기도 하다. 그러나 오늘날 제도권 학교는 평준화라는 현실 속에서 이미 그 교육목적을 상실했기에 교실의 붕괴라는 치명적인 하자를 안고 있는 것이다.

탈무드에서 학교입학생에게 스승이 "자네는 왜 우리 학교를 지원했는가?" "전 통이 있고 분위기 좋아서 열심히 공부하려고 지원했습니다." "그렇다면 자네는 도서관으로 가게." "왜입니까?" "학교는 공부하는 곳이 아니라 스승 앞에 올바로 서는 것일세."

학교의 올바른 방향은 스승의 인격 앞에 서서 그 스승의 인격을 닮아 미래 국 가사회에서 인격적으로 존경받는 리더가 되어야 할 사람을 길러야 하는 것이다.

세계의 명문 옥스퍼드 대학의 Tutorial 멘토링

세계적인 명문 옥스퍼드대학(英)의 차별화 교육은 1:1멘토링을 활용한 튜터제도(Tutor System)이다. 튜터제도를 간단하게 설명하면 담당교수를 멘토로 하고, 학생을 멘제로 하여 1:1로 대면하는 학 습 방법이다.

일주일에 한 번씩 특정 요일에 교수와 학생이 1:1로 4시간씩 주제 리포트 작성 제출, 학습토론, 질 의응답 등으로 진행되는 수업은 자연히 교수와 학생 간에 내외적(內外的)인 접촉이 이뤄지게 되므 로 학생 입장에서는 준비기간인 일주일 내내 한국의 고3 학생과 같은 학습준비에 몰입하게 된다. 담당교수 입장에서는 일주일에 한 번씩 4시간 동안 독대함으로써 학생의 '니즈(Needs)와 핵심역 량'를 정확히 파악하게 되어 학생의 실정에 맞는 교육을 진행할 수 있는 것이다.

그러므로 학생은 대학 4년 동안 시간을 허비하지 않고 담당교수로부터 1:1 고품질의 인격교육서

비스를 받게 되어서 그렇지 못한 타 대학 학생들과의 경쟁력을 월등히 확보할 수 있게 된다. 그러한 튜터제도는 국내뿐만 아니라 전 세계적으로 옥스퍼드대학의 경쟁력을 높이고 명문으로 만드는 데 큰 몫을 담당하고 있으며 우수한 학생들을 선발하는 데도 결정적인 요인으로 작용하고 있다.

3. 직장영역

직장영역은 선배와 후배 간에 인격적인 활동이다.

직장생활 멘토링은 구성원들의 중장기적 직업과 연결되므로 인격적인 멘토를 잘 만나는 것은 행운이다. 특별히 가정에서처럼 직장에서도 엄격한 상사는 생산성으로, 따뜻한 멘토는 인간성으로 균형 경영이 이뤄진다면 개인의 만족감으로, 행복한 직원과 직장의 효율성으로 희망찬 조직건설의 계기가 될 것이다.

미국 포춘誌가 조사한 '제일 존경받는 기업 1위'인 SAS Institute의 짐 굿나잇 회장은 "행복한 젖소가 우유를 많이 생산하는 것처럼 행복한 직원이 생상성을 높인다"고 말했다.

박세리/박혜은(노동부 부천지청)
노동부 혁신관리단의 지원으로 부천지청에서 멘토링 시범 활동에 참여하고 있는 멘토 박세리 님과 멘제 박혜은 님의 어느 미팅날 활동했던 사례발표다.

[미팅날에 생긴 일]
이번 개별활동 시간에는 센터의 김은아 쌤, 윤주이 커플과 함께 영화 <캐리비안해적 – 망자의 함>을 보러 갔어요. 비록 1탄의 내용이 기억이 안 나 답답한 면도 있었지만 좋은 사람들과 함께해서 그런지 영화가 참 잼났습니다.
첨엔 약간 부담스럽던 멘토링 데이가 이젠 기다려 지기도 하고.
멘제 혜은이와 함께하는 시간이 즐겁고 하고.
그동안의 스트레스가 확 풀리는 듯한 느낌이었어요. ^^
이번 주엔 은아 쌤–주이 커플과 함께해서 더욱 유쾌했고요.
영화 끝나고 활동 일지용으로 꼭 찍어야 된다고 우겨서 겨우 찍은 사진~
(안 찍어오면 은경 쌤한테 혼나요ㅋ)
멘토링 덕분에 힘든 것도 많지만 그만큼 추억도 많아지는 것 같아요.
벌써부터 멘토링 프로젝트가 끝나면 아쉬울 것 같단 생각이 듭니다. ^__^

4. 성경영역

교회영역은 평신도들과 교육자 간에 인격활동이다.

교회 멘토링 활동은 기타 조직보다도 '영혼에 관한 깊은 통찰력'으로 전인적인 차원에서 가장 밀도 있는 멘토링 활동이 이루어질 수 있는 영역이다.

교회 멘토링은 성경에서 그 모범적인 사례로 모세와 여호수아, 다윗과 요나단, 엘리야와 엘리사, 룻과 나오미, 에스더와 모르드개로 이어지며 신약에서 대표적인 바울과 바나바로 멘토링 인격활동이 이어진다.

[성경에서 3대 인격활동 지침]

1) 하나님 인격활동 지침(창 1:27~28)

   하나님의 형상대로 창조한 사람이 인격적인 활동으로 모든 생물을 다스리라.

2) 모세의 인격활동 지침(출 18:21, 신 1:13)

   재덕(才德)이 겸전한 자, 즉 인격적으로 활동하는 사람을 리더로 뽑아라.

3) 예수님 인격활동 지침(마 10:16)

   너희는 뱀같이 지혜롭고 비둘기같이 순결하여 인격적인 사회생활을 하라.

여성대표 행복 Plan(룻과 나오미 멘토링 모델)

괴테는 "룻기는 가장 사랑스럽고 완전한 작품이다"라고 평했다.

1. 멘토 나오미는 며느리 룻에게 유대백성으로, 또한 하나님에 관한 모범을 보여 주어 이방인 모압여인 룻이 나오미를 선택하게 된 동기이다.
2. 고부관계 그리고 이방여인 관계에서 멘토 나오미의 모범적인 삶의 본보기와 이방 여인으로 룻의 선택 — 이스라엘 백성과 하나님 — 은 여성 멘토링의 최고의 모범을 보여 주고 있다.
3. 두 사람은 고부간이라기보다는 친딸과 같은 고품질의 멘토링을 유지했다고 볼 수 있다.
4. 보아스와 결혼한 룻은 오벳을 낳았고 오벳은 이새를 낳았고 이새는 다윗을 낳았더라. 결국 다윗과 예수님의 조상이라는 축복을 안았다.

Theme 3

내용:
소수정예 - 인격가치 개발(Star Game)

소수정예 멘토링 인격 프로그램인 스타게임(Star Game)은 교회 구성원인 평신도에게 은사로 주어진 지정의(知情意)의 인격 중에서 그 중요도를 감안하여 선정한 5가지 테마에 우선하여 가치를 부여하고 계속 개발하여 인간다움으로 채우는 과정이다.

대부분 사람들이 지도력이란 남을 잘 다루는 능력이라고 생각한다. 하지만 진정한 멘토는 자신의 역량(Competency)을 최대로 발휘하여 멘제가 맡겨진 일을 바르게 잘 처리할 수 있게 해 줄 수 있는 사람이라고 하겠다.

Star game은 멘토가 멘제를 1:1로 개발하고 차세대 리더로 세우는 처음 단계이다. 특히 멘제의 오늘날 전인적인 인격의 가치를 찾고 그것이 토대가 되어 미래의 인격과, 인간의 참모습의 가치를 찾아가는 상호 아름다운 여행의 첫 발걸음이 되는 것이다.

멘토링코리아에서는 멘토링 활동에 참여하는 전 교인들에게 지적인 편중에서 전인적인 인격으로 가득 채우는 균형인간 찾기 Workshop 방법을 소개한다.

지식	1. 지식가치개발
정서	2. 마음가치개발 3. 건강가치개발 4. 관계가치개발
의지	5. 의지가치개발

제1장 전인인격의 3요소: 지정의

흔히 인격의 3요소로 '지정의'를 언급한다. 지식과 감정 그리고 의지를 말한다. 즉 인격이 높아지기 위해서는 위의 3가지 요소들이 풍성해져야 한다.

[지식]

지식은 많아져야 한다. 세월이 지날수록 세상의 지식이 많아져야 한다. 그리고 하나님에 대해서도 갈수록 많이 알아야 한다. 하나님이 누구이시며, 또 어떠한 일을 하시는지에 대해서 말이다. 그러한 사람을 우리는 인격이 훌륭한 그리스도인이라고 부를 수 있다. 물론 지식만 많고 뒤에 따르는 다른 인격의 요소가 없거나 적으면 오히려 인격이 낮은 자가 될 수도 있을 것이다.

[감정]

감정이 풍부해야 한다. 슬플 때 울 수 있고, 또 기쁠 때 목젖이 보일 정도로 환하게 웃을 수도 있어야 한다. 그런데 우리는 단순한 희로애락을 말하는 것은 아니다. 하나님이 기뻐하는 일에 진정으로 기뻐할 줄 알고, 또 하나님이 슬퍼하는 일에 애통해할 줄 아는 그런 그리스도인이 되기를 원한다. 예를 들자면 예레미야는 그런 점에서 인격이 높은 선지자인 듯하다. 하나님의 슬픔으로 자신도 울고 있기 때문이다.

1. 마음
2. 건강
3. 관계

[의지]

의지 또한 높아가야 한다. 자신이 세운 뜻을 향해 달려가는 일이다. 역시 자신의 개인 목표만을 의미하지 않는다. 하나님의 백성으로 갖게 되는 목표를 향해 의지를 두고 달려가는 모습이다. 이러한 모습을 볼 때 우리는 인격이 훌륭하다고 말할 수 있다.

단순히 교회생활을 오래했다고, 또 나이가 많다고 인격이 높아지는 것은 아니다. 인격은 훈련을 통해서 빛이 나게 된다. 많은 그리스도인들이 인격이 낮은 직분자들 때문에 고통스러워한다. 교회에서는 물론, 교회나 가정에서도 마찬가지다.

인격이 높아져 가는 것은 교회를 보호하고, 가정을 세우며, 교회 생활을 즐겁게 만든다. 그리고 인격형성의 과정은 고통의 작업이 아니다. 오히려 기쁨이다. 하나님이 원하는 일이기 때문이다.

제2장 Star Game의 멘토상(像)

멘토링 프로그램의 콘텐츠(Contents)는 인격이다. 최초의 멘토가 텔레마쿠스 왕자를 20년 동안 교재로 수학[知], 철학[情], 논리학[意]을 사용한 데서 기인하며 오늘날 인격을 상징한다.

그러므로 멘토의 존재 이유는 전인적인 삶의 조언자 역할을 하기 위함이다. Star Game은 인격을 5가지 주제로 구분하여 멘토/멘제 상호 간 점검하여 삶을 개선함으로 인격 지수를 높이고자 하는 프로그램이다. 12개월 멘토링 활동 중 3개월 단위로 체크하여 멘토/멘제 역량 평가 자료로 활용함이 효과적이다.

1:1 멘토링은 단순한 지적 학습과정이 아니다. 사람을 바꾸자는 것이다. 그것은 우리의 교육 대상 - 그들이 목회자이건, 경영인이건, 학자건, 주부이건, 직장인이건, 학생이건 - 을 어떤 위치로 한정하여 해석하는 것을 그만두는 것이다. 왜 그런

가 하면, 어떤 존재이기 이전에 그는 인간이기 때문이다.

첫 번째로 마음의 힘을 기르기 위해 좋은 내용의 글을 읽고, 느낀 점을 적고, 내가 적용하고 실천해야 할 일들을 적는 시간을 갖는다. 목회자로서 혹은 학생으로서 먼저 자기 마음의 힘을 기를 수 있는 데 시간을 쓸 수 있는 사람이야말로 자신의 달란트를 최대로 발휘할 수 있는 근본적인 힘을 지닌 사람이라고 할 수 있다.

두 번째는 아무리 바쁘고 힘든 일이 있더라도 건강한 몸을 지키기 위해서 매일매일 건강법을 실천하고 그 몸을 성결하게 지킬 수 있어야 한다.

세 번째는 지적인 능력을 극대화하기 위해 지혜 위주의 활동을 하기 위해선 노력하는 사람, 그것을 통해서 진리를 추구할 수 있는 자를 말한다.

네 번째는 자기 관리 능력을 갖기 위해서 생애 전체로부터 하루 단위의 시간에 이르기까지 중요한 일을 우선순위로 하여 자기의 시간을 잘 관리할 수 있는 사람이다.

다섯 번째는 성숙한 인간관계를 위해 먼저 자신을 성찰하고, 이웃들을 사랑의 관점으로 바라보며, 그들을 인간으로 해석하고, 달란트를 최대한 발휘할 수 있도록 장점만을 칭찬해 주는 그런 사람이다.

결국 멘토는 멘제와 함께 멘제의 달란트(재능)을 최대한 발휘함으로써 진리를 탐구하는 데 깨어 있고 이웃을 사랑하고 위로할 수 있는 사람으로, 이러한 인간이라야 21세기의 진정한 차세대 멘토상(像)이라고 할 수 있겠다.

제3장 Star Game 목적

1. Star(스타) Game의 목적

1) 자기 가치를 측정하여 인재개발지수(P.D.I)를 파악하고
2) 강점과 약점을 멘토링 소재로 삼아 그 지수를 업그레이드하여
3) 멘제를 '21세기 차세대 리더 멘토'로 재생산하는 일이다.

2. Star Game의 명칭어원

한 사람의 인격가치를 5가지 주제로 선정하여 체크하고 별(Star)의 5가지 각(角)에 표시할 수 있도록 한 차트를 말한다. 한 사람을 탑 스타(Top Star)로 개발한다는 상징적인 의미도 담았다.

Star Game 요약

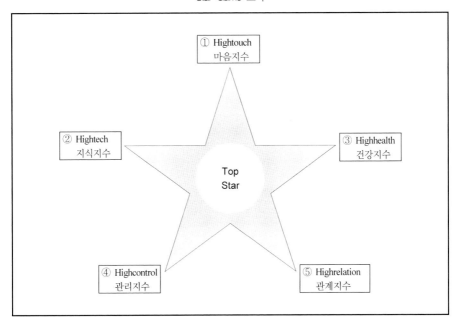

Star Game 5가지 분야별 지수 목표

지수 목표/지수 분야		지수별 착안점		인간개발지수
① Hightouch(마음지수) ② Hightech(지식지수) ③ Highhealth(건강지수) ④ Highcontrol(관리지수) ⑤ Highrelation(관계지수)		포용력, 정서력, 봉사헌신력 지식력, 기술력, 정보력 정신과 신체의 건강력 의지, 절제, 판단, 분별력 조직간 간, 가족 간, 사회활동		만점 20점 만점 20점 만접 20점 만점 20점 만점 20점 합 100점 중( )
탁월 81~100	우수 61~80	보통 41~60	잠재 21~40	개발 0~20

1) 지식(Hightech) 가치

인간이 지혜롭게 되기 위해서는 (1) 정보를 신속하고 정확하게 처리할 수 있는 능력을 가져야 한다. (2) 날마다 부딪히는 일을 처리하면서 한 부분만이 아니라 먼저 전체를 본 후 부분을 볼 수 있는 능력을 지닌 사람이다. (3) 외국어를 깊이 있게 이해함으로써 폭넓은 지식을 가진다. (4) 추상적인 상태를 구체화함으로써 제대로 행동할 수 있는 힘을 가진 사람이다. (5) 그리고 자연에 대한 깊이 있는 이해를 통해 자연의 법칙을 알고 적절히 자연의 힘을 활용할 줄 안다. 특히 약점을 극복하는 전략을 세울 수 있다. 자신의 약점이 무엇인지를 항상 파악하기 위해 노력함으로써 현 상황에 대한 적응 능력을 극대화한다. 또한 부딪히는 문제(전문 분야)에 대한 약점을 파악하고 이에 대처할 수 있는 능력과 이를 주관하고 객관화할 수 있는 능력을 가진다. 아울러 주어진 각 문제들의 유기체적 관계를 이해할 수 있는 전문적 능력을 갖춘 사람이다.

[지식(Hightech) 가치 진단법]

번호	High Tech 지식지수	점수
1	내가 소지한 자격증을 활용하고 있는가?	
2	내가 소지한 지적 재산권(특허권 포함)을 활용하고 있는가?	
3	내가 소지한 업무 노하우(Know How)를 활용하고 있는가?	
4	내가 취득한 학위(학, 석, 박사 등)를 활용하고 있는가?	
5	내가 취득한 정보를 활용하고 있는가?	
6	내가 소지한 기술을 활용하고 있는가?	
7	나의 IT(정보기술-컴퓨터 인터넷 등) 실력은?	
8	내가 다루는 목회나 사역에서 전문서적을 활용하는 정도는?	
9	나의 자기계발을 위한 장단기 계획은?	
10	나의 외국인과 의사소통 수준은?	
	소 계	

2) 마음(Hightouch) 가치

긍정적이며 적극적인 사고를 하며, 구체적 대안(代案)을 가지고 담대한 행동을 한다. 이를 통해 신뢰를 얻고 존경을 받으며 다른 사람들의 사기 저하를 막고 두려움과 좌절감에서 벗어나며, 그들로 하여금 최대의 능력을 발휘할 수 있게 하는 것이다.

[마음(Hightouch) 가치 진단법]

번호	High Touch 마음지수	점수
1	나는 타인을 위해 가능한 한 넓게 포용력을 발휘하는 편이다.	
2	나는 이웃을 위해 구체적으로 헌신 봉사한 사례가 있다.	
3	나는 다른 사람과 다툼이 있을 때 먼저 화해를 청한다.	
4	나는 아름다운 음악을 들으며 그 느낌을 머릿속에 상상해 보곤 한다.	
5	내가 해야 할 일은 힘들고 하기 싫더라도 분명히 해낸다.	
6	다른 사람이 나를 비판할 때 화가 날지라도 그 원인을 곰곰이 찾아본다.	
7	나는 목회나 일반업무 외에도 악기나, 그림과 같은 특기나 취미를 한 가지 이상 가지고 있다.	
8	나는 타인을 책망하기보다는 칭찬을 더 많이 해 주는 편이다.	
9	다른 사람이 훌륭한 일이나 좋은 성과(성적)를 거두었을 때 진심으로 축하해 준다.	
10	나는 교양서적과 명상에 관한 글을 자주 읽는 편이다.	
	소 계	

3) 건강(Highhealth) 가치

건강이란 단순히 신체적인 건강뿐만을 뜻하는 것이 아니라 맑은 마음을 유지함으로써 정신적으로도 건강을 인정받을 수 있는 사람을 말한다.

아무리 바쁘고 힘든 일이 있더라도 건강한 몸을 지키기 위해서 매일매일 건강법을 실천하고 그 몸을 성결하게 지킬 수 있어야 한다.

[건강(Highhealth) 가치 진단법]

번호	High Health 건강지수	점수
1	나는 정기적으로 건강을 위해 운동을 한다.	
2	나는 정기적으로 건강 진단을 받는다.	
3	나의 체중과 신체는 균형을 이루고 있다.	
4	나의 기상시간과 취침시간은 일정하다.	
5	나는 과로 등을 피하면서 정상적인 근무시간을 유지한다.	
6	나는 의료보험증 사용 빈도가 많지 않다.	
7	나는 건강에 무리하지 않게 휴식을 취한다.	
8	나는 건강에 좋은 음식을 고를 수 있다.	
9	나는 정신 수양을 위해 명상의 시간을 갖는다.	
10	나는 교회나, 직장이나, 가정 등에서 스트레스를 받으면 바로 풀려고 노력한다.	
	소 계	

4) 인간관계(Highrelation) 가치

더불어 살고자 하니 남을 자신과 동등한 인간으로 생각하며, 다른 사람의 입장에서 생각하므로 동질성을 갖게 하고 신뢰와 존경을 받으며, 그들과 더불어 더 큰 힘을 재창출하는 촉매제의 역할을 할 수 있다. 이러한 지도력을 통해 한 조직의 힘을 극대화할 수 있으며, 어떤 어려움 가운데에서도 이를 이겨 낼 수 있는 힘을 끌어낼 수 있는 사람이다.

자신의 재능을 최대한 발휘하여 주어진 일들을 바르게 잘 처리하는 Star game의 Mentor들이 이웃을 위해 봉사하고, 사회를 더욱 아름답게 하는 데 기여하며, 21세기의 역사를 이끌어 가는 주역이 될 때 개인과 사회가 행복해질 수 있다.

[관계(Highrelation) 가치 진단법]

번호	High Relation 관계지수	점수
1	나는 직장에서 선배와 인간관계가 좋은 편이다.	
2	나는 직장에서 동료와 인간관계가 좋은 편이다.	
3	나는 직장에서 후배와 인간관계가 좋은 편이다.	
4	나는 가정에서 부모님과 인간관계가 좋은 편이다.	
5	나는 가정에서 부부 또는(미혼인 경우) 형제자매와 인간관계가 좋은 편이다.	
6	나는 가정에서 자녀 또는(미혼인 경우) 친척들과 인간관계가 좋은 편이다.	
7	나는 동창회에 참석하여 두터운 관계로 사귀고 있다.	
8	나는 취미, 오락, 특기 등 동호회에 참석하여 회원으로 활동한다.	
9	나는 업무상, 교제상 등 학회나 전문인 모임에서 교제를 넓히고 있다.	
10	나는 사회 건전 단체나 봉사 기관에 참석하고 있다.	
	소 계	

5) 자기 관리(Highcontrol) 가치

자기 앞에 여러 가지 일이 놓였을 때 우선순위를 결정하여 행동한다. 이를 통해 일의 행동에 옮길 적당한 시기, 즉 타이밍을 알며 결정적인 시기와 장소, 사람을 파악할 힘이 있다. 아울러 자신의 마음을 다스려 겸손한 마음을 유지하며 남의 말을 수용할 수 있는 너그러움(개방성)을 지닌 사람이다. 이런 열린 마음은 새로운 변화에 적응력을 높여 주며 바른 대응책을 얻게 해 준다. 따라서 융통성을 가지고 주어진 문제에 창조적으로 대처할 수 있다.

[관리(Highcontrol) 가치 진단법]

번호	High Selfcontrol 관리지수	점수
1	나는 선(善)과 악(惡)을 판단할 수 있는 능력이 얼마인가?	
2	나는 진리(眞理)와 허위(虛僞)를 판단할 수 있는 능력이 얼마인가?	
3	나는 상(賞)과 벌(罰)을 판단할 수 있는 능력이 얼마인가?	
4	나는 혈기(血氣)를 절제할 수 있는 능력이 얼마나 있는가?	
5	나는 식욕(食慾)을 절제할 수 있는 능력이 얼마나 있는가?	
6	나는 성욕(性慾)을 절제할 수 있는 능력이 얼마나 있는가?	
7	나는 오락(娛樂)을 절제할 수 있는 능력이 얼마나 있는가?	
8	나는 시간(時間)을 계획하고 그대로 지키고 있는가?	
9	나는 나의 수입(收入)과 지출(支出)에 균형을 맞추고 있는가?	
10	나는 나에 주어진 물자에 대하여 절감 의식이 어느 정도인가?	
	소 계	

제4장 전인인격 진단도구(요약 편)

□ 인격가치개발은 멘토링 활동기간에 현재 자기의 인격지수를 진단하여 상호 간 고품격의 인격계발로 업그레이드 하고자 한 것이 목적이다.

□ 절대평가로 타인과 비교할 필요 없이 자기의 삶의 현장에서의 습관과 행동을 그대로 표시하면 된다.

□ 다음의 각 설문이 당신의 경우에 얼마나 해당되는지 아래 점수를 기록하되 설문 한 개당 5점, 4점, 2점, 1점, 0점으로 한다.

주제	번호	진단 설문 도구	점수
마음지수	1	나는 타인을 위해 넓게 포용력을 발휘하는 편이다.	
	2	나는 이웃을 위해 구체적으로 헌신 봉사한 사례가 있다.	
	3	나는 다른 사람과 다툼이 있을 때 먼저 화해를 청한다.	
	4	나는 타인을 책망하기보다는 칭찬을 더 많이 해 주는 편이다.	
지식지수	5	내가 소지한 자격증이나 노하우를 활용하고 있다.	
	6	내가 취득한 기술이나 정보를 제대로 활용하고 있다.	
	7	나의 IT(정보기술-컴퓨터 인터넷 등) 실력은 수준급이다.	
	8	나의 외국어실력은 외국인과 의사소통을 잘하고 있다.	

	9	나는 정기적으로 건강을 위해 운동을 한다.	
건강지수	10	나는 건강에 유의하면서 음식을 가려 섭취한다.	
	11	나는 정신 수양을 위해 명상의 시간을 갖는다.	
	12	나는 스트레스를 받으면 바로 풀려고 노력한다.	
관계지수	13	나는 교회나 직장에서 구성원과 인간관계가 좋은 편이다.	
	14	나는 가정에서 식구들과 대화를 잘하는 편이다.	
	15	나는 사회에서 학회나 전문인 모임에서 교제를 넓히고 있다.	
	16	나는 사회 건전 단체나 봉사 기관에 참석하고 있다.	
관리지수	17	나는 윤리의식에서 선(善)과 악(惡)을 판단하여 행동한다.	
	18	나는 혈기(血氣), 식욕(食慾), 성욕(性慾) 등 절제력이 있다.	
	19	나는 생애 목표로 시간(時間)과 자금 계획을 세우고 있다.	
	20	나는 승진 등 리더십 개발을 위한 계획을 갖고 있다.	
합 계		탁월(81~10) 우수(61~80) 보통(41~60) 부족(21~40) 미달(01~20)	

제5장 Star Game Chart

Star Game 측정표에서 5가지 주제별로 각 지수(점수)를 먼저 확인하고서 다음 단계로 들어간다. 아래 별을 보면 각 꼭지별로 10칸씩 나눠 있음을 발견할 것이다.

그러면 각 지수별의 만점은 한 꼭지당 20점이므로 한 칸에 2점씩 배점하여 실득점 수를 가지고 큰 별 속에서 작은 별(실제득점지수)을 그리면 멘토와 멘제의 별(Star)이 시각화(視覺化)된다.

☐ 멘 토:

☐ 멘 제:

☐ 작성일자:

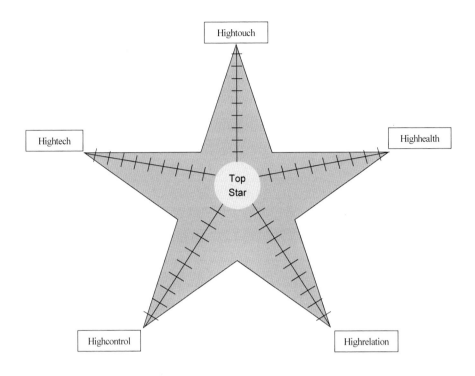

* 별 내부의 사선 1칸이 2점씩으로 별 1각이 20점이다.
* 5각의 점수를 참고하여 내 자신의 별을 큰 별 안쪽으로 그린다.

제6장 아이디어 취합 카드

▷ 멘토링 팀별로 인격계발프로그램 5가지 주제에서 시간의 분량 범위 내에서
   토의 대상 가짓수를 선택하고 분임 토의 식으로 진행하여 Idea를 개발하되
   숫자의 제한을 받지 않는다.

▷ 조직목표의 12가지 주제를 참고로 하되 시간의 분량에 따라 몇 가지를 할
   것인가 선택한다.

▷ 각 팀장은 자기 팀에서 다룬 주제별 Idea를 아래 양식에 의거하여 제출하고
   팀 전체 관리자는 전체를 한눈에 볼 수 있도록 취합해서 게시한다.

☐ 주제별:

☐ 팀 명:

☐ 팀 장:

☐ 팀 원:

[Idea 집계표]

NO	아이디어	NO	아이디어
1		11	
2		12	
3		13	
4		14	
5		15	
6		16	
7		17	
8		18	
9		19	
10		20	

제7장 개인목표 실천카드

■ 개인별 실천카드 작성 게임

멘토와 멘제가 멘토링 활동기간에 시행 가능한 사항을 주제별 아이디어 중에서 5가지 이내로 선택한다. 반드시 주제에 맞고 그리고 타임테이블(Time Table)을 적용하여 작성해야 한다.

□ 멘토(Mentor):   인

□ 멘제(Menger):   인

□ Mentoring 기간: 200 .   .   .~200 .   .   .

□ 소 속:

Mentor 실천카드 ( ) Menger 실천카드 ( )	
주제별	실 천 사 항
마음	1. 2. 3. 4. 5.
지식	1. 2. 3. 4. 5.
건강	1. 2. 3. 4. 5.
자기 관리	1. 2. 3. 4. 5.
인간 관계	1. 2. 3. 4. 5.

모델: 소수정예 – 세이비어 교회

[참고자료] 유성준 목사(협성대 교수) 저,『세이비어(Saviour) 교회』실천 편

설립자: 고든 코스비(Gorden Cosby) 목사
[작은교회 운동]

세이비어(Saviour) 교회는 한마디로 말하면 작지만 큰 교회다. 교인이 150여 명에 지나지 않지만 그 안에서는 예수 그리스도의 영성을 바탕으로 엄청난 일들이 행해지고 있다. 인간의 성취욕은 배제된 채 오직 하나님의 얼굴만 부각한 진정한 교회의 모습을 보여 주고 있다.
세이비어 교회는 크게 영성과 사역 두 축으로 균형을 잡고 있다. 여기서 영성은 내면을 향한 여정(Inward Journey)이고 사역은 세상을 향한 여정(Outward Journey)이라고 할 수 있다.
이들 두 축은 복음과 상황의 균형을 이루는 훈련이 부족한 한국교회에 올바른 방향을 제시해 준다. 성도 개인 차원에서는 영성으로 주님을 닮아 가는 삶을 추구하게 하고 공동체 차원에서는 섬김으로 세상을 변화시키고 있다.

[소수정예 목회철학]

세이비어 교회(1947년 설립) 공동체는 전 교인 150명으로 지난 57년 동안 작은 공동체를 지향하면서 7개 분야 70여 가지 연관된 사역을 진행하면서 연간 1,000만 불 이상의 예산을 집행하는 역동적인 교회가 되었다.

제1장 세이비어 교회 소개

세이비어 교회는 1947년 고든 코스비(Gorden Cosby) 목사가 30세의 나이로 설립한 교회로서, 워싱턴의 백악관에서 불과 2마일 정도 떨어진 빈민 지역 아담스 모르간(Adams Morgan)에 위치하고 있다.

세이비어 교회는 영성(Inward Journey)과 사역(Outward Journey)의 균형을 강조하고 있고, 행함(Doing) 이전에 존재함(Being)이 얼마나 중요한지를 그들의 삶과 사역을 통해 보여 주고 있다. 그리고 이러한 것을 바탕으로 철저하게 지역사회를 섬기는 교회다.

세이비어 교회의 변함없는 핵심가치관은 "우리가 예수님과 함께하는 깊고 친밀한 삶에 이르게 될 때, 세상은 부활하신 그리스도를 우리의 공동체를 통해서 경험하게 될 것이다"라고 한다. 그리고 모든 사역에 있어 관상의 삶(Contemplative Life)을 강조하고 있다.

하나님과 친밀히 침묵을 통해 사귀는 관상기도가 너무 감동적이어서, 헨리 나우웬도 이곳에서 큰 도전을 받게 되고, 『사랑받는 자의 삶』(Life of the Beloved)이라는 책을 이 교회에서 완성했다는 내용을 접했을 때, 나에게 무엇인가 발견할 수 있는 가능성이 있는 기회로 생각하게 되었다.

미국을 움직이는 작은 공동체 세이비어 교회 교인들이 행하는 사역의 핵심적인 철학은

첫째, 영적인 삶을 통해서 주님을 닮아 가는 삶을 추구하고,

둘째, 주님이 보여 주신 긍휼의 마음으로 지역사회를 섬기며,

셋째, 주님이 섬기셨던 가난한 자, 버림받은 자, 소외받은 자들을 섬기는 일에 헌신하며,

넷째, 용기와 희생적인 삶을 통해 세상을 변화시키는 데 헌신하는 것이다.

이를 위해서 세이비어 교회는 '섬김의 리더십 학교'(Servant Leadership School)를 운영하여 교회 지도자들에게 세상에 가난한 자, 버림받은 자, 소외된 자를 섬기는 삶을 살도록 훈련한다.

이 교회를 1947년에 고든 코스비 목사가 시작할 때 영적인 삶을 통해 주님을 닮아 가는 삶을 실현할 수 있도록 섬김의 학교가 교회의 출발점이 되었음을 접했을 때, 주님의 지상명령인 가르쳐 지키게 하라는 단순한 진리를 실행한 교회라는 것을 발견하였으며, 과연 오늘날 교회마다 목회의 출발이 예수님의 가르침이 시작이었는가를 마음속으로 점검해 보는 것도 좋으리라 사료된다.

제2장 세이비어 교회 지역사회 사역팀

세이비어 교회는

1) 카페와 서점이 동시에 운영되는 '토기장이의 집'을 통해서 지역사회에서 소외된 자들에게 음식과 문화와 정신의 풍성함을 공급하고,
2) 노숙자의 발을 씻기는 작은 예수의 집을 열고,
3) '그리스도의 집'을 통해서 노숙자들의 육신의 질병뿐 아니라 영적인 질병까지 치유하며,
4) 사마리아인의 집 프로그램을 통해서 마약이나 알코올중독자들이 성공적으로 사회에 적응하도록 도와주며,
5) 저소득층 가족을 위한 주택보급사역을 행하고
6) '희년 주거 사역'을 통해 800세대가 입주한 아파트를 운영하기도 한다.
7) 빈민지역 저소득층을 위한 '만나 주거 사역'을 통해서 저소득층 주민들이 가장 싼 가격으로 쓸모 있는 주택을 마련할 수 있도록 전략을 세우고 실천하기도 한다.

세이비어 공동체는 지난 57년 동안 작은 공동체를 지향하면서 7개 분야 70여 가지 연관된 사역을 진행하면서 연간 1,000만 불 이상의 예산을 집행하는 역동적인 교회가 되었다. 우리는 통상적으로 큰 교회만이 세상을 움직이고 변화시킬 수 있다고 생각한다.

세이비어 공동체는 그런 신앙 사고가 얼마나 잘못되었는가를 일깨워 준다. 교회가 세상을 움직일 수 있는 힘은 교회의 규모나 사이즈에 있는 것이 아니라 교인 한 사람 한 사람이 얼마나 철저하게 예수의 삶을 닮아 가고 있느냐에 있다.

세이비어 교회는 아무나 교회에 나온다고 교회 교인으로 받아들이지 않는다. 철저한 훈련(Discipline) 과정을 통해서 그리스도를 닮은 제자(Disciple)가 되기로 결단하고 헌신하는 자들만 받아들인다.

세이비어 교회 비전을 되새기면서 한국교회가 그동안 많은 성장을 해 왔지만 교회에 대한 사회 전반적인 인식이 긍정적이지 않음은 예수님이 몸으로 보여 주신 복음을 우리가 몸으로 살지 못하기 때문일 것이다.
교회의 본질은 예수님이 말씀한 가장 큰 계명과 대사명에 헌신하는 것이다.

제3장 세이비어 교회의 바람직한 사역 방향

교회가 해야 할 가장 중요한 사역은 먼저 헌신된 제자들을 양육하고 그들이 나가서 예수께서 공생애를 통해 보여 주셨던 사역과 삶을 실천하는 것이다. 이것이 현대교회가 갖추어야 할 교회의 본질이라는 것이다.

우리 모두의 신앙노정에서 첫 번째로 중요한 하나님의 비전은 예수님의 위대한 계명이다. 그리고 하나님의 비전과 소명을 나의 삶에 구체적으로 적용하는 것이다.

그렇다면 하나님의 비전에 응답할 수 있는 나의 가장 깊은 소명은 무엇인가?

내가 속한 신앙공동체에서 나의 소명은 무엇이며 어떻게 내 이웃을 내 몸처럼 사랑하고, 자신을 내가 속한 사역에 온전히 헌신할 수 있을까? 하나님의 비전은 우리의 마음(영)이 가난해야 천국을 소유할 있다고 말씀하신다. 이는 우리 신앙은 오직 겸손으로만 채워져야 한다는 것을 말해 준다.

하나님을 사랑하여 그분께 나의 삶을 맡기며 유지하기 위해서는 삶의 전반적인 계획을 세울 필요가 있다. 이를 위해 우리는 무엇보다도 성령의 인도하심을 받아 실천하고 살아가야 할 것이다.

세이비어 교회의 모든 사역에 관상의 삶을 강조한다. 관상기도란 흔히 우리가 기도할 때 쓰는 기도문, 언어, 상상을 배제하고 우리의 감정, 의지, 감각 기관의 사용도 제한하며 오로지 하나님과 친밀히 사귀는 기도이다.

이러한 관상기도를 통해 세이비어 교회는 나를 철저히 비우고 하나님이 그 안에 들어설 수 있도록 기다리는 침묵의 기도를 훈련을 통해서 실시하고 있다. 더 나아가서 성도들 한 사람 한 사람이 하나님의 분명한 부르심을 받고 철저하게 그 명령을 그들의 삶과 사역을 통해 순종하는 관상의 삶을 실천한다고 저술하고 있지만 한국교회에서 이해할 수 있도록 실제적인 프로그램 소개가 부족한 것 같다.

미국을 움직이는 작은 공동체 세이비어 교회는 오늘날 대형화를 추구하는 자기 권력 과시라는 문화의 중독을 철저히 탈피하고, 숫자를 통해서 오는 힘의 유혹을 의지적으로 거부한 데서 온 것이라 할 수 있다.

세이비어 교회의 정체성은 채우는 것보다는 비우는 삶을 사는 것으로 실현되는 하나님나라의 가치관이 교회의 모든 성도들의 삶과 사역을 통해서 날마다 나타나도록 철저한 훈련을 시켰다는 것이다.

제4장 사역공동체(Mission Group)의 핵심가치

사역공동체 단원은 온전한 헌신을 위해 삶의 4가지 영역인

1. '변화'
2. '증거'
3. '양육'
4. '활동'에 초점을 두고 활동한 것이 핵심사항이라고 할 수 있다.

이 4가지 영역을 바로 이해할 때, 교회 사역을 위한 사역공동체의 진정한 가치를 알고 아울러 교회 사역에 관한 벤치마킹을 할 수 있을 것이다.

[변화의 삶 – 사역향상]

'변화'란 내면적인 훈련의 길을 걷는 것을 말할 수 있는데 이를 위한 교회마다 환경을 감안하여 적절한 프로그램을 개발하여 적용해야 한다. 결과적으로 내 안의 자아는 죽고, 내 안에서 근본적인 변화가 일어나야 한다.

[증거의 삶 – 능력향상]

'증거'란 교회에 대한 참된 이해로부터 오는 것인데, 즉 교회는 변화를 가져오는 능력에 대해서 증거하는 증인들의 모임이라는 것이다. 이 능력이란 죄를 회개케 하고, 우리 삶의 우선순위를 바꿈으로써 개인과 도시와 국가를 새롭게 하는 능력을 말한다. 결국 이 능력은 우리 사회를 변화시키는 능력이다. 오늘날 그리스도인들은 이 능력에 의지하여 회복을 간절히 필요로 하는 이 세상에 새로운 변화를 가져올 수가 있는 것이다.

[양육의 삶 – 신앙향상]

'양육'이란 교회는 영적으로 더욱 성숙하길 원하는 사람들, 그리고 하나님의 뜻 가운데 살고자 하는 자들을 인도하고 격려하고 방향을 제시해 주는 것이다. 교회

는 영적인 노정을 분명히 아는 길잡이가 되어야 한다.

[활동의 삶 – 치유향상]

'활동'이란 그리스도인으로서 자신도 고통을 체험한 자로서, 이 세상의 고통받는 이들이 치유받도록 끊임없이 중보하고 진심 어린 노력을 통해 활동하는 것을 가리킨다.

이러한 4가지 영역에서의 세이비어 교회의 활동은 결국 오늘날 한국교회에서도 시행하고 있는 셀 교회, 속회, 구역, 순모임, 목장 모임보다 더 체계적으로 발전된 사역공동체(Mission Group)로 구체화했다고 정의할 수 있다.

세이비어 교회 사역공동체는 참여하는 모든 멤버들이 각자 비전과 사명감을 안고 헌신하는 삶으로 이어지며, 이는 곧 내면을 향한 여정(영성)과 세상을 향한 여정(사역)의 조화를 통해서 예수 그리스도의 제자로서 예수의 삶을 그대로 사는 것으로 나타난다.

그리하여 마침내 세상이 예수의 삶을 사는 예수 그리스도의 제자들을 봄으로써 예수님을 보았다고 말할 수 있도록 활성화시킨 것이라 할 수 있다.

교회의 본질을 통찰하고 초대교회의 비전을 따라 진정한 교회(Authentic Church)를 추구해 온 세이비어 교회 이야기를 읽으면서, 한국교회의 현주소를 생각하지 않을 수 없었다.

교회가 처음 가졌던 비전이 퇴색되면 생존을 위한 제도만이 남게 되고, 그 제도는 결국 원래의 비전에서 변형된 형태로 존재하든지 아니면 없어지든지 하게 된다.

대부분의 왕들이 나라가 강성해지면 하나님을 의뢰하기보다는 교만에 빠져서 자신의 능력을 과대평가하게 되고, 결국 실패하게 되는 것이다.

개인이나 교회는 하나님에 대한 집중적인 헌신을 통해서 실질적인 사역에 성공할 수 있다. 일반적으로 외적인 성공을 거두게 되면 대부분의 하나님 안에 있는 사람들은 겸손과 하나님을 향한 갈급함을 통해서 하나님의 비전과 영감을 얻는다.

그러나 대부분의 사람들이 하나님의 본래 비전보다는 눈에 보이는 후원할 만한 가치 있는 일에만 관심을 기울인다.

초대교회의 기독교인들은 2~3세기까지도 초대교회의 영성을 그대로 유지했다. 초대교회 운동이 성공을 거둘 수 있었던 것은 그리스도 중심의 삶과 헌신이 외적 사역으로 점진적으로 옮겨 갔기 때문이다.

과연 한국교회는 얼마나 초대교회와 일치하는가? 또한 한국교회는 신약교회의 본질을 얼마나 통찰하면서, 신약교회의 원리에 충실한가를 묻지 않을 수 없다.

제5장 놀라운 변화와 기적을 체험한 사례

21세기 가장 혁신적인 교회의 모델 '세이비어 교회'가 이루어 내는 놀라운 기적!

'헨리 나우웬'과 같은 영성신학자, 목회자, 의사를 비롯한 지식인, 학생, 주부 등 각계각층의 사람들은 왜 세이비어 교회에 감화를 받는가?

세이비어 교회 사역의 핵심적인 철학은 영적인 삶을 통해서 주님을 닮아 가는 삶을 추구하고 주님이 보여 주신 긍휼의 마음으로 지역사회를 섬기며 주님이 섬기셨던 가난한 자, 버림받은 자, 소외된 자들을 섬기는 일에 헌신하며 용기와 희생적인 삶을 통해 세상을 변화시키는 데 헌신하는 것이다.

사회에서 소외된 우리 이웃이 '세이비어 교회'의 사역을 통해 다시 일어선다!

1) 평범한 헨리가 빈민지역으로 밀려나 노숙자가 되어 미국 최초의 24시간 병원시설 '그리스도의 집'에서 치료받은 이야기
2) 15년간 헤로인중독으로 노숙자생활을 하다 '사마리아의 집'에서 '28일간의 집중 회복 프로그램' 과정을 밟고 새 삶을 얻은 마크의 수기
3) '미리암의 집'에서 요양하여 새 삶을 얻은 에이즈환자의 기록 등은 세이비어 교회의 사역 철학을 대변한다.

[한국교회와 세이비어 교회 비교]

한국교회	구분	세이비어 교회
채움	정체성	비움
양적-대량관리-저질교인화	방향	질적-소수정예-양질제자화
숫자-성장 중심	중심	사역-제자화 중심
내부사역 중심	사역	외부사역 중심
대형교회 지향	지향	소형교회 지향
학습(성경)-지적 편중	신앙	학습-지/영성-정/사역-의-전인
이원론	삶	일원론
개인/교회-약화-사회	변화	개인/교회-목표-사회

인성교육 목회에 희망이 있다

인성교육 목회(Humanity Edu Pastoral=HEP)는 현재 지적 편중에서 전인적인 균형인간으로 개발에 의미를 준다. 특히 교육이 성장도구로 오용되고 있는 현실에서 하나님 형상회복과 예수 닮은 인격적인 리더개발에 목적을 둔다.

인성/인격 개념 이해

[좁은 인격에서 넓은 인격으로!]

예로부터 동방예의지국이라는 우리나라가 오늘날 왜! 심각한 '정신적 빈곤'이라는 후유증에 시달리고 있는 것일까? 이는 한마디로 좁은 인격의 틀 속에서 헤어나오지 못하는 현상에 직면해 있기 때문이다.

그 원인 중 하나는 그동안 우리나라는 해방 이후 좌우 이념대결로 사람보다는 이데올로기가 우선했고, 두 번째는 산업화 바람을 타고 대량 생산체제에서 사람보다는 기계와 상품이 우선했으며, 셋째로 직접적인 원인으로 학교의 평준화 제도로 전인교육보다는 학력 위주의 입시교육에 편중을 원인으로 들 수 있다.

즉 인간성을 토대로 한 인간적 가치보다도 인간을 수단화·예속화·노예화하게 되면서 현대사회의 비극적인 상황이 초래되었다. 그리고 오늘날 자본주의 경제구조에 의한 물질 만능주의와 권력정치에 의한 대중화, 몰(沒)인간화 경향은 더욱 가속화되는 추세에 있다.

오늘날 지식 중심의 교육은 비합리적인 형식과 제도를 제거하는 데에는 크게 공헌하였지만, 마치 '목욕물을 버리느라 어린아이까지 버리는' 격으로 그 제도와 형식 속에 담겨 있는 인성까지 버리는 오류를 범해 왔다.

'똑똑한 사람으로 키우는 것이', '좋은 인성을 가진 사람'으로 키우는 것보다 훨씬 중요한 교육이 되었다. 정직, 성실, 근면 등의 가치가 사라져 가고, 부모 공경과 같은 기본적인 인간 덕목이 사라져 가고 있다.

금번 2010~2020 멘토링 인성계발 365 프로젝트는 이와 같은 막다른 골목에서 넓은 인격으로 전환을 추구하려는 것이다. 이에 대한 인격 프로그램의 구체화 계획은 개인에는 인격계발을, 조직에는 협력개발을, 사회에는 동행개발을, 국가에는 교육개발을 시도하고자 한다.

이를 추진하기 위해서 먼저 그동안 10여 년에 걸쳐 종합 정리한 멘토링 인격총서 4권에 인격에 관한 올바른 이론 정립과 실행 프로그램을 담아 출간하였다. 아울러 기업, 교회, 학교, 대학, 정부기관, 군대, 복지단체 등에 멘토링 인성(Human -Powering) 365일 프로젝트 수행으로 보다 넓은 인격으로 전환하여 인간성의 바탕 위에 목회, 경영, 교육, 정치 등의 효율성을 얻고자 한다.

제1장 What: 인성/인격이란 무엇인가?

1. 멘토링 인성/인격의 의미

일반적으로 인성이란 말을 사용할 때 우리는 보통 인간 또는 사람됨이라는 뜻으로 해석한다. 즉 개성과 인격, 도덕성을 포괄하는 개념으로 사용되고 있으며 인성교육의 중요성을 내포하고 있다.

즉 인성계발은 선천적 성격보다는 교육이나 학습에 의해서 완성될 수 있는 후천적 인격의 의미가 내포된 도덕지향적 윤리, 도덕적 지식, 도덕적 감정, 도덕적 행동과 인지적 · 정의적 · 행동적 차원을 모두 포괄하고 있는 통합적인 개념이다.

인성계발은 인간의 지, 정, 의, 체를 긍정적으로 변화시켜 인간의 가치를 극대화하는 활동으로 개개인의 인격 완성과 자아실현을 통해 보다 나은 미래사회에서 더불어 살아가는 사회를 건설하는 데 있음을 알 수 있다.

한편으로 이 장에서는 인성을 보다 넓은 이론으로, 그리고 인격은 지(知) · 정(情) · 의(意)의 도식적인 실행 프로그램으로 소개한다. 멘토링 프로그램의 개념은 인간을 주제로 인격프로그램을 적용하여 인격적으로 존경받는 리더로 세우는 일을 목적으로 한다.

1) 주제: 멘토링의 주제는 인간으로 그 특성과 인격을 개발 대상으로 한다.
2) 내용: 인격을 실행프로그램으로 개발하여 현장에 적용한다.
3) 목적: 멘토링 활동을 통하여 인격적으로 존경받는 리더로 세운다.

2. 멘토링 인격이론의 배경

멘토링에서 인격이론의 배경으로 아래 세 가지 차원에서 검토해 보기로 한다.

1) 하나님이 인간을 창조할 때 자기의 형상대로 아담과 하와를 창조하셨다(창 1:26~27). 이와 같이 성경을 통한 인격이란 하나님 형상의 최소화한 실체화로 전제하였다.
2) 이스라엘 초대 지도자 모세(BC. 1440년대, 창 17:9~14)는 할례 당시 잔닥(Zantak)제도를 통해 어린아이의 신앙 생활지도와 사회생활 지도를 맡게 함으로써 멘토링 인격활동의 배경을 찾았다.
3) 호머의 저서 『그리스 신화』(BC. 1250 트로이전쟁)에서 멘토가 텔레마쿠스 왕자를 20년 동안 왕으로 성장시킨 교재 3권 바로 수학, 철학, 논리학을 인격의 상징으로 전제하였다.

3. 인격이론의 정립

인격이란 사람으로서의 됨됨이, 인품, 사람으로서의 가치 있는 존재를 뜻하는 것인데 물건에 품격이 있는 것처럼 사람에게도 격이 있어 저(低)차원적인 인격으로부터 고(高)차원적 인격의 정도가 있으며 결국 인성교육이란 고(高)차원적 인격의 소유자를 만드는 교육이라 하겠다.

그리고 인격은 곧 주된 배움이 도덕성을 통해 이루어지기 때문에 실제 인격교육은 도덕교육을 통해 이루어진다고 볼 수 있다. 보다 구체적으로는 인격의 구성요소를 도덕적 앎(知)과 도덕적 감정(情)과 도덕 행동(意) 세 가지 요소와 이의 하위요소로 보면 인격교육은 옳고 그름을 알고 올바른 판단을 내려 행동으로 실천시키는 교육이라 하겠다.

멘토링에서 마음의 실체인 인격이론을 올바로 정립하기 위하여 아래 열거한 4명의 학자들의 이론을 요약하여 소개한다.

1) 철학 차원: 아리스토텔레스의 知・情・意・行의 도덕 4요소

아리스토텔레스(Aristoteles, BC. 384~322)는 지정의(知情意)의 인격의 3요소를 행(行)함의 상태를 도덕으로 소개했다.

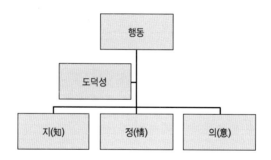

2) 심리 차원: 프로이트의 S. 인격이론

지그문트 프로이트(Sigmund Freud, 1856~1939)의 '인격이론'은 『자아와 그것』(1923)을 아래 내용으로 요약하였다.

(1) 잠재 의식(ID) – 원초적이고 학습되지 않은 힘

(2) 현재의식(Ego) – 현실의 원칙에 따라 행동하도록 함

(3) 초월의식(Super Ego) – 사회적 원리에 따라 행동하도록 하는 등 3요소가 균형적인 관계를 유지하는 인격이론의 모델로 소개되었다.

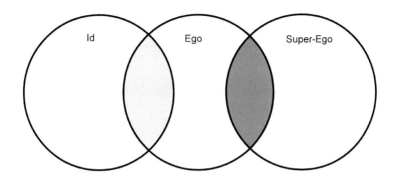

3) 성경 차원: 코메니우스의 통전적 인격

코메니우스(John Amos Comenious, 1592~1670)는 창세기 1장 26절과 27절에 근거해 인간을 지성적·도덕적·신앙적 존재로 해석하고 인간의 인격은 곧 인간의 내면세계에 내재하고 있는 지성[知]과 덕성[情]과 경건[意]의 씨앗을 개발해야 한다는 통전적인 개념으로 규정했다.

하나님의 뜻에서 – 인격		Synergy	서양철학의 인격		생활	최종 목표
하나님	성경–신앙	인식: 인격	지	행동: 도덕	지성	하나님 형상 그리스도상
	인간–이성		정		덕성	
	자연–감각		의		경건	

4) 두뇌 차원: 로저 스페리의 양뇌이론(Dual Brain)

로저 스페리(Roger Wolcott Sperry, 1913~1994)는 1981년에 양뇌이론으로 노벨 생리의학상을 수상했다. 그는 양뇌이론에서 "인간의 좌뇌는 논리와 이성적 기능을, 우뇌는 창조 직관과 예술적 사고를 담당한다"라고 했다. 특히 그는 좌, 우뇌의 균형 개발로 인격의 조화에 큰 영향이 미치는 것으로 소개하였다.

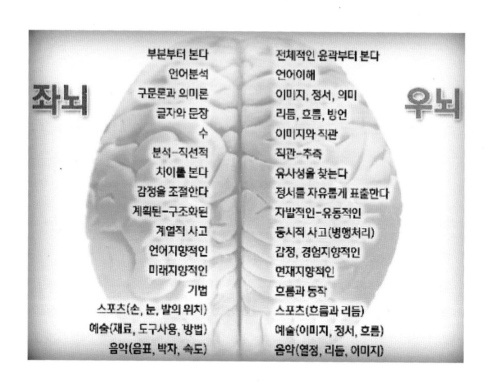

좌뇌
- 부분부터 본다
- 언어분석
- 구문론과 의미론
- 글자와 문장
- 수
- 분석-직선적
- 차이를 본다
- 감정을 조절한다
- 계획된-구조화된
- 계열적 사고
- 언어지향적인
- 미래지향적인
- 기법
- 스포츠(손, 눈, 발의 위치)
- 예술(재료, 도구사용, 방법)
- 음악(음표, 박자, 속도)

우뇌
- 전체적인 윤곽부터 본다
- 언어이해
- 이미지, 정서, 의미
- 리듬, 흐름, 방언
- 이미지와 직관
- 직관-추측
- 유사성을 찾는다
- 정서를 자유롭게 표출한다
- 자발적인-유동적인
- 동시적 사고(병행처리)
- 감정, 경험지향적인
- 현재지향적인
- 흐름과 동작
- 스포츠(흐름과 리듬)
- 예술(이미지, 정서, 흐름)
- 음악(열정, 리듬, 이미지)

5) 인격(知情意)구조별 기능

(1) 지(知) - 인식(Cognition): 지식개발 프로그램

(2) 정(情) - 느낌(Emotion): 정서개발 프로그램

(3) 의(意) - 행동(Conation): 의지개발 프로그램

지(知) - 인지		정(情) - 정서		의(意) - 의지	
절차지식	서술지식	기질	감정	동기	학습의지
일반정신 능력	특수정신 능력	기질적 특성	특징적기분	성취지향	실제통제
기능	영역지식	일반인성 요인	특수인성 요인	자신에의 지향	타인에의 지향
절차전략		가치		직업지향	개인적 양식
신념		태도		흥미	

6) 멘토링 인격활동 영역

인간은 개인적으로 조직적으로, 사회 모든 영역에서 전인적인 인격활동을 하게 된다. 그러나 어떤 경우에서는 만남의 성격에 따라 기술, 업무, 학업 등에만 편향

되는 불균형 인격활동도 이루어진다.

그러한 이유로 멘토링의 인격활동은 인간을 기술자로 만드는 것이 아니고 기술자를 인간으로 만드는 전인적인 인격활동의 모델 프로그램이 되는 것이다. 아래 일반적인 인격활동과 멘토링 활동에 관한 조건과 차별성을 다루어 보기로 하자.

*개인에 적용 멘토링: 전통적 멘토링(Typical Mentoring)
*조직에 적용 멘토링: 제도적 멘토링(Systematic Mentoring)

일반적 인격활동 조건	구분	멘토링 인격활동 조건
개인과 조직 전 분야	영역	개인과 조직 전 분야
관계 없음	연결	한 사람을 멘토 1명이나 멘토가 다수
전인적(인격 3요소 등)	내용	전인적(인격 3요소 등)
인격평등 의식과 관계	관계	인격평등 의식과 관계
배려, 조언, 지도 등	목적	조언으로 인간성장-리더양성

1. 일반적으로 기술, 업무, 학업에 편중된 것은 코치활동이다.
2. 멘토링은 반드시 전인적인 인격활동을 원칙으로 한다.

제2장 Why: 인성교육 왜 필요한가?

멘토링 인성교육이란 인성을 함양시키기 위한 멘토링을 말하는 것으로서 마음의 바탕을 감싸 주고 된(Be Done) 사람으로 성장할 수 있도록 지도해 주는 것이다.

마음의 바탕을 감싸 준다는 것은 인격의 구성요소인 지, 정, 의를 균형 있게 개발하는 것이고, 된 사람으로 성장하도록 도움을 준다는 것은 인간으로서 바람직하고 보편타당한 가치를 추구하며 그 가치를 완성할 수 있도록 멘토링하는 것이다.

이러한 인성교육에 대한 관심은 시대의 변화 때문이다. 사람이 사람답지 못하고 인간이 해서는 안 되는 일들이 벌어지는 것은 오늘의 시대에 생겨난 교육의 잘못된 흐름인 것이다.

이뿐만 아니라 잘못된 인재교육은 사업에서까지도 사용되고 있다. 매출을 올리기 위한 방법으로부터 시작하여 교회 양적 성장시키는 데 필요한 수단, 그리고 정권유지와 공공의 이익을 위해서 하는 인재개발 등 다양한 곳에서 인재개발이라는 이름으로 조직마다 자기들의 유익을 구한다.

멘토링 인성계발의 효과에 대하여 미국 인재개발협회(A.S.T.D 2003 발표자료)는 "멘토링은 각 기업체에서 지식경영과 자율학습이라는 두 마리 토끼를 잡았다"라고 호평했다.

멘토링 인성계발 적용방법은 먼저 교육이라는 이벤트성을 지양한다. 그리고 인력(Man Power)개발이라는 투자개념에서 최소 365일 즉 1년을 개발기간으로 설정하고 프로젝트(Project) 개념으로 체계적으로 진행한다.

[I N D E X]

1. 오늘날 인성의 문제점

1) 마르틴 부버(Martin Buber, 1878.2.8~1965.6.13)

그는 저서『너와 나』에서 오늘날 많은 사람들이 한 사람을 I & It(비인격 - 물건 취급)로 대하는데, I & You(인격 - 사람 취급)로 대하여야 할 것을 강조했다.

2) 로버트 루트 - 번스타인(Robert Root - Bernstein, 『생각의 탄생』 저자)

한국교육 현실에 관한 대담에서 "지적교육 수준이 높아지면 예술교육이 줄어들고, 인성계발에 나쁜 영향을 미친다"라고 혹평했다.

3) 김영길 한동대학교 총장

인간에게는 지식이 더해질수록 인성도 더 필요하다. 한동대학교 김 총장은 금년 카이스트 영재급 4명 대학생들의 자살 사태 대안으로 '멘토시스템 도입의 필요성'을 주장했다.

4) 이금만 한신대학교 교수

최근 신학교육개선 공동연구 협의회 설문 조사에 따르면 "인격형성 교육은 이들 신학교 전체 커리큘럼의 6.4%에 불과했다. 반면 신학형성 교육은 85%였다"라고 말하고 이에 대해 이 교수는 "신학교의 인격형성 교육이 아주 미흡하다"며 "그나마 인격형성을 위한 일부 교과목마저도 이론 중심이거나 학점 이수에 급급한 경우가 많다"고 지적했다.

2. 오늘날 인성계발의 필요성

1) 영원 Plus 인성 멘토링

인간은 영원(永遠)을 사모하는 마음(전도서 3:11)을 가졌다. 성경에서 솔로몬 왕(King of Solomon, BC. 970년경)은 만물의 영장인 "인간에게 하나님이 영원을 사모하는 마음을 주었다"고 했다. 이에 인간은 부분적으로 지식이나 물질뿐만 아니라 멘토링 프로그램으로 평생교육으로 통째로 지성, 인성, 영성의 개발을 필요로 한다.

2) 역량 Plus 인성 멘토링

인간은 무한한 잠재역량(力量, Competency)을 가지고 있다.

아인슈타인(Albert Einstein, 1879~1955)은 무한한 잠재역량을 갖고 태어난 인간은 평생 그의 10%만큼만 발휘한다고 안타까워했다. 그와 같은 개인의 역량 개발을 단기간 내에 가장 놀랍게 개발할 수 있는 데는 1:1 멘토 시스템이 필요하다.

3) 생각 Plus 인성 멘토링

인간은 우주를 포함한 생각(思考, Thinking)을 가지고 있다.

『팡세』의 저자 파스칼(Blaise Pascal, 1623~1662)은 '인간은 유일하게 생각하는 갈대이며 우주를 포함한다'라고 했다. 인간 내면의 사고를 통하여 우주를 다스리는 통치권을 발휘하는 데 멘토의 조언 프로그램이 필요하다.

4) 관계 Plus 인성 멘토링

인간은 본래 관계(關係, Relation) 지향적인 본능을 가지고 있다.

인간은 본래 타인을 배려하는 관계 지향 본능을 가지고 삶을 이어 간다. 하나보다는 둘의 힘이 더욱 크다. 그러므로 상호 간 신뢰와 존경으로 아름다운 동행이 이뤄지는 데는 멘토링이 최적의 프로그램이다.

5) 자정 Plus 인성 멘토링

인간은 스스로 자정(自淨, Selfgreen)능력을 가지고 있다.

인간은 태어나면서부터 인격의 평등권, 사상의 자유, 그리고 자율행동권이 주어져 있다. 특히 인간은 양심, 도덕, 그리고 신앙행위 등을 통하여 타의에 의한 법적 제약을 받기 전에 멘토의 도움으로 충분히 자정 프로그램을 발휘할 능력을 가지고 있다.

[조직별 인격교육의 필요성]

조직		필요내용 세부 설명서
개인	균형 인간	인격 3요소인 지정의(知情意)를 균형 있게 개발하여 개인적으로 인간존중을 받고 자기 실현하는 데 인격계발이 필요하다.
조직	균형 경영	인간성과 생산성의 균형경영으로 인재경쟁력을 확보하고 행복한 개인과 희망찬 조직을 건설하는 데 인격계발이 필요하다.
사회	균형 개발	우리 사회 Hightech와 Hightouch를 균형 있게 개발하고 인간성과 윤리리더십을 회복한다. 아울러 사회적으로 인간벨트를 구축하여 국격을 높이고 선진국 문턱을 넘는 데 인격계발이 필요하다.

제3장 How: 인성교육 어떻게 진행할 것인가?

1. 인성교육 목회란 무엇인가?

오늘날 목회 현장에서 인간성과 윤리리더십 상실로 교회마다 심각한 갈등과 분쟁으로 위기에 직면해 있다. 멘토링 인성교육 목회는 아래 인성계발 단계 중 1~4

단계를 중점적으로 1년 365일 인격 실행 프로그램을 적용하여 인간성과 윤리리더 십을 회복하고 나아가 전 교인 한마음공동체 구축에 힘을 보태고자 하는 것이다.

2. 인성교육 진행 6단계

System	Step	Part	Contents
멘토 시스템	1단계	지성 Intelligence	1. 좁은 인격을 넓은 인격으로 개발하는 단계
	2단계		2. 인간성과 윤리리더십을 회복하는 단계
	3단계	인성 Humanity	3. 타인배려 섬김 리더십을 개발하는 단계
	4단계		4. 인격적으로 존경받는 리더로 개발 단계
목회 시스템	5단계	영성 Spiritual	5. 하나님 형상(창 1:26~28)과 그리스도를 닮(엡 4:12~13)는 단계
	6단계		6. 구원확신 그리고 영생의 단계

3. 인성교육 현장적용 의미

1) 멘토가 인격적인 면에서 지, 정, 의 3요소를 통째로 개발해 주는 전인적인 도움을 의미한다.
2) 멘토가 영역적인 면에서 가정, 직장, 사회 등 전 영역에서 통째로 도움 주는 것을 의미한다.
3) 멘토와 둘이서 하나 되어 12개월 활동에서 (1) 교육수강, (2) 미팅활동, 그리고 (3) 현장답사 등 통째로 프로그램이 진행되는 것을 의미한다.

4. 인성교육 현장 적용 프로그램

인성교육 멘토링은 먼저 어느 분야에 적용할 것인가가 우선적으로 목표주제로 설정된 후 1:1 콤비로 12개월 진행된다. 참고로 아래 12가지 주제 예시에서 교회 에서 급하고 우선적인 주제, 그리고 쉬운 주제를 설정하는 것이 실수를 줄이고 성 공률을 높일 수 있는 것이다.

영역	활동목표 주제	참가자
인성분야	주제 1. 청소년 재능개발 멘토링 주제 2. 평신도 봉사개발 멘토링 주제 3. 인성계발 독서 멘토링	교회 지도자개발 대상
행복분야	주제 4. 새신자 정착률 향상 멘토링 주제 5. 평신도 출석률 향상 멘토링 주제 6. 슬럼프 중보기도 회복 멘토링	전 교인 대상
희망분야	주제 7. 직분자 업무능력향상 멘토링 주제 8. 목회자 핵심역량향상 멘토링 주제 9. 직분자 관계활성화 멘토링	목회자, 장로, 권사, 구역장, 교사, 성가대, 선교회 임원원, 기타 봉사자
동행분야	주제 10. 청소년을 위한 멘토 프로젝트 주제 11. 노년층을 위한 멘토 프로젝트 주제 12. 저소득층 자녀 멘토 프로젝트	지역주민이 요청 시 1. 도움요청 청소년 2. 도움요청 노년층

인성교육 체험 내용

제1장 예수님 성장 인성교육 체험

하워드 핸드릭슨은 누가복음 2장 52절에서 예수님의 생애에 있었던 성장의 과정을 설명하며 전인격적인 인성교육에 대하여 성장의 4가지 측면을 말하고 있다: 1) 예수님은 '지혜'가 자랐다. 이것은 지적인 성장이다. 2) 예수님은 '키'가 자랐다. 신체적인 성장이다. 3) 예수님은 '하나님께 더 사랑스러워져 갔다.' 영적인 성장이다. 4) 예수님은 '사람에게 더 사랑스러워 갔다.' 사회적 · 정서적 성장이다. 즉 지적 · 신체적 · 영적 · 사회적 · 정서적인 영역들이 함께 성장하지 않으면 완전하게 성장할 수 없으며, 어느 하나라도 소홀히 한다면 완전한 성장을 기대하기 어렵다. 이와 유사한 내용으로 예수님의 성장기에 관련된 성경의 기술을 통해 전인적인 인성교육이란 무엇인가를 살펴볼 수 있다.

예수님의 성장기 교육에 대한 성경적 달란트(기독교) 교육이 취해야 할 전인적 접근이 무엇인지 그 실체를 확인할 수 있다. 우선 예수님의 성장기에 대해 기술하고 있는 다음 구절을 보자. "아기가 자라며 강하여지고 지혜가 풍족하여 하나님의 은혜가 그 위에 있더라"(눅 2:40). "예수는 그 지혜와 그 키가 자라가며 하나님과 사람에게 더 사랑스러워 가시더라"(눅 2:25). 누가복음 2장 40절과 52절은 병행구절이다. 병행구절이란 위의 두 구절이 서로 보충, 보완해 주는 보완적 관계에 있다는 말이다. 그런 측면에서 위의 두 구절을 병행적으로 살펴보면, 예수님의 성장기에 예수님을 향한 교육이 다음과 같이 전인적으로 진행되었음을 알 수 있다.

첫째, "하나님의 은혜가 그 위에 있더라(40절)." "하나님에게 더 사랑스러워 가시더라(52절)." 이는 마음에 힘, 즉 심력을 지칭한다. 둘째, '지혜가 충족하며(40절)', '지혜가 자라가며(52절)' 이는 지력을 의미한다. 셋째, '강하여지고(40절)', '그 키가 자라가며(52절)' 이는 체력을 의미한다. 넷째, '자라며(40절)' 이는 체력을 의미하는 것같이 보이지만, 이 단어가 헬라어로 '아욱사노'인 점을 감안하면 '잘 관리된 자신'을 뜻하는 것으로 해석될 수 있다. 즉 자기 관리력을 말한다. 다섯째, '사람에게 더 사랑스러워 가시더라(52절).' 이는 인간관계력을 의미한다. 이렇게 볼 때, 예수님은 성장기에 심력, 지력, 체력, 자기 관리력, 인간관계 등 인간의 교육과 관련된 5가지 영역(멘토링의 인격계발 Stargame 5 - 테마)에서 전인적으로 교육받으셨으며, 그를 통해서 하나님으로부터 부여받은 사명, 즉 인류 구속의 대업을 성공리에 완수하셨음을 알 수 있다.

결국 기독교 인성교육의 내용은 전인격적인 내용을 바탕으로 이루어져야 하며, 기독교 인성교육의 핵심은 그리스도의 성품을 닮은 책임 있는 제자를 길러 내는 것으로 기독교 교육의 목적인 책임 있는 그리스도 제자가 되도록 학생들을 돕고 인도하는 것과 동일하다.

제2장 유대인 성장 인성교육 체험

다음의 유대인의 전인교육은 마빈 토카이어의 저서 『탈무드』에서 발췌한 것으로 지식 함양 교육, 정서적 함양 교육, 의지 강화 교육의 세 부분으로 살펴보았다.

1. 지식함양교육

1) 조기교육

구약성서에 "세 살 버릇 여든까지 간다. 마땅히 따를 길을 어려서 가르쳐라(잠 22:6)"라는 구절이 있다. 유대인은 그 구절을 교훈 삼아 '유대인은 아이가 세 살이 되면 하나님의 말씀을 가르쳐라'라는 교육의식을 갖고 있다. 그들이 말하는 하나님의 말씀은 성경을 생활 방식으로 해석하고 정립하는 것뿐 아니라 교육적 차원에서 끌어올리는 것까지를 포함하는 것이며 현재 5세부터 유치원교육이 이루어지는 것은 다른 나라와 같지만 2세·3세·4세짜리들을 위한 예비학교 제도가 있다.

2) 말하기 교육

유대인 속담에 "내성적인 어린이는 배우지 못한다"라는 말이 있다. 내성적이어서 사람들 앞에서 발표도 못 하고 얌전하게만 있으면 학문을 익히는 데 어려움이 있다는 뜻이다. 유대인의 교육에서 어린이들이 질문을 자주 하는 습관을 들이는 것을 중시하여 유대인 어머니들은 아동들에게 "궁금한 것이 있으면 선생님께 물어봐야 해"라고 말한다.

3) 머리를 쓰는 교육

유대인의 속담에 "물고기 한 마리를 주면 하루를 살 수 있고, 물고기 잡는 법을 가르치면 평생 살 수 있다"라는 말이 있다. 물고기를 지식으로 비유해 볼 때 실용적인 지식을 의미하는 것이며 머리 쓰기 교육은 두뇌를 발달시켜 창의적이고 실용적인 방법을 찾아낼 수 있도록 평소에 꾸준히 훈련시킨다.

4) 지혜를 얻는 교육

유대인은 역사적으로 수없이 많은 박해를 받았다. 생존을 위험받는 고난을 통해 그들은 위기를 극복할 수 있는 지혜를 최대의 가치로 여기고 탈무드에도 유대인의 유일한 재산은 곧 지혜라는 점을 몇 가지 우화를 들어 설명하고 있으며 '지혜에 뒤지는 자는 모든 일에 뒤진다'는 격언에 따라 지혜를 얻기 위해 끊임없이 노력하고 있으며, 어린이들이 지혜를 갖도록 하는 데 중점을 두고 교육하고 있다.

5) 배우는 즐거움을 반복체험

이스라엘의 초등학교에서는 신입생의 첫날 수업시간에 공부의 달콤함을 가르치는 데 손가락에 벌꿀을 묻혀 알파벳을 쓰며 "지금부터 여러분들이 배우는 것은 모두 이 22자에서 출발하여 그것은 벌꿀처럼 달고 맛있다"라고 하면서 배움의 달콤함을 인식시킨다.

6) 권위 있는 아버지 교육

유대인 사회는 부계사회로서 아버지의 권위가 대단히 강하다. 탈무드에서 부모가 등장하면 반드시 아버지가 먼저 나오고, 어머니만의 이야기가 나오는 것은 한 군데밖에 없을 정도다. 히브리어로 아버지라는 말은 교사를 의미하며, 아버지의 권위가 절대적이어서 거역을 할 수 없다. 심지어 아버지의 의자에는 자녀들이 함부로 앉을 수가 없고 어머니는 아버지를 지도자로 존경하며 최종 결정권을 위임한다. 이런 환경에서 자녀들은 가정에서 아버지의 권위를 인정하고 존경과 신뢰를 보낸다. 교육에서의 아버지의 권위는 아동들을 정신적으로 안정시키며, 성장시키는 요인이 된다.

7) 따르게 하는 교육

탈무드에서 '돈을 빌려 주는 것은 거절해도 되지만, 책을 빌려 주는 것을 거절해서는 안 된다'는 격언이 있다. 유대인의 가정에서 아버지의 전용의자와 책상, 책꽂이가 있어, 배우는 자세를 따르게 한다는 것이다.

8) 평생 교육

유대인 속담에 '현인은 없고 현명하게 공부하는 사람은 있다'라는 말을 자주 사용한다. 같은 맥락에서 '사람은 평생 배우도록 만들어지는 것'이라는 의식이 그들의 기본적인 사고 방식이며 신념이기도 하다. 그들은 아무리 지혜가 있는 사람일지라도 배움을 중단하면 안 된다고 생각한다. 배움을 중단하면 그때부터 바로 배운 것을 모두 잊고 만다고 생각해 학문에의 열정을 평생토록 지속하는 것을 대단히 자랑스럽게 여기고 있다.

2. 정서함양 교육

1) 육아법

'오른손으로 벌을 주었으면 왼손으로 껴안아 주라.' 유대인의 격언으로 벌과 애정을 함께할 필요가 있음을 표현한 말이다. 또한 유대인은 껴안는 행위를 최고의 애정 표현으로 여기며 정서적 안정을 위해 수시로 표현한다.

벌과 상관없이 그들의 육아법에 따라 정감 어리게 그들을 다독이며 정서적 안정을 위해 최선을 다하는 것이다. 예를 들면, 유대인 어머니들은 일터에서 돌아오는 길에 '어린이집'에 맡겨 둔 아이를 찾을 때 먼저 껴안아 준다고 한다. 그들은 수시로 자녀를 껴안고 사랑을 전달하여 정서적 안정을 취할 수 있도록 애정 표현을 한다는 것이다.

유대인은 어느 시대에도 부모와 자녀 간에 경계선이 있어야 한다고 생각한다. 어린이는 어린이다워야 부모에 대한 존경심을 가르칠 수 있는 것이다. 유대인의 교육에서 자녀와 부모 간의 경계선은 확실히 지켜진다.

자녀가 어린이일 때 미숙한 어른이 아니라 어른과는 다른 차원에 있다는 것을 확실히 인지시키고 가르쳐야 가정의 질서가 유지된다고 생각한다.

2) 가족의 결속

구약성서에 보면 유대민족의 족보가 나온다. 유대인은 우리 민족과 비슷한 족보가 있고 구약성서에는 특정한 이름이 꼬리를 물고 끊임없이 대를 이어 간다.

유대인의 퍼스트 네임(First Name) 중에는 야곱, 아브라함, 사무엘, 다윗, 이사야 등 특징적이고도 공통적인 이름이 많다. 이는 유대인의 전통과 성서에서 딴 이름이 많기 때문이다.

유대인은 할아버지, 할머니, 큰아버지, 큰어머니 등 친족의 이름을 자녀의 이름으로 지어 가족의 결속을 자녀들에게 인식시키고 있다. 유대인은 자녀가 성장하면 이름을 짓게 된 동기를 설명하고 가족 간의 결속력을 다진다. 또 이름을 짓는 동기를 계기로 성서나 이스라엘 전통을 언급하여 민족적 자부심이나 자각심을 고취시킨다.

3) 선행을 통한 사회 생활

탈무드에서는 선행을 강조한다. '처음의 친구는 재산이다. 그러나 아무리 친해도 가지고 갈 수 없다. 두 번째 친구는 친척인데 그 역시 무덤까지 같이 갈 뿐이다. 최후까지 갈 수 있는 친구는 선행이다. 평소에는 눈에 띄지 않지만 죽음 이후에도 남는 것은 선행뿐이다.'

유대인은 가난한 사람, 힘겨운 사람에게 선행을 베푸는 것을 재산을 모으는 일이나 친척보다 훨씬 중요하게 여겼다. 유대인의 속담에 '세상을 배우고, 일하고, 자선 행위로 이루어졌다'는 말이 있다. 제아무리 배우거나 일을 해도 자선을 잊어서는 세상이 성립되어 갈 수 없다는 말이다.

그렇기 때문에 그들은 자선을 어린이에게 가르쳐야 할 사회 교육이라 생각하는 것이다. 유대인들은 어느 가정에서든지 어린이에게 아주 어릴 때부터 조그만 자선용 저금통을 주고 저금하는 것을 가르친다.

3. 의지 강화 교육

1) 선과 악

탈무드에서는 선(善)이 노아의 방주에 타려고 했는데 '무엇이건 짝이 있는 것만을 태워라'고 거부당함으로써 짝이 되는 것을 찾아 악(惡)과 함께 방주에 탔다는 이야기가 있다. 선과 악은 동전의 앞뒤같이 언제나 상반되고 있다.

유대인은 모든 일에 있어 그것이 어느 쪽인가를 판단하고 그것을 전하면서 자녀의 내부에 올바른 가치 기준을 만들어 주고 있다.

'꼴도 보기 싫다', '마음에 안 든다'는 식의 개인적인 감정을 노출시키는 것이 아니라 선과 악에 대한 기준을 세워 주는 것이 주요하다고 생각해 자녀의 잘못에 대해 선과 악을 구별하는 것 이외에 다른 것을 들추어내서 꾸짖는 것은 마땅치 않다고 생각한다.

2) 덕을 행함

유대인들은 건강을 대단히 중요시 여긴다. 물론 첫 번째로 신체의 건강을 말하며 이에 버금가는 것이 마음 건강이다. 마음의 건강을 몸에 비유하자면 건강이 좋지 않아 찌뿌드드한 상태에 빠지지 않을 것이다. 다시 말하면 정신적으로 우울하면 기분이 좋지 않고 항상 겁에 질려 어른들의 눈치만 보고, 그 상태를 피하고자 하는 것이다.

이처럼 자녀의 마음을 억압하지 않고 솔직하게 그늘지지 않은 마음을 갖도록 하기 위해서는 부모가 자녀를 대할 때 늘 명쾌한 태도를 취하는 것이다. 부모가 자녀를 명쾌한 태도로 대하는 것을 유태의 격언에서는 다음과 같이 표현하고 있다. '자녀를 협박해서는 안 된다. 벌을 주든지 아니면 용서하든지 둘 중 하나를 선택해야 한다.' 이보다 더 자녀의 마음을 건강하게 만드는 일은 없을 것이다.

3) 내면의 충실

'항아리의 겉을 보지 말고 내용물을 보라'는 격언은 유대인의 사고를 명확하게 표현하고 있다. 우리가 두려워하는 것은 어디까지나 내면이다. 따라서 외양을 지나치게 장식하는 것은 그만큼 내면을 속이는 것과 같다. 이러한 사고 방식과 생활 태도는 인간에 대해서뿐만 아니라 사물에 대해서도 철저하게 드러난다. 예컨대 물건을 살 때도 겉만 잘 포장하여 소비자를 속이는 상품이어서는 안 된다는 것을 아이들에게 가르친다.

실제 유대인은 겉치레를 경멸하고 내면의 충실에 노력하며 겉으로 드러난 명함이나 직함보다는 남에게 인정받을 수 있는 능력을 기르는 것이 더 중요하다고 생각한다.

4) 규칙적인 생활 습관

유대인의 교육에서 시간관리는 공부의 기초에 해당된다. 유대인의 성인식은 13세에 행해지는데 축하 선물로는 흔히 손목시계를 준다. 시간을 낭비하지 않는 인간이 되라고 자녀들을 가르치고 또 다짐시키는 의미가 담긴 선물이다. '내일은 또

내일의 바람이 분다'는 사고 방식은 유대인에게는 통하지 않는다. 오늘 해야 할 일을 오늘이라는 시간 동안에 어떻게 해낼 것인지 계획하는 습관이 들어 있기 때문이다. 유대인 가정에서는 자녀들이 저녁에 아버지가 귀가하기 전까지 샤워를 하고 옷을 갈아입도록 하고 있다. 왜냐하면, 아버지가 돌아와 샤워를 끝내면 모든 가족들이 식탁에 둘러앉아 저녁식사를 하기 때문이다. 이처럼 유태의 어린이들은 정해진 일을 정해진 시간에 마칠 수 있도록 철저히 훈련받는다. 유대인들에게 시간은 삶의 전부라고 해도 과언이 아니다. 불교나 기독교에서처럼 윤회나 부활을 믿지 않기 때문에 유대인은 다시 태어난다는 것에 대해 전혀 생각하지 않는다. 그러므로 자신의 짧은 생애를 어떻게 적절히 사용할 것인지에 대해 고려하는 것이다.

5) 공경하는 마음

유대인 격언 중에 '노인은 자신이 두 번 다시 젊어질 수 없음을 알고 있지만 젊은이들은 자신이 늙는다는 것을 잊고 있다'는 말이 있다.

유대인에 있어 문화적 전통은 공기나 물과 같이 주요한 것이다. 구약성경의 가르침이 새삼스럽게 지켜지고 있는 것에서도 그것을 알 수 있다. 유대인의 노인들은 전통의 메신저인 까닭에 결코 경멸당하는 일은 없다. 긴 세월의 경험과 지혜를 다음 세대에 전하고 가르치는 것을 항상 마음에 두고 있다. 또 젊은이들은 노인의 이야기를 경청하고 유태 5천 년의 역사를 배우고 생활 방법을 배우려고 노력한다. 히브리어에는 경어는 없지만 공손한 태도로 이야기하는 것이 존경의 표현이된다. 그러므로 노인에게 난폭한 언동을 하는 사람은 유태의 전통을 경시하는 자라 해서 오히려 경멸을 당하고 만다. 구약성경 레위기 19장 32절에 "너는 센머리 앞에 일어서고 노인의 얼굴을 공경하여 네 하나님을 경외하라. 나는 여호와니라"라고 적고 있다.

6) 민족의 자부심

타임스가 20세기를 마감하면서 현대 100년의 가장 위대한 인물로 선정한 아인슈타인, 미국 증권시장의 큰손 조지 소로스, 미국의 재무대통령이라 불리는 연방 준비위원회(FRB) 의장이었던 앨런 그린스펀, 정신분석학자 지그문트 프로이트, 알프레드 아들러, 헨리 키신저, 아이작 도이처, 마르크 프루스트, 마르크 샤갈, 아서 밀러, 하이네 그리고 미국 작가인 노먼 메일러, 솔 벨로, 필립 로스도 빠뜨릴 수 없고 프란츠 카프카, 작곡가 펠릭스 멘델스존도 그냥 넘어갈 수 없다. 이처럼 과학·예술·문화·정치·경제 등 모든 분야에서 유대인들이 왕성하게 활동하고 있다. 가족들이 모여 이야기를 나눌 때 유태계 유명인사가 한 명 이상 거론될 정도로 전 세계를 무대로 활약하고 있다. 그렇게 이름이 거론될 때면 아이들에게 '이 사람은 유대인이야'라고 꼭 말해 준다. 그러면 아이들은 그 사람에 대해 친근감을 나타냄과 동시에 그가 한 일을 자랑스럽게 여긴다. 유대인들은 오랜 세월 동안 조국이 없이 떠돌아다니던 민족이기 때문에 같은 유대인이라는 사실만이라도 서로 도우며 깊은 친밀감을 갖는다. 이처럼 민족의 일체감이 강하기 때문에 아이들도 이야기 속에 등장하는 위인이 유대인이라고 들으면, 마치 그들이 자기 친척인 듯한 기분에 젖는다. 그리고 차츰 세계사 속에 유대인이 이루어 놓은 업적이 얼마나 큰 것인가를 알게 되고 동시에 그 이면에 흐르는 박해의 역사를 생각하면서 '유대인이란 누구인가?'를 깊이 생각하게 된다.

예수님의 인재개발 황금률 8가지

예수님의 한 사람 핵심가치

너희 생각에는 어떻겠느냐? 만일 어떤 사람이 양 일백 마리가 있는데 그중에 하나가 길을 잃었으면 그 아흔아홉 마리를 산에 두고 가서 길 잃은 양을 찾지 않겠느냐? 진실로 너희에게 이르노니 만일 찾으면 길을 잃지 아니한 아흔아홉 마리보다 이것을 더 기뻐하리라. 이와 같이 이 소자 중에 하나라도 잃어지는 것은 하늘에 계신 너희 아버지의 뜻이 아니니라(마 18:12~15).

4복음서와 서신들에서 멘토링의 관계를 많이 보게 된다. 예수님으로부터 멘토링받은(Mentored) 제자들은 그들의 사역을 예루살렘과 온 유대와 사마리아와 땅끝까지 확대하였다.

성경에서 멘토링의 가장 훌륭한 모델은 예수님과 제자들의 예를 통해 찾을 수 있다. 예수님은 가끔 벳세다 광야 등 대중을 대상으로 복음을 전했지만 결국은 크게 효과를 얻지 못했다. 그의 사역의 가장 중요한 부분은 열두 제자들에게 투자하였다. 주님께서 승천하시면서 이 세상의 복음화, 제자화를 위해 그의 제자들에게 사명을 맡기신 것이 이 사실을 증명한다.

오늘날 한국교회가치관을 혁신할 수 있는 가장 강력한 무기는 멘토링이다. 멘토링은 양과 질의 균형성장에서도 최적의 대안이며 예수님의 황금률 8가지는 실행 프로그램이다.

제1장 예수님의 인간사랑 멘토링

1. 예수님의 멘토링 의미

멘토링의 핵심인 섬기는 리더십의 원형은 예수님이다. 하나님이면서 하늘영광을 뒤로하고 인간세상에 오셔서 "섬김을 받으러 온 것이 아니요 섬기러 왔노라"고 말씀하셨다. 결국은 자기의 죄가 아닌 인간의 죗값으로 십자가에서 돌아가셨고 그로 인하여 자신의 생명을 내줌으로 인간을 최상으로 섬긴 것이다.

섬기는 리더십의 실행 프로그램은 멘토링이다. 특히 예수님은 제자나 그를 따르는 사람들에게 일대일로 멘토링 방식대로 접근하여 삶의 변화를 일으켰다.

2. 예수님의 3단계 멘토링

[단계 1. 우정(Fellowship) 관계 멘토링]

성품이 온유하시고 섬기는 리더십의 본을 보여 주신 예수님은 제자들과 첫 대면은 우정관계로 시작한다. 사람에게 절실히 필요한 오병이어(물고기 다섯 마리와 보리떡 두 개) 사건과 병 고치는 기적이 좋은 사례가 된다.

[단계 2. 인격(Personality) 관계 멘토링]

예수님을 어느 기간 동안 겪은 제자들은 그 인격에 매료되어 한 발짝 깊이 들어가게 된다. 친히 제자들의 발을 씻기신 예수님의 섬기는 리더십에 깜짝 놀라게 된다. 그 인격에 감동받은 단계로 예수님은 제자들을 신뢰하고 제자들은 예수님을 존경하는 단계다.

[단계 3. 사명(Mission) 관계 멘토링]

마지막 단계로 부활 후 예수님의 최종적인 사명을 알게 되는 단계다. 이 단계에서 제자들의 비장한 각오와 인성과 신성을 겸비한 예수님 앞에서 인간의 한계를 처절하게 느끼는 단계다. 예수님 자신의 최후 사명은 바로 인간에게 최고로 섬기는 자세로 생명을 걸고 사명을 완수한다는 것이다. 이 단계에서 닭 울기 전에 예수님을 세 번 부인하는 베드로, 엠마오로 귀향해 버리는 도마 등 제자들의 한계를 여실히 보여 주는 사례다. 스토리가 여기에서 끝났다면 예수님은 사명 완수에 실패자로 볼 수 있다.

그 역전 드라마는 부활 후 제자들에 40일간 나타나시고 본 그대로 승천하신 예수님을 보고 제자들이 확신을 갖는다. 그리고 나머지 소수지만 12제자의 삶은 사명에 생명을 걸고 예수님의 뒤를 따르는 결과 2000년이 지난 오늘날 세계복음화의 결실로 20억 제자화를 이끌어 낸 원동력이 된 것이다.

제2장 예수님의 세계복음화 황금률 8 Step

<멘토로서 예수님의 삶>

1. 주님의 최우선 삶은?

1) 사람을 찾아 훈련하는 일에 우선했다.
2) 사람을 위하여 생명 바쳐 구원하는 일에 우선했다.

2. 주님은 완전한 모본을 보이셨다.

완전한 인간으로서 완전한 스승으로서 하나님께서 인간들 가운데서 사시는 것처럼 사셨다.

3. 주님의 뜻은?

자기를 위하여 한 민족을 세상에서 구원하여 결코 멸망하지 않을 성령의 교회를 세우시는 것이었다.

4. 주님의 목적은? (요 4:42)

모든 사람에게 죄로부터 구원을 베풀기 위하여 죽으셨다.

5. 주님의 승리 계획은?

하나님의 '복음으로 세계정복' 계획을 세우시고 그 계획에 의하여 사시고, 죽으시고, 다시 살아나셨다.

예수님의 생애는 사람을 찾아 훈련하는 일에 우선을 두었다. 그 사례는 3년 동안 12명의 소수를 선택하여 멘토링 방식으로 완전하게 제자화한 것이다. 필자는 이 과정에서 예수님의 소수정예화 멘토링 황금률 8가지를 소개한다. 멘토의 근원적인 모델이 되신 예수님 닮기를 원하면서….

가브리엘 천사는 천국에 오신 예수님을 반갑게 맞이했다. "예수님, 세상에서 얼마나 활동하셨어요?" "3년 동안 했었지." "3년 동안 무엇을 하셨어요?" "제자들을 길렀지." "몇 명이나요?" "12명을 길렀지." "아니, 겨우 12명입니까?" "12명이 어째서? 나는 그래도 12명의 작은 예수를 길러 놓고 왔지!' 훗날에 한번 보자구."

[황금률 8 Step]

Step 1. Selecting Skill 소수를 선택하여 훈련하는 기술(눅 6:13)

Step 2. Associating Skill 함께 동행하며 지내는 기술(마 28:20)

Step 3. Consecrating Skill 그리스도인으로 성별하기 기술(행 11:26)

Step 4. Imaging Skill 친구를 위해 자신을 주는 기술(요 15:13)

Step 5. Modeling Skill 본(本)을 세워 모델링으로 하는 기술(요 13:15)

Step 6. Delegating Skill 전도 사명을 위임하는 기술(마 4:19)

Step 7. Monitoring Skill 부족함을 깨우쳐 주는 모니터링 기술(막 8:17)

Step 8. Empowering Skill 권한과 능력을 부여하는 기술(요 15:16)

제3장 예수님의 황금률 8 Step 체크리스트

한국교회	구분	예수님의 황금률 8 Step
채움	정체성	비움
양적-대량관리-저질교인화	방향	질적-소수정예-양질의 제자양성
양적 숫자-성장 중심	제도	사역-제자화 중심
내부사역 중심	사역	외부사역 중심
예배당 중심 대형교회 지향	지향	사람 중심, 12제자 중심, 소수교회 지향
지적 편중	신앙	전인-지/영성-정/사역-의-균형
이원론	삶	일원론
개인·교회는 강화/사회참여 약화	변화	개인·사회=균형

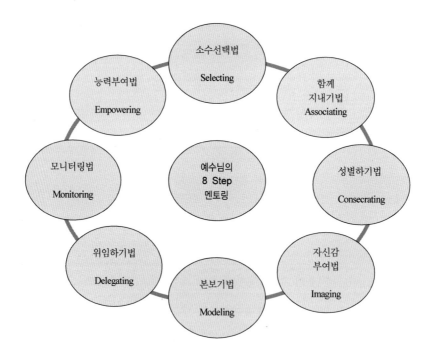

[지침 1. 소수선택법(Selecting)](눅 6:13 - 그중에 열둘을 택하여)

주님의 계획을 생각할 때 우리는 그 단순성에 깊은 인상을 받지 않을 수 없다. 그것은 '소수에 대한 집중'이라는 말로 가장 잘 묘사할 수 있다. 그 시작은 예수께서 몇 사람에게 단순히 그를 따르도록 부르셨던 것으로서 매우 조용하게 이루어졌다. 그 작은 집단의 외적인 조건들은 별로 신통치 않았다. 줄잡아 말해서 그들은 평범한 사람들이었다. 그러나 가르치기에 좋은 사람들이었다. 예수께서 지상 사역을 집중시킨 것은 바로 이 조그만 집단이었다.

1. 소수선택의 질(質) 중심이냐? 대중선택의 양(量) 중심이냐?
2. 소박한 사람이냐? 재주를 부리는 탁월한 사람이냐?
3. 소수집중 훈련이 좋으냐? 대중 상대훈련이 좋으냐?
4. 하나님의 뜻과 자기 뜻 중 어느 것이 우선이냐?
5. 자신을 소수에게 바치는가? 많은 羊 떼들에게 바치는가?

[지침 2. 함께 지내기법(Associating)](마 28:20 - 내가 너희와 함께 있으니라)

예수님의 훈련 프로그램의 진수는 단순히 그의 제자들이 그와 함께 있도록 하는 것이었다. 세계 정복을 위한 사람들을 훈련하기 위해 주님은 단지 그들을 가까이 있도록 하셨다. 그들은 먼저 주님과 함께 지냄으로써 배웠다. 예수님은 그가 함께 있을 때 제자들이 참으로 알아야 할 것들을 배울 수 있다는 것을 아셨다. 그렇다면 예수님의 사역이 2년, 3년으로 길어짐에 따라 열둘에게 점점 더 많은 시간을 바쳤다는 것은 전혀 놀라운 일이 아니다. 예수께서 하신 것으로 기록된 거의 모든 일이 적어도 제자 몇 명이 있는 가운데 행해졌다. 주님은 함께 지내는 것을 통해 사람들을 세워(Mentoring) 갔다.

1. 삶 속에서 인간 중심 교육이냐? 제도 중심 교육이냐?
2. 단순한 진리 전달이냐? 세상의 복잡한 이론 전달이냐?
3. 제자선택을 분명히 하는가? 애매모호하게 하는가?

4. 죽음의 공포와 부활의 감격을 누구(개인/대중)와 나눌 것인가?

5. 제자들과의 시간이 중요한가? 나의 개인시간이 더 중요한가?

[지침 3. 성별하기법(Consecrating)](11:26 - '그리스도인'이라 불리기 시작한 것은)

예수께서 제자들에게 첫째로 요구하신 것은 주님께 기꺼이 순종하는 태도였다. 의심할 여지없이 그들 중 더러는 탁월한 사람들이었지만, 탁월함은 우리 주님의 조건 중 하나에 들지 못했다. 우리 주님이 주장한 한 가지는 그에 대한 충성심이었다. 예수님은 충성하기가 점점 더 어려워질 때도 이것을 계속 주장하셨다. 주님은 언제든지 자기의 제자가 되기 위한 조건으로 성별(聖別)을 주장하였다. 그러나 제자들이 주님에게서 그가 주장하신 순종의 정신을 목격한 사실은 그들로 하여금 그에게 머물러 있도록 도전을 주었다.

1. 나의 인격과 제자의 성실도가 조화를 이루고 있는가?

2. 오늘의 십자가와 내일의 영광 사이에서 어느 길을 택할 것인가?

3. 주님을 선택할 것인가? 자기 소유(세상)를 택할 것인가?

4. 성별된 삶을 살 것인가? 세상의 변화에 따라 기회주의로 살 것인가?

[지침 4. 자신을 주는 법(Imaging)](요 15:13 - 사람이 친구를 위하여 그 목숨을 버리면)

제자들은 예수님의 삶이 주시는 삶이라는 사실에 감명을 받지 않을 수 없었다. 주님은 문자 그대로 자기 삶을 주심으로써 최고의 사랑을 시범 보이셨다. 주님은 상실된 세상의 구속을 위해 자기 삶을 주는 복음 전도자의 역할을 위해 따로 구별되었다는 것을 알고 있었고 그들에게 그것을 전달하려고 하였다. 예수님의 시범을 통해 제자들은 참된 성별이 무엇인지 배웠다. 그들이 자기 희생(self - giving)을 배운 사실은 대중이 복음의 실재를 믿게 하기 위한 요인이 되어야 했다.

1. 어느 단계까지 줄 것인가? 자기 목숨까지도 줄 수 있는가?

2. 하나님의 영광이냐? 나의 영광이냐?

3. 제자들에게 자신을 줄 수 있는가?

4. 제자와 또는 스승과 충만한 영적 교제가 있는가?

5. 제자의 결실이 성령의 역사냐? 나의 공로냐?

[지침 5. 본보기법(Modeling)](요 13:15 – 내가 너희에게… 본을 보였느니라)

예수께서 자기 사람들을 위하여 계획하신 삶이 어떤 것인가를 실증해 보이신 것은 예수님 전략의 의도적인 부분이었다. 그리하여 열둘은 그들이 살고 가르쳐야 할 삶을 주님 안에서 목격하였다. 주님에 관한 모든 것이 그들과 우리를 위한 시범이었다. 주님은 의도적으로 그가 기도로 그의 아버지와 얘기하는 것을 제자들이 보게 하셨다. 그들은 주께서 자기들에게 가르치고자 하는 것을 자기들 앞에서 실행하시는 것을 보면서 배웠다. 위대한 스승께서 모든 상황을 자연스럽게 학습 기회로 바꾸셨기 때문에 수업은 끊임없이 진행되었다.

1. 영과 육의 균형 잡힌 삶의 모습을 보여 주고 있는가?

2. 나의 기도모범이 제자들에게 받아들여지고 있는가?

3. 제자들의 순종함이 성경의 권위냐? 나의 권위냐?

4. 영혼구원이 목적인가? 제자 삼는 일이 목적인가?

5. 생활 속에서 자연스럽게 가르치는가? 교과서적으로 억지로 가르치는가?

[지침 6. 위임하기법(Delegating)](마 4:19 – 내가 너희를 사람을 낚는 어부가 되게 하리라)

사역 첫해에는, 제자들은 예수님이 일하는 것을 보는 것 말고는 별로 한 것이 없었다. 그들은 처음부터 책임을 부여받기는 했지만, 그들이 초기에 관여한 것은 아주 미미한 일들이었다. 그러나 이것은 주님 방법의 일부였다. 먼저, 주님은 그들을 하나님과 중대한 관계로 인도하였고, 그 다음에 그가 어떻게 일하는가를 보여 주셨으며, 때가 되어서야 그들이 져야 할 책임을 나누어 주셨다. 그러나 주님은 언제나 그들이 그의 사역을 도맡게 될 때를 바라보며 그들과 함께 일하셨다.

1. 여유롭게 참고 기다리느냐? 조급함이냐?

2. 실제적인 권한 위임이냐? 형식적인 위임이냐?

3. Team 활동으로 효과적인가? 혼자 행동인가?

4. 주위 환경 현상파악이냐? 정보에 캄캄한 생활이냐?

5. 전략적인 생활이냐? 계획 없이 즉흥적인 생활이냐?

[지침 7. 모니터링법(Monitoring)](막 8:17 – 아직도… 깨닫지 못하느냐?)

열둘에게 약간의 전도에 관한 책임을 맡기기는 했지만, 예수님은 아직 그들을 졸업할 준비가 완전한 자들로 보지 않으셨다. 그들이 관여했던 제한된 범위의 구속적인 일에서까지도 그들은 점검이 필요하였다. 따라서 예수님은 그들의 전도 여행 후에, 보고를 듣고 그들이 부딪혔을 어려움과 얻었을 승리에 관한 주님의 지식을 그들과 나누기 위해 자리를 같이하셨다. 주님은 그의 점검이 그들을 사역자로 준비시키는 데에 하나 더 높은 단계라는 것을 염두에 두고 그들의 행동과 반응에 늘 깨어 있었다. 마침내 그들을 떠나 아버지께로 돌아가실 때, 주님은 그들의 사역을 계속 점검할 성령을 그들에게 약속하였다.

1. 모니터링 제도를 활용하고 있는가? 하지 않는가?

2. 제자들에게 해 볼 수 있는 기회를 주는가? 그렇지 않는가?

3. 인내를 가지고 주님의 뜻을 기다리는가? 참지 못하고 화를 버럭 내는가?

4. 궁극적 목표에 집중하는가? 현상 목표에 집중하는가?

5. 매사에 계획(Plan), 시행(Do), 점검(Check)의 필요성을 느끼는가?

[지침 8. 능력부여법(Empowering)](요 15:16 – 너희로 가서 과실을 맺게 하고)

제자들을 위한 예수님의 궁극적인 목표는 그의 생명이 그들 안에서 그들을 통해 다른 사람들의 생활로 재생산되기 위하여 능력 주시는 것이었다. 궁극적인 승리는 주님에 대한 그들의 제자들더러 재생산하도록 가르칠 때 주님의 복음은 정복을 이룰 것이다. 재생산(Reproducting)은 열두 제자에 대한 주님의 바람이었지만 증식(Multiplication)이 궁극적 목적이었다.

1. 제자들이 재생산하기 위해 훈련으로, 삶으로 능력을 부여하고 있는가?

2. 제자들의 신앙고백, 간증 등을 진실한 마음으로 수용하는가?

3. 능력을 부여하는 과정에서 제자들의 충성과 열매(재생산)의 사례가 있는가?

4. 제자들의 재생산은 스승이 생명으로 연결된 능력부여에 있음을 아는가?

5. 제자훈련의 궁극적인 목표는 다른 사람을 지도자로 세우는 것임을 아는가?

제4장 예수님의 황금률 8 Workshop

[지침 1. 소수선택법(Selecting)]

구분 No	설 문 항 목	2.5	2	1.5	1	0.5
1	*대중이냐/소수냐 사람을 선택할 때 대중이 아니라 대중이 따를 소수(12제자)를 선택하셨다.					
2	*탁월한 지위냐/소박한 사람이냐 소박한 사람들로서 그들 속에서 하나님나라를 위한 지도력이 잠재해 있음을 보았다.					
3	*대중 상대훈련이냐/소수 집중훈련이냐 소수(12제자)를 택하여 집중적으로 훈련하심으로 한 사람 한 사람이 변화하여 그들이 세상을 변화시켰다.					
4	*우선순위 - 자기의 뜻이냐/하나님의 뜻이냐 하나님의 뜻을 분명히 전하기 위하여 선택된 12제자에게 정성을 쏟고 기도를 했고 또한 충성하기를 원하셨다.					
5	*누구에게 자신을 바치는가 - 羊들에게/소수목자에게 예수님은 많은 羊을 택한 것이 아니라 목자(12제자)를 택하여 그들로 하여금 羊들의 개인적인 보살핌을 하도록 하셨다.					
	12.5 예수님 점수에 ( )					

[오늘날 실천해야 할 원리]

지금은 교회가 현 상황에 현실적으로 대처해야 할 시기이다. 우리의 나날은 헛되이 지나가고 있다. 교회의 사역 프로그램은 거의 모든 면에서 막다른 골목에 이르렀다. 설상가상으로 새로운 개척지를 향한 복음 전파의 큰 기운도 그 힘을 크게 잃어버렸다. 대부분의 지역에서 쇠약해진 교회는 성장률이 인구 증가율조차도 따라가지 못하고 있다. 그러는 동안 이 세상의 사탄의 세력은 더 무자비하고 파렴치하게 공격해 오고 있다. 조금만 시간을 내어 생각해 보면 묘하다. 복음을 신속하게 전달할 수 있는 설비들을 과거 어느 때보다 더 많은 교회가 이용할 수 있는 시대에, 실제로는 손수레의 발명 이전보다 더 세상을 하나님께로 인도하는 일에 성과가 떨어지고 있다.

[지침 2. 함께 지내기법(Associating)]

구분 No	설 문 항 목	2.5	2	1.5	1	0.5
1	*제도적 교육이냐/삶 속의 인격 교육이냐 제자들에게 격식 있는 교육프로그램이 아니고 그들 가운데 같이 살면서[同居] 살아 있는 인격전달의 교육방법이다.					
2	*복잡한 이론교육이냐/단순한 진리냐 복잡한 이론교육이 아니라 '내가 곧 길이요 진리요 생명이니', '와 보라' 식의 단순한 진리를 역설하셨다.					
3	*제자선택에 있어서-모호성/분명성 주님과 함께할 수 있도록 12제자를 개인적으로 임명한 것은 '권위부여'와 동시에 '사명위임'의 일부이기도 하다.					
4	*죽음의 공포와 부활의 감격을 누구와 나눌 것인가 죽음의 시간이 가까워 옴에 더욱 12제자와 가까이 하고 부활 후에도 선택된 소수제자들에게 출현하셨다.					
5	*내 시간이냐/제자 시간이냐의 중요성 12제자가 주님의 영적 자녀들이었기에 주님 자신의 시간보다는 방해받으시면서도 그들과 함께 지내셨다.					
	12.5 예수님 점수에 ( )					

[오늘날 실천해야 할 원리]

분명히 예수님의 정책은, 교회가 어떤 양육 방법을 채택하든 간에 기본적으로 자기들이 맡은 사람들에 대해 개인적으로 보호자적 관심을 가져야 한다는 것을 우리에게 가르친다. 그렇게 하지 않는 것은 근본적으로 새신자들을 마귀에게 내어 주는 것이다. 이것은 각각의 결신자에게 그가 다른 사람을 지도할 수 있을 때까지 따라다닐 그리스도인 멘토를 묶어 주는 어떤 체제를 찾아야 한다는 것을 뜻한다. 멘토는 그 새신자와 함께 성경을 공부하고 기도하고 질문에 답하고 진리를 명확히 설명하며 다른 사람들을 도울 수 있는 길을 함께 찾아야 한다. 만일 교회에 이런 봉사를 기쁜 마음으로 하려는 헌신된 멘토가 없다면, 그렇게 할 사람들을 훈련해야 한다. 그리고 그들을 훈련할 수 있는 유일한 길은 그들에게 따를 지도자를 주는 것이다. 이것이 그 일을 어떻게 할 수 있느냐는 질문에 대한 답이지만, 이 방법은 따라다니는 사람들이 배운 것을 실천할 때만 그 목적을 달성할 수 있다는 것을 이해할 필요가 있다. 그러므로 주님의 전략에서 또 하나의 기본적인 원리를 이해해야 한다.

[지침 3. 성별하기법(Consecrating)]

구분 No	설 문 항 목	2.5	2	1.5	1	0.5
1	*나의 인격과 제자의 성실도 순종과 성실한 자세로 12제자는 주님의 인격을 닮아 갔다.					
2	*지도자의 길 – 내일의 영광/오늘의 십자가가 택할 것은? 예수님은 12제자들을 하나님나라의 지도자로 세우기 위하여 십자가의 길을 걷도록 자기 부인의 결단을 얻어 냈다.					
3	*자기 소유(세상)냐/주님이냐 "너희 중에 누구든지 자기 모든 소유를 버리지 아니하면 내 제자가 되지 못하니라(눅 14:33)." 그런 체했던 사람들은 자기 영혼에 고뇌와 비극만 가져왔다(마 27:3~10).					
4	*기회주의냐/성별한 자냐 열둘을 향하여 물으셨다. "너희도 가려느냐(요 6:67)." 베드로의 대답, "주여 영생의 말씀이 계시매 우리가 뉘게로 가오리까 우리가 주는 하나님의 거룩하신 자신 줄 알고 알았삽나이다(요 6:68~69)."					
5	*교리냐/하나님이냐 예수님은 제자들에게 어떤 교리가 아니라 교리 자체이신 한 분에게 일생을 바치라고 요구하였다. 따라서 그들은 그의 말씀을 떠나지 않을 때 진리를 알 수 있었다(요 8:31~32). 순종과 성실 속에서 제자들은 훈련을 받았다.					
	12.5 예수님 점수에 ( )					

[오늘날 실천해야 할 원리]

우리는 오늘날 신앙을 고백한 그토록 많은 그리스도인들이 왜 그처럼 성장하지 못하고 증거하는 데 비효율적인지 물어야 한다. 이 질문을 더 큰 맥락에서 한다면, 현대의 교회는 세상을 향한 증거에 왜 그처럼 좌절을 느끼고 있는가? 그것은 성직자나 평신도를 가리지 않고 하나님의 명령에 전반적으로 무관심하거나,

적어도 일종의 무사안일주의에 빠져 있기 때문은 아닌가? 십자가의 순종은 어디로 갔는가? 곰곰히 생각해 보면 참으로 자기 부정과 헌신에 대한 그리스도의 가르침은 편의주의라는 일종의 '너 좋을 대로 해라'라는 철학으로 대치되어 버렸다는 것을 알게 될 것이다.

큰 비극은, 이런 상황을 깨닫고 있는 사람들마저도 그것을 바로잡기 위한 노력을 별로 하지 않는다는 것이다. 분명히 지금 필요한 것은 절망이 아니라 행동이다. 교회의 회원이 되는 조건들이 그리스도의 제자의 참된 모습에 의해 해석되고 강화되어야 할 때다. 그러나 이런 조치만으로는 안 된다. 신자들에게는 멘토가 필요하다. 이것은 교회 회원제도에 손을 대기 전에 교회 직분자들에게 무슨 조치가 내려져야 한다는 뜻이다. 이 과업이 너무 커 보인다면, 우리는 참된 소수의 선택된 사람들을 모아서 그들에게 순종의 의미를 심음으로써 예수님이 하였던 것처럼 시작해야 할 것이다. 이 원리를 받아들여 실천할 때 우리는 주님의 정복 전략의 다음 단계에 따라 온전히 발전해 갈 수 있게 된다.

[지침 4. 자신을 주는 법(Imparting)]

구분 No	설 문 항 목	2.5	2	1.5	1	0.5
1	*어느 단계까지 줄 것인가? 12제자에게 평안, 기쁨, 그 나라 열쇠, 창세 전 영광을 그들에게 주셨다(요 17:22~24). 주님께서는 자기가 가진 모든 것을 주셨다. 자신의 목숨까지도 주셨다(요 3:16).					
2	*나의 영광이냐/하나님의 영광이냐 주님은 하나님의 영광을 위한 것이라면 아무리 작은 봉사라도 작게 여기지 않으시고, 아무리 큰 희생이라도 크게 여기지 않으신다는 것이 분명하다.					
3	*제자에게 자신을 줄 수 있는가? 예수님은 자신을 하나님께 바쳐 헌신하신 뜻을 제자들이 알도록 예수님 자신을 제자들에게 준 것이다.					
4	*충만한 영적인 교제가 있는가? 예수님은 "내 아버지의 이름을 저희에게 알게 하셨고 또 알게 하리니 이는 나를 사랑하신 사랑이 저희안에 있고나도 저희 안에 있게하려 함이니이다(요 17:25~26)"라고 말씀하셨다.					
5	*제자의 결실－나의 공로냐/성령의 역사냐 처음부터 끝까지, 살아 계신 그리스도를 인격적으로 경험하는 것은 어떤 경우든 성령께서 하신 일이었다.					
	12.5 예수님 점수에 ( )					

[오늘날 실천해야 할 원리]

모든 것이 주님의 인격을 중심으로 전개된다. 근본적으로 주님의 방법은 주님의 삶이었다. 그를 따르는 제자들도 마찬가지다. 우리가 주님의 일을 하고, 가르침을 실행하기 위해서는 성령으로 말미암아 우리 안에 주님의 생명을 가져야 한다. 이것이 없는 사역은 의미도 생명도 없다. 그리스도의 영이 우리 안에서 아들을 높일 때만 사람들이 아버지께 이끌리게 되는 것이다.

물론, 우리는 스스로 가지고 있지 않은 것을 줄 수는 없다. 그리스도 안에서 우리의 생명을 줄 수 있는 바로 그 능력이 그것을 소유하고 있다는 증거가 된다. 그리스도의 영 안에서 우리가 가진 것을 보류하고도 그 생명을 간직할 수는 없다. 하나님의 영은 언제나 그리스도를 알리라고 하신다. 여기에 생명의 역설이 있다. 즉, 우리가 그리스도 안에서 살기 위해서는 자신에 대하여 죽어야 하며, 그렇게 자신을 부인하면서 주님께 대한 봉사와 헌신에 우리를 바쳐야 한다. 이것이 예수님의 사역 방법이었으며, 처음에는 소수의 제자들만 알았지만 그들을 통하여 세상을 정복하는 데 쓰일 하나님의 능력이 될 방법이었다.

[지침 5. 본보이기법(Modeling)]

구분 No	설 문 항 목	2.5	2	1.5	1	0.5
1	*영육의 균형적인 삶의 모습 영적인 삶의 모습과 육신적인 삶의 모습을 보여 주셨다.					
2	*성도에게 기도강요/목회자는 기도에서 제외 제자들이 기도를 가르쳐 달라고 하기까지 계속 기도의 모범을 보이셨다(눅 11:1~10, 마 6:9~13).					
3	*나의 권위냐/성경의 권위냐 성경을 외워서 제자들에게 분명히 말씀하시고 성경을 통하여 권위를 나타내셨다(막 12:36, 마 22:4).					
4	*영혼구원이 최우선인가? 예수님은 영혼들을 얻는 방법을 쉬지 않고 전도사역과 연결하셨다(일부러 가르치는 상황을 만드실 필요가 없었다).					
5	*억지로 가르치느냐/자연스럽게 가르치느냐 12제자가 배우고자 하는 점을 자연스럽게, 실제적으로 생활(행동)로써 모범을 보이셨다(Technic보다는 실연이 우선하셨다).					
	12.5 예수님 점수에 ( )					

[오늘날 실천해야 할 원리]

모든 과정을 거친 후, 사람들을 훈련하고자 하는 자들은 우리가 그리스도를 따르는 것처럼 그들도 우리를 따르도록 만들 준비가 되어야 한다(고전 11:1). 우리는 표본이다(빌 3:17 이하; 살전 2:7~8; 딤후 1:13). 그들은 우리 안에서 듣고 본 것을 행할 것이다(빌 4:9). 시간이 주어진다면, 이러한 멘토십을 통해서 우리의 생활방식을 우리와 함께 지내는 사람들에게 나눠 줄 수 있다.

우리는 이 진리를 생활에 적용해야 한다. 우리는 우리가 훈련하고 있는 사람들에게 길을 보여 주어야 할 개인적 책임을 결코 회피할 수 없으며, 보여 주는 일에는 생활에서 성령의 더 깊은 실재를 실제적으로 증험하는 일이 포함된다. 이것이 주님의 방법이며, 이것 말고는 다른 사람들로 하여금 주님의 일을 하도록 훈련하는 데 충분치 못할 것이다.

그러나 우리가 아는 대로, 지식만으로 안 된다. 행동할 때가 온다. 특권을 소홀하게 되면 학습과정에 습득된 모든 것들이 수포로 돌아갈 것이다. 삶에 적용되지 않는 지식은 더 많은 진리를 배우는 데 걸림돌이 될 수 있다. 이 점을 주님보다 더 잘 이해하고 있는 분은 없었다. 주님은 사람들이 어떤 일을 할 수 있도록 훈련하셨고, 그들이 시작할 수 있을 만큼 충분히 알았을 때, 그것을 실행해 보도록 조처하셨다. 이 원리는 너무 뚜렷하기 때문에 주께서 훈련되고 영적으로 깨어 있는 사람들을 통해 세상을 정복하시려는 전략의 한 부분으로 이해해야 할 필요가 있다.

[지침 6. 위임하기법(Delegating)]

구분 No	설 문 항 목	2.5	2	1.5	1	0.5
1	*조급함이냐/여유롭게 참고 기다림이냐 예수님은 제자들이 하나님과 생생한 경험을 갖게 하고 그들에게 어떤 일을 해야 한다고 말씀하시기 전에 자기가 일하는 방법을 1년 동안 보여만 주셨다.					
2	*형식적 위임이냐/실질적 위임이냐 예수님은 제자들에게 세례 베푸는 일, 말씀 선포하는 일, 치유하는 일, 사람을 낚는 어부로서 사역하는 일 등 실질적으로 위임하셨다.					

3	*혼자 행동이냐/효과적인 둘씩의 Team 활동이냐 예수님은 12제자를 둘씩 둘씩 짝 지어 독수리가 어린것에게 둥지에서 밖으로 날아가는 법을 가르치듯이 제자들을 세상으 로 밀어내어 자신들의 날개를 사용해 보도록 하셨다(장점 살 리고 약점 줄이고).				
4	*캄캄한 정보냐/주위환경 현상파악이냐 예수님은 제자들에게 새 일터에 가면 앞으로 중심적인 지도자 가 될 만한 사람을 찾는 법으로 발판을 마련해야 한다는 이 원 칙을 소홀히 해서는 안 된다고 역설하였다.				
5	*전략이 있느냐 없느냐 예수님이 12제자에게 하신 "뱀같이 지혜롭고 비둘기같이 순결 하라(마 10:16)"는 충고는 우선순위와 전략의 필요성을 강조한 것이다.				
	12.5 예수님 점수에 ( )				

[오늘날 실천해야 할 원리]

그러나 이것을 하나의 이상으로 삼는 것만으로는 충분치 않다. 그것은 구주를 따르고 있는 사람들이 만질 수 있게 표현되어야 한다. 이 일이 이루어지고 있음을 확인하는 가장 좋은 방법은 실제적인 과업을 주고 그 과업이 수행되기를 기대하는 것이다. 이렇게 하면 사람들은 일을 시작하게 될 것이고, 그 일을 스승이 생활에서 실증하는 것을 이미 보았을 경우에는 그 과제를 완결하지 못할 이유가 없다. 교회가 이 교훈을 마음에 새기고 전도에 착수할 때, 교회 의자에 앉아 있던 사람들은 곧 하나님을 위해 움직이기 시작할 것이다.

그러나 사람들이 일을 시작했다고 해서 그 일을 계속할 것이라고 보장할 수 있는 것은 아니다. 일단 게으름을 이긴 후에도 계속 움직여 나가고 올바른 방향으로 가도록 할 필요는 여전히 있다. 확실히, 예수께서 제자들에게 주신 과제는 적어도 처음엔 주님의 훈련학교에서 그들을 벗어나게 한 것이 아니었다. 그들은 졸업할 준비가 되었다고 여겨지기 전에 배울 것이 훨씬 더 많았고, 그때가 올 때까지 주님은 가진 관심이 분명하고 그 일을 처리한 방법이 너무 뚜렷하기 때문에 궁극적인 승리를 위한 주님의 전략의 또 하나의 단계로서 그것을 잘 생각해 볼 필요가 있다.

[지침 7. 모니터링법(Monitoring)]

구분 No	설 문 항 목	2.5	2	1.5	1	0.5
1	*모니터링 제도의 유/무 제자들이 일터에 보냄을 받은 후에 돌아와서 나중에 각자의 경험을 전체에게 이야기하는 과정에서 예수님은 점검하고 확인을 하셨다.					
2	*제자들에게 먼저 해 볼 수 있는 기회를 주는가? 오병이어의 기적 전에 제자들에게 먹을 것을 주라 하시고 전적으로 제자들 자신이 무력하다는 것을 깨달은 후에야 비로소 예수님께서는 개입하셨다.					
3	*인내를 갖고 主님의 命을 구하는 일에 힘쓰고 있는가? 주님의 일을 하다 저항에 부딪힌 제자들이 그 저항하는 사람들을 하늘에서 불이 떨어지기를 원했으나 예수님은 "인자는 생명을 구하러 왔노라" 말씀하셨다.					
4	*현실목표냐/궁극적 목표냐 주님은 제자들이 성공에 안주하거나 실패에 주저앉는 것을 허락하지 않았다. 그들이 무슨 일을 하든 간에, 항상 더 행하고 배울 것이 있었다. 주님은 제자들의 성공을 기뻐하셨지 만 복음으로 세계 정복만이 목표였으며 그 목표를 위해 제자들의 노력을 지휘·감독 하셨다.					
5	*Plan-Do-See(Check)의 필요성 모범을 보여 주시고 과제를 주시고 끊임없는 점검을 통한 주님의 가르침 계획은 그들 속에 있는 최선을 끌어내려는 것이었다고 추정된다.					
	12.5. 예수님 점수에 ( )					

[오늘날 실천해야 할 원리]

오늘날에도 참을성이 있으되 세세한 점검이, 다른 사람들에게 사역훈련을 시키려고 하는 사람들에게 필요하다. 우리는 단순히 뜻 있는 일꾼에게 일하는 방법을 일러 주고 결과에 대해 불타는 기대를 안겨서 내보냈다고 해서 일이 될 거라고 상상해서는 안 된다. 헤아릴 수 없는 많은 문제들이 그 일을 좌절시키고 빗나가게 할 수 있으며, 만일 이러한 문제들을 유능하고 총명한 사람들이 현실성 있게 다루지 않으면, 그 일꾼은 쉽게 용기를 잃고 실패하게 될지도 모른다.

마찬가지로, 영혼에게 기쁨을 안겨 주는 많은 은혜의 체험도 그 의미가 그리스도의 전체적인 세계 선교에 비추어 해석됨으로써 더 명확해지고 깊어질 필요가 있다. 따라서 전도사역에 관여하는 사람들은 혼자서 일을 수행할 수 있을 만큼 성숙할 때까지는 멘토로서 개인적인 점검과 지도를 받아야 한다는 것이 중요한 일이다.

[지침 8. 능력부여법(Empowering)]

구분 No	설 문 항 목	2.5	2	1.5	1	0.5
1	*훈련으로 능력을 갖춘 이는 재생산을 할 수 있다. 예수님이 제자들에게 강훈련을 시켜서 능력 있는 자로 만드는 것은 교회를 통하여 주님을 닮은 사람을 생산하게 하실 계획이다.					
2	*제자들의 진정한 신앙고백 즉, 반응을 감지하는가? "주는 그리스도시요 살아계신 하나님의 아들이시니다(마 16:16)"라고 한 베드로의 고백에 "반석 위에 내 교회를 세우리니(마 16:18)"라는 신앙고백 위에 주님의 말씀이 이루어진다.					
3	*능력부여와 충성과 열매(재생산) 관계 "십자가에 죽으시고 무덤에서 살아나신다"라는 이 과업에 제자들이 충성을 다하여야 열매를 맺고 재생산이 가능하다. 즉 복음으로 세상을 정복해 가는 방법이다.					
4	*생명으로 연결된 능력 있는 제자의 재생산 방법 예수님께서 제자들의 마음속에 그리스도의 생명을 재생산하는 데는 주님의 생명이 필요할 뿐 아니라 결코 없어서는 안 된다는 것을 굳게 심어 주셨다.					
5	*제자의 궁극적 목표 제자를 삼는다는 것은 그리스도의 명령에 매여 주님을 따르고 전도사역을 위하여 다른 사람들을(지도자) 세우라는 것이다.					
	12.5 예수님 점수에 ( )					

[오늘날 실천해야 할 원리]

마지막으로 우리의 생활과 증거가 세상의 구주이신 분의 지고한 목적을 수행하고 있는가를 우리 모두가 평가해야 한다. 우리를 따라 그리스도께 온 사람들이 지금 다른 사람들을 그리스도에게 인도하고 제자를 만들기 위해 그들을 가르치고 있는가? 주의하라. 멸망해 가는 사람들을 구출하는 일은 꼭 해야 할 일이지만 거기에 머물러서는 안 된다. 믿음 안에서 새로 태어난 아기를 키우는 것도 첫 열매가 존속하기 위해서 필요한 일이지만, 그것만으로는 충분하지 않다. 참으로, 그들이 영혼들을 얻을 수 있도록 내보내는 일도 권장해야 할 일임에는 틀림없지만 그게 전부는 아니다. 우리의 일을 영속시키는 데 정말 중요한 것은 단순히 개심자들이 나가서 더 많은 제자들을 얻는 게 아니라 그들 중에서 얼마나 충실하게 멘토를 만들어 내느냐 하는 것이다. 지금 우리는 이 세대를 그리스도께 인도하기 원하지만, 그것만으로는 충분하지 않다. 우리의 일은 복음으로 구속받은 사람들의 생활에서 그것이 계속되도록 해놓기까지는 결코 끝나지 않는다.

[예수님의 멘토십에 의한 종합평가표]

지침 1~8까지의 점수를 연결하여 곡선을 그려보면 예수님의 만점과 당신의 점수를 그대로 비교할 수 있는 자료다.

12.5										100
										90
10.0										80
										70
7.5										60
										50
5.0										40
										30
2.5										20
										10
										0
지침별 점수 주제	1 선택	2 함께	3 성별	4 자신	5 모델	6 위임	7 모니 터링	8 능력	총 평가	

인성계발 교육 프로그램 소개

예수 그리스도의 교육 목적은 사람들을 하나님께로 인도하는 것이었고 하나님 나라와 천국시민의 삶에 관해서 가르치는 것이었다.

또한 예수 그리스도는 배우는 사람의 전인적 변화를 통하여 온전한 그리스도 인으로 성장하는 것과 그리스도의 제자들로서 온 세상에서 복음을 전파하고 가르 치는 일을 행하도록 훈련하는 것에 목적을 두었다.

예수 그리스도 교육 목적을 바탕으로 한 기독교교육의 포괄적인 목적은 책임 있는 그리스도의 제자가 되도록 학생들을 돕고 인도하는 것이다. 책임 있는 제자 는 그 나라의 명령에 응답하고, 하나님의 은혜로 그들의 삶에서 명령을 수행한다.

기독교 세계관에 근거한 기독교교육 목적에 대해서 Harro Van Brummeien(1990)은 교육과 관련하여 기독교적인 세계관에 핵심적인 성경적 명령을 4가지로 언급하였 고 이 네 가지는 서로 분리되는 것이 아니라 상호 보완하고 지원하는 개념이다.

첫째로 창조명령 또는 문화명령(창 1:26~28; 2:15)으로 학생들에게 하나님의 창 조세계에 대하여 연구하고 공부할 때 하나님의 창조 세계에 대한 청지기로서 사 명을 갖도록 한다.

둘째로 대위임(마 28:18~20)으로 교사들은 인간의 모든 삶과 존재가 하나님과 의 관계에 의존한다는 것을 명확히 해야 한다.

셋째로 대강령(마 22:37~39)으로 교사들이 학생들을 가르칠 때 그들 자신을 사 랑하듯이 학생을 사랑해야 한다는 것이다.

마지막으로 신앙공동체(갈 6:2; 6:10. 행 2:42~47)로 교육과정에 찬양과 감사함이 내재되어 있으며 동시에 명시되어야 한다.

[교육과정]

1. 특강과정(Special Course)
2. 기본과정(Silver Course)
3. 중급과정(Gold Course)
4. 고급과정(Diamond Course)

제1장 인성/인격 계발교육의 개념

1. 멘토링 인격 유래: 두 가지 흐름에서 구분하여 소개한다.

1) 잔닥제도
(1) 히브리문화권(이스라엘 지역 중심 BC. 1440년대~모세오경)
(2) 할례예식에서 잔닥: 부친, 모헬 중 잔닥 – 신앙지도/생활지도 – 인격계발
(3) 오늘날: 유대인 – 랍비제도, 천주교 – 대부모제도

2) 멘토제도
(1) 헬라문화권(그리스 지역 중심, BC. 1250년대): 멘토
(2) 최초 멘토/텔레마쿠스: 수학, 철학, 논리학 교재 – 지정의 상징 – 인격계발
(3) 프랑스 페넬롱: 유럽의 길드제도 – 영국의 도제제도
(4) 미국의 최초 도입: BBS(청소년 멘토제도, 1904년)
(5) 오늘날: 멘토제도, 롤모델제도

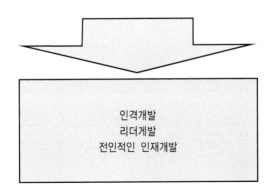

[최초의 멘토]

BC. 1250년 트로이 전쟁 당시 최초 멘토(호머의 그리스 신화에 등장인물)는 전 인적인 삶의 조언자로서 아래 내용의 인격을 주제로 한 자질을 갖춘 사람이었다.

인격		자질(당시 멘토/텔레마쿠스 관계에서)	비고
知 전문분야	스승	가르치기를 좋아하는 스승	
	전문	수학, 철학, 논리학(知情意 인격상징)의 전공자	
情 정서분야	관계	왕 등 타인과 관계가 원할한 사람	
	정서	타인과 상담이 잘 이루어지는 사람	
意 의지분야	존경	당대 온 국민의 존경대상인 사람	
	리더	당대 최고 지도자로 인정받은 사람	

제2장 인성계발 멘토링 교육 과정 Course

멘토링 인성계발 과정은 먼저 인격계발 내용(Contents)을 아래와 같이 핵심 인 격교재 4권에 20개 핵심주제를 선정하여 교육 프로그램으로 적용하고 진행한다. 먼저 선정된 멘토를 핵심멘토로 양성과 멘토를 통하여 멘제를 자신과 같은 인격 적인 멘토리더로 재생산(Reproducting)을 주요내용으로 하고 각 조직에서 인재개 발과 지도층의 자정 프로그램으로 확대적용이 가능한 학습과정이다.

1. 특강과정(Special Course): 주문형 교육시간에 맞춘 특별교육과정이다.

2. 기본과정(Silver Course): 직장이나 공공기관에 맞춘 2박 3일 교육과정이다.

3. 중급과정(Gold Course): 12개월 기간에 계간마다 1회 1일 8시간에 맞추었다.

4. 고급과정(Diamond Course): 주간요일(월~금)에 맞춘 교육과정이다.

Course Theme	Special 특강과정	Silver 기본과정	Gold 중급과정	Diamond 고급과정
Concept 인격개념	1	3	4	5
Worth 인격가치	2	6	8	10
Skill 인격기술	3	9	12	15
Life 인격생애	2	6	8	10
Total	8	24 3일	32 4일 계간별	40 5일 Full

제3장 인성교육 커리큘럼 Curriculum

1. 교육과정: [인성계발 교육 과정 – Human Belt 365 프로젝트]

2. 교육참가: 목회자, 직분자, 교사 등 사역자 멘토링 모니터 멘토/멘제

3. 교육시간: 특강/일반과정 08~40H(선택 가능)

4. 교육교재: 멘토링 인격총서 – 4권, 보완교재 멘토링 목회총서 – 4권

Module	Contents	Special		Silver		Gold		Diamond	
개념 Concept 기본이해 편 교재: 인격 오디세이	1. 인격개념	1		1		1		1	
	2. 인격정의			1		1		1	
	3. 인격진단			1		1		1	
	4. 인격평가							1	
	5. 인격계발	소계 1			3	1	4	1	5
지(知) 가치개발 편 교재: 인간가치 경영	1. 인성계발			1		1		2	
	2. 관계개발	1		2		2		2	
	3. 리더개발			1		2		2	
	4. 혁신개발			1		2		2	
	5. 성과개발	1	소계 2	1	6	1	8	2	10

구분	항목		소계		소계		소계		소계
정(情) 기술개발 편 교재: 활동촉진 기술	1. 칭찬개발			1		2		3	
	2. 소통개발	1		2		3		3	
	3. 감성개발	1		2		3		3	
	4. 창의개발			2		2		3	
	5. 열정개발	1	소계 3	2	9	2	12	3	15
의(意) 생애개발 편 교재: 생애진단 도구	1. 마음개발	1		2		2		2	
	2. 건강개발	1		1		2		2	
	3. 재능개발			1		1		2	
	4. 자금개발			1		1		2	
	5. 미래개발	소계 2		1	6	2	8	2	10
합계		8		24		32		40	

제4장 멘토링 인성목회 365일 적용방법

1. 형식화 인격자료

먼저 인격총서 4권을 교재로 교육수강과정에서 다루고 그리고 계속해서 1년간 4권을 '독서멘토링 주제'로 활용한다.

2. 암묵화 인격자료

교재에서 다루지 못한 깊은 내용들은 멘토의 내적 가치인 역량을 최대한 발휘하도록 자율학습 분위기를 조성해 줌으로써 멘토가 전인적인 도움을 줄 수 있도록 한다.

3. 마지막으로 12개월 미팅 활동 시 멘토링 활동주제에 따라 목표의식과 책임의식을 갖고 4가지 과정(4 Process)을 진행하면서 현장답사 과정을 겸하게 되면 재미와 성과를 함께 거두어 개인 만족감과 조직의 효율성이라는 두 마리 토끼를 잡는 성공을 거둘 수 있는 것이다.

[인성 365일 실행 프로그램]

단계	실행 주제	세부과정	참석자
1	교육수강	정규교육 1) 전문교육－전문가, 강사자격 －컨설턴트 자격과정 2) 멘토교육－핵심멘토양성 3) 리더교육－목회자 리더십개발	목회자, 직분자, 봉사자 멘토, 멘제 모니터
2	미팅활동 (12개월)	주간 개인 미팅 활동 계간 그룹 미팅 활동 Process 1－준비과정 활동 Process 2－도입과정 활동 Process 3－활동과정 활동 Process 4－평가과정 활동	멘토 멘제 모니터 관리자
3	현장답사	활동주제에 맞는 계간 현장 체험 학습	멘토, 멘제

[인성 Plus 교육 효과]

1) 교인 간 관계 활성화로 소통이 원활지고 화목한 분위기가 조성된다.

2) 목사는 量, 멘토는 質 관리로 균형적인 교회 조직개발이 이뤄진다.

3) 상향(Bottom Up)관리 시스템으로 전 교인 참여 목회가 이뤄진다.

4) 멘토 사역에 참여자가 섬김과 인재개발 리더십이 향상된다.

5) 인간성을 바탕으로 저비용고효율로 목회 효율성을 거둔다.

Agenda 6

멘토사역단 목회에 희망이 있다

> 멘토사역단(Mentor Mission Group=MMG)은 목회자와 평신도 멘토와 유기적인 협력(Collaboration) 체제를 구축한다. 멘토 정신으로 자부심을 갖고 보람, 목표, 책임의식으로 멘토사역과 목회활동의 성공률을 높인다.

Theme

Theme 1

멘토사역단 운영방법

[멘토사역단 협력목회 Collaboration Pastoral]

교인 한 사람 한 사람은 신앙적 원자(原子)와 같다. 교권을 견제할 힘도, 교회를 올바른 방향으로 이끌 힘도 없다. 신앙적 원자를 분자로 뭉치게 하고 이것들을 다시 결합하여 새 숨결을 불어넣어 신앙적 힘과 의지를 가진 전 교인 생명공동체로 역량 결집하는 것이 멘토사역단과 협력목회의 소임(所任)이다.

제1장 멘토사역단(Mentor Mission Group) 개념정리

1. 멘토사역단이란?

멘토사역단이란 교회 사역을 위하여 멘토인증을 받은 회원들이 가입한 단체를 말한다. 멘토는 평신도 입장에서 목회자와 협력(Collaboration)하여 사역현장에서 자부심을 갖고 보람의식, 책임의식, 목표의식으로 멘토사역의 성공률을 높이는 데 목적을 두고 있다.

2. 멘토사역단의 필요성

1) 멘토를 통하여 한 사람 중심 질적 목회와 가치관을 재정립하여 유지 관리하는 데 멘토사역단이 필요하다.

2) 큰 교회 안에 작은 교회(Combi)를 운영하고 작은교회는 전체 교인을 1:1 멘토링하는 데 멘토사역단이 필요하다.

3) 큰 목사인 담임목사는 양적 인재를 관리하고, 작은 목사 멘토는 질적 인재를 관리하여 유기적인 교회 공동체를 구축하는 데 멘토사역단이 필요하다.

4) 평신도를 한 사람 철학으로 1:1 멘토링 시스템으로 인간관계 활성화와 전 교인 역량 결집하는 데 멘토사역단이 필요하다.

5) 교회 사명 핵심가치-5(예배, 교육, 교제, 봉서, 전도)를 업그레이드하는 데 멘토사역단이 필요하다.

*대형교회: 교회 안에 작은 미팅교회를 멘토사역단이 운영

*소형교회: 전체 교인을 1:1 미팅콤비로 멘토사역단이 운영

3. 멘토사역단의 입단 조건

멘토사역단에 정회원으로 입단 시에는 멘토선정 소수정예화 원칙에서 아래 3가지 조건에 합당한 자로서 멘토인증서를 수여받은 자로 한다. 멘토의 가장 중요한 자격사항은 전인적인 인격자로서 섬김 리더십을 갖춘 리더이다. 단, 인증서 미수여자나 기간 미달자는 선서 후 임시로 준회원으로 인정받은 후 활동에 임한다.

[조건 1. 아래 3가지에 자기계발 훈련에 참여하고 멘토사역 선언문을 작성]

1) 영성훈련-성경 읽기, 명상하기, 진단체험-도서: 멘토링 영성칼럼

2) 인격훈련-지식 정서 의지-도서: 멘토링 인격 오디세이

3) 자기훈련-인성가치/활동기술/생애진단-도서: 인격시리즈 3권

[조건 2. 멘토 정규교육(20시간 이상) 수강자]

멘토는 아래의 교육과정에서 먼저 정신적으로 자부을 갖고 개발학습과 멘토링 활동에서 성공률을 높일 수 있도록 기술적인 면을 함께 학습한다.

*멘토 교육과정

1) 콤비(Combi) 멘토과정 20시간

2) 골드(Gold) 멘토과정 40시간

3) 다이아몬드(Dia) 및 자격 과정 60시간(강사자격), 80시간(컨설턴트)

[조건 3. 멘토링 12개월 이상 활동한 자]

멘토링 프로젝트는 일회성 교육 이벤트가 아니고 인재개발이라는 차원에서 최소 12개월 1년의 기간을 필요로 한다. 그러므로 멘토링 미팅 활동은 365 프로젝트 방식으로 진행되며 멘토인증서 발급으로 멘토사역단에 정회원으로 가입된다.

제2장 멘토사역단 협력목회

1. 협력목회 역할

멘토링 협력목회란 담임목사를 큰 목사로, 멘토를 작은 목사로 상호 협력하여 양과 질을 분담하여 유기적인 교회 조직으로 목회의 효율성을 높이는 것을 말한다.

1) 목사는 앞문 열고 – 멘토는 뒷문 닫고

2) 목사는 설교하고 – 멘토는 실행하고

3) 목사는 임명하고 – 멘토는 양육하고

4) 목사는 심방하고 – 멘토는 치유하고

5) 목사는 교제하고 – 멘토는 전도하고

6) 목사는 지원하고 – 멘토는 복지하고

2. 협력목회 기대효과

멘토는 평신도 입장에서 목회자와 협력목회를 하는 자로서 아래와 같은 기대효과를 제공한다.

1) 관계활성화: 목회자와 평신도와 지역주민의 관계가 활성화된다.
2) 본질 목회: 목사는 교회본질을 챙기고 멘토는 교인본질을 챙기게 된다.
3) 협력 목회효과: 목사는 교회를 앞에서 이끌고 멘토는 교회를 뒤에서 밀어 준다.
4) 유기체 목회: 목사는 대량인원인 양을 관리하고 멘토는 1:1로 질을 관리한다.
5) 섬김리더: 지역사회 공동으로 그리스도의 문화 실현으로 지역주민과 공생한다.
6) 윤리회복: 목회자와 평신도의 전인적인 인격계발로 윤리리더십을 회복한다.
7) 역량결집: 전 교인의 역량결집으로 전 교인 한마음공동체가 구축된다.

3. 협력목회 프로젝트 멘토링

협력목회	분야	프로젝트	세부사항
목사는 앞문 열고 멘토는 뒷문 닫고	양적 멘토링	NO.1 새신자정착 NO.2 출석률향상	새신자와 직분자 멘토와 멘토링 활동 출석부진자와 직분자멘토와 멘토링 활동
목사는 권면하고 멘토는 실행하고	질적 멘토링	NO.3 설교실천 NO.4 무직자봉사	주일설교를 직분자 멘토와 멘토링 활동 무직분자를 직분자 멘토와 멘토링 활동
목사는 임명하고 멘토는 양육하고	인적 멘토링	NO.5 새임명리더 NO.6 청소년재능	새 임명자를 선배직분자와 멘토링 활동 청소년과 직분자 멘토와 멘토링 활동
목사는 기도하고 멘토는 회복하고	영적 멘토링	NO.7 Slump교인 NO.8 사회진로지도	Slump 교인과 중보자 멘토와 멘토링 활동 이사, 입시, 사업 등의 멘토와 멘토링 활동

4. 협력목회 핵심가치 멘토링

Module	협력목회	프로젝트	멘제/멘제 대상
예배	목사는 설교하고 멘토는 실천하고	NO.1 설교내용 실천 멘토링 NO.2 영성 Plus 멘토링	후배신자/선배신자 후배신자/선배신자
교육	목사는 지원하고 멘토는 양육하고	NO.3 교사역량개발 멘토링 NO.4 학생재능개발 멘토링	신입교사/선배교사 학생/선배직분자

교제	목사는 기도하고 멘토는 치유하고	NO.5 슬럼프 치유회복 멘토링 NO.6 소그룹 관계친목 멘토링	슬러프신자/중보기도신자 후배신자/선배신자
봉사	목사는 관계 맺고 멘토는 활동하고	NO.7 새 봉사자 개발 멘토링 NO.8 지역주민 복지 멘토링	신입봉사자/선배봉사자 복지대상자/직분자
전도	목사는 권면하고 멘토는 독려하고	NO.9 새신자 향상 멘토링 NO.10 출석률 향상 멘토링	새신자/봉사교사 출석부진신자/모범신자

5. 협력목회 인성계발 멘토링

인성계발 멘토링은 먼저 어느 분야에 적용할 것인가가 우선적으로 목표주제가 설정되어야 한다. 참고로 아래 12가지 주제 예시에서 교회에서 급하고 우선적인 주제, 그리고 쉬운 주제를 설정하는 것이 실수를 줄이고 성공률을 높일 수 있는 것이다.

영역	활동목표 주제	참가자
인성분야	1. 청소년 재능개발 멘토링 2. 평신도 봉사개발 멘토링 3. 인성계발 독서 멘토링	교회 지도자개발 대상자
행복분야	4. 새신자 정착률 향상 멘토링 5. 평신도 출석률 향상 멘토링 6. 슬럼프 중보기도 회복 멘토링	전 교인 대상
희망분야	7. 직분자 업무능력 향상 멘토링 8. 목회자 핵심역량 향상 멘토링 9. 직분자 관계활성화 멘토링	목회자, 장로, 권사, 구역장, 교사, 성가대, 선교회 임원외, 기타 봉사자
동행분야	10. 청소년을 위한 멘토 프로젝트 11. 노년층을 위한 멘토 프로젝트 12. 저소득층 자녀 멘토 프로젝트	지역주민이 요청 시 1. 도움요청 청소년 2. 도움요청 노년층

제3장 멘토사역단과 제자훈련

교회가치관 목회의 핵심 사역그룹으로 멘토사역단은 전인적인 멘토의 3가지 정신을 공유하고 멘토 제자화를 선언하여 한마음으로 사역에 참여하는 자의 모임이다.

멘토사역단에 참여하는 멘토 자세는 자율성과 창의성이며 특히 주어진 사역에 자부심을 갖고 보람의식, 책임의식, 목표의식으로 사역마다 열정적・전문적・운리적으로 사역을 감당한다.

   그동안 한국교회에서 선호했던 제자훈련은 인재계발 차원에서 멘토사역단과 가장 가까운 프로그램으로 전인적인 멘토정신과 합의점이 이루어진다면 아래 내용으로 상호 큰 시너지 효과를 얻을 수 있는 것이다.

[제자훈련과 멘토사역단의 관계]

제자훈련	구분	멘토사역단
하나님 형상/예수 닮음-작은 예수	목적	인간대상으로 인격적인 리더개발
성경	교재	인격프로그램
리더 1-제자후보 소그룹	연결	멘제 1-멘토 소그룹
제자양성	활동	현장 사역자 양성
리더 중심 수직방식	중심	멘제 중심 수평방식
People to Jesus 예수님의 인성/신성을 닮은 高차원적인 인재개발	품격	People to People 단지 인간을 대상으로 인격 중심 低차원적인 인재개발

[제자훈련과 멘토사역단과 시너지]

1) 현재 제자훈련 1: 소그룹(양 우선) 우선방식에서 1:1 멘토사역단 방식으로 질 우선으로 조정한다(예수님의 제자 둘을 묶어 콤비로 전도훈련방식을 본받는다).

2) 제자훈련이 교육 우선에서 멘토사역단 방식의 현장사역 우선(AL=PK+Q-렉레번스 교육방식)으로 겸하는 방식을 채택한다.

3) 제자훈련이 리더 중심 성경교재 교육에서 멘토토사역단의 멘제 중심 수준별 성경교재+인격교재로 교육과 삶을 병행하는 방식을 채택한다.

Theme 2

멘토: 본받을 만한 교훈

제1장 멘토의 3가지 정신

1. 멘토의 존경리더십

최초 멘토가 어떻게 많은 사람들로부터 존경받고 지도자로 인정받았는지를 살펴보는 과정이다.

멘토(Mentor)는 자신의 역량을 발휘하여 전인적인 삶의 조언으로 멘제를 자신과 같은 리더로 재생산하는 역할을 담당하는 사람이다. 그러므로 멘토는 먼저 자신이 인격적인 자질을 갖추는 것이 우선적이다.

한편으로 멘토는 인간을 기술자로 만드는 것이 아니고 기술자를 인간으로 만드는 멘토 프로그램 주관자다. 그러므로 코치라고 해서, 교수라고 해서, 상담자라고 해서, 전문가라고 해서 다 멘토가 될 수 있는 것은 아니다.

바로 멘토는 기술자나 전문가 등 어느 분야에 편중되어 있는 것보다는 포괄적인 역량을 소유한 자라고 말할 수 있다. 텔레마쿠스 왕자를 지혜롭고 현명한 왕으로 성장시킨 아래에 기술한 최초 멘토의 자질을 인격적인 차원에서 살펴보고 벤치마킹 자료로 활용해 보도록 하자.

[최초의 멘토]

BC. 1250년 트로이 전쟁 당시 최초 멘토(호머의 그리스 신화에 등장인물)는 전인적인 삶의 조언자로서 아래 내용의 인격을 주제로 한 자질을 갖춘 사람이었다.

인격		자질(당시 멘토/테레마쿠스 관계에서)	비고
知	스승	가르치기를 좋아하는 스승	
	전문	수학, 철학, 논리학(知情意 인격상징)의 전공자	
情	관계	왕 등 타인과 관계가 원활한 사람	
	정서	타인과 상담이 잘 이루어지는 사람	
意	존경	당대 온 국민의 존경대상인 사람	
	리더	당대 최고 지도자로 인정받은 사람	

2. 멘토의 자율학습 리더십

최초 멘토는 주입식이 아니라 자율학습으로 인재개발의 성공을 이루었다. 그 내용을 검토해 보자.

멘토링은 전인교육 방법이다. 아니 교육이라기보다는 둘이서 삶을 나누는 것이 정답이다. 멘토링에서는 목회자나 경영자나 교육자 정치인이기 이전에 먼저 인격자로서 성숙을 원하는 것이다.

참고로 멘토(Mentor)가 텔레마쿠스 왕자를 위해 실행했던 특이한 1:1 Tutorial System 상담학습 방법을 아래와 같이 열거한다.

NO	방식	내 용
1	대화식	멘토는 왕자와 대화식으로 교육을 하였다.
2	토론식	멘토는 왕자와 열렬한 토론을 벌였다.
3	문답식	멘토는 질문자이고 왕자는 대답하였다.
4	동료식	멘토는 왕자와 동료처럼 거리를 좁혔다.
5	예화식	멘토는 왕자에게 사물을 예로 들어 설명했다.
6	정서식	멘토는 왕자와 아버지처럼 정답게 지냈다.

멘토는 왕자가 완전한 인간, 즉 인격자, 용사, 지혜자, 왕으로서 성장하도록 그에게 맡겨진 임무를 완수하기 위해 온몸을 던져 완벽하게 수행했으며, 자신의 임무가 완료되었을 때에 미련 없이 떠나가는 아름다운 이야기에서 멘토링을 발견하게 되고 1:1 Tutorial System에 대한 상담학습 유래와 인재개발방법 그리고 한 사람을 고품격 인재로 성장시키는 최적의 시스템임을 알 수 있다.

Mentoring Tutorial System은 오늘날 1:1 상담학습이 가능한 교육 부분에 아름다운 사례를 갖고 있다. 교수와 학생 관계에서 초중고교 선생님과 학생 관계에서 감동적인 사례가 매스컴이나 잡지에 실리기도 하여 많은 사람에 감동을 주기도 한다.

왜냐하면 학교의 평준화 교육이나 기업의 집단 교육에서는 이러한 사례가 제도적으로 발생확률이 거의 제로에 가깝기 때문이다.

3. 멘토의 전인인격 리더십

멘토링의 핵심내용은 인격 프로그램이다. 멘토는 전인적인 인격으로 한 사람을 인격적인 리더로 키운다.

유럽이나 북미 등 멘토링 선진국에서는 이미 멘제로서 그전에 멘토링 활동을 경험한 사람이 대부분이기에 멘토 선발에 큰 어려움 없이 진행된다. 그러나 한국은 멘토 자체가 생소하고 초창기이기 때문에 멘토 선발에 많은 어려움이 뒤따르게 된다. 그러므로 멘토가 되어야 할 당위성을 설득력 있게 설명해 주어야 한다. 특히 오늘날 현재 자신의 가치를 누리고 있다는 것이 나 이외 많은 사람으로부터 빚진 사람 입장에서 누구나 선배는 후배의 멘토가 되어 주어야 하고 어른은 청소년의 멘토가 되어 주어야 하는 것을 타당하게 받아들일 수 있도록 해야 한다.

멘토의 인격정신은 먼저 타인을 배려하는 차원에서 인간가치관을 올바로 정립한 상태에서 멘토로서 역할을 수행해야 한다.

[멘토링의 인간 가치관]

1) 인간은 최고의 가치를 가지고 있다: 이 세상 만물의 영장이다.

2) 인간은 보석이다: 탄생할 때 부, 모, 하나님의 3위일체 보석과 같은 작품이다.

3) 인간은 승리할 수 있다: 보통사람도 멘토를 만나면 자기 잠재능력개발의 5%
   나 더 개발할 수 있다.

[오늘날 멘토의 정신]

전인적인 삶의 조언자로서 먼저 인격적인 역량, 전반적인 삶의 활동 그리고 조
언자의 역할을 해 주는 사람이다.

1) 전인(인격)적인 기능

(1) 경력개발을 통한 - 전문적인 역량을 전수해 주는 사람이다.

(2) 심리적인 면을 통한 - 정서적인 역량을 전수해 주는 사람이다.

(3) 리더 모델로서 - 윤리적이며 의지적인 역량을 전수해 주는 사람이다.

2) 삶의 전반적인 면에서 동행해 주는 사람이다.

(1) 가정에서 삶의 내용을 나눈다

(2) 직장에서 삶의 내용을 나눈다.

(3) 사회 생활에서 삶의 내용을 나눈다.

3) 멘제를 위하여 조언자의 역할을 한다.

(1) 멘토는 조언자이고 멘제는 결정자이다.

(2) 멘제가 먼저 질문하고 멘토는 답변자가 된다.

(3) 멘토가 멘제를 자기보다 더 훌륭한 사람으로 키운다.

제2장 세이비어 교회 사역공동체(Mission Group)

세계적으로 작은 교회 성공의 롤모델이 된 세이비어(Saviour) 교회의 사역공동체와 섬김리더십 기술을 살펴보는 과정이다.

1. 세이비어 교회 사역공동체

세이비어 교회의 본질은 소그룹을 통해서 경험되어야 한다는 것이다. 세이비어 교회의 소그룹은 온전한 헌신을 위한 삶의 4가지 영역인 '변화, 증거, 양육, 활동'에 초점을 두고 활동하고 있다. 이 4가지 영역을 바로 이해할 때, 세이비어 교회의 진정한 가치를 알게 된다. 이 4가지 영역의 소그룹의 모습은 오늘날 한국교회에서 다루어지고 있는 소그룹에 대한 발전적인 사역 공동체(Mission Group)로 구체적인 모델을 제시한다.

[4가지 영역]

'변화'란 내면적인 훈련의 길을 걷는 것을 말한다. 결과적으로 내 안의 자아는 죽고, 내 안에서 근본적인 변화가 일어나는 것이다. '증거'란 교회에 대한 참된 이해로부터 오는 것인데, 즉 교회는 변화를 가져오는 능력에 대해서 증거하는 증인들의 모임이라는 것이다. 이 능력이란 죄를 회개케 하고, 우리 삶의 우선순위를 바꿈으로써 개인과 도시와 국가를 새롭게 하는 능력을 말한다. 결국 이 능력은 우리 사회를 변화시키는 능력이다. 오늘날 그리스도인들은 이 능력에 의지하여 회복을 간절히 필요로 하는 이 세상에 새로운 변화를 가져올 수가 있는 것이다. '양육'이란 교회는 영적으로 더욱 성숙하길 원하는 사람들, 그리고 하나님의 뜻 가운데 살고자 하는 자들을 인도하고 격려하고 방향을 제시해 주는 것이다. 교회는 영적인 노정을 분명히 아는 길잡이가 되어야 한다. '활동'이란 그리스도인으로서 자신도 고통을 체험한 자로서, 이 세상의 고통받는 이들이 치유받도록 끊임없이 중보하고 진심 어린 노력을 통해 활동하는 것을 가리킨다.

2. 세이비어 교회의 섬김리더십

세이비어 교회를 움직이는 힘으로 서번트 리더십을 다룬다. 서번트 리더십(Servant Leadership)이란 종의 신분으로 추종자를 섬긴다는 섬김의 리더십이다. 소그룹 공동체를 중심으로 교회를 이끌어 가는 세이비어 교회에서 서번트 리더십은 핵심적인 목회철학이다. 고든 코스비는 서번트 리더십이 예수님께서 성육신하신 목적이라고 말한다. 고든 코스비가 서번트 리더십 학교를 시작할 축제 센터에서 강연한 서번트 리더십의 본질의 일부분을 기술하자면 다음과 같은 내용들이다.

"우리들은 이것을 '올라가는 길'(ascending way)과는 반대되는 '내려가는 길' (descending way)이라고 표현할 수 있을 것이다. 복음서의 교훈은 예수께서 내려가는 길을 선택하셨음을 확실하게 보여 준다. 예수께서는 일회적으로 내려가는 길을 선택하신 것이 아니라 지속적으로 그 길을 선택하였다. 예수께서는 중요한 순간마다 의도적으로 아래로 향하는 길을 찾으셨다."

제3장 미국 교육 평화봉사단 TFA(=Teach for America)

미국 교육계의 물질적인 보수보다는 교사의 보람과 가치 즉 정신가치를 내세워 명문대학 졸업생들이 경쟁적으로 지원하고 있는 2년제 교육 단체다.

▲ 미국 예일대 졸업생이자 '미국을 위한 교육'(Teach For America) 소속 교사 줄리앤 칼슨이 휴스턴의 한 초등학교에서 수업을 진행하고 있다. 계층 간 교육 불평등 해소를 목표로 하는 TFA는 명문대 졸업생들을 선발해 미국 내 가장 가난한 지역에 교사로 배치한다. 12일 창립 20주년을 맞는 TFA는 지난해 4,500명을 뽑는데 무려 46,000여 명이 몰릴 정도로 인기가 높다. 오는 12일 워싱턴 DC에서 창립 20주년 기념행사를 갖는 이 단체의 초급교사는 현재 8,200명, 20년 전 불과 500명에서 16배로 늘었다. 지난해엔 4,500명을 뽑는데 무려 46,000여 명이 몰려 10 대

1의 경쟁률을 기록했다. 하버드·예일대 졸업생 가운데 18%가 지원했으나 이 가운데 20%만 초급교사로 선발될 수 있었다.

미국 공교육 개혁 바람을 일으키고 있는 미셸 리 전 워싱턴 DC 교육감이 TFA 3기생이고, 대안 학교 혁명을 일으키고 있는 'KIPP'('아는 것이 힘이다' 프로그램)의 공동 창업자 마이크 파인버그와 데이브 레빈, '올해의 교사상'을 휩쓰는 이름들이 TFA가 배출한 2만 명 동창생 명부에 올라 있다.

TFA가 짧은 기간 동안 비약적 성공을 거둔 것은 탁월한 교육적 효과 때문이다. 미국 내 교육 연구 보고서들은 TFA 교사들이 가르친 학생들이 수학·독해·과학 등에서 정규 교사들이 가르친 학생들보다 좋은 성적을 내고 있음을 입증하고 있다.

지난 2004년 '매서매티카 폴리시 리서치'는 TFA 교사가 가르친 학생들의 수학 성적이 다른 학생들보다 표준편차상으로 0.15 올랐고, 이는 한 달간 더 교육받은 효과와 같다는 결과를 게재했다. 지난 2008년 '어번 인스티튜트'도 "TFA 교사들은 고등학생 시험성적에서 비TFA 교사보다 상대적으로 긍정적인 영향을 주고 있다"며 "이는 다년간의 경험을 추월하며, 특히 수학과 과학에서 강한 효과를 내고 있다"고 지적했다.

TFA의 경험은 아이들뿐만 아니라 교사들의 인생도 근본적으로 바꿔 놓곤 한다. 미셸 리 전 워싱턴 DC 교육감은 지난해 '오프라 윈프리 쇼'에 출연, "볼티모어의 공립학교에서 TFA 교사로 일했던 경험이 나의 신념을 더욱 굳게 했다"고 고백했다. 그녀는 "아이들은 잠재력이 있고 또 그것을 달성할 수 있다"며 "문제는 아이들이 아니라 어른들"이라고 말했다.

TFA는 지난해 기부금을 모아 1억 8천9백만 달러의 예산을 확보했고, 이 가운데 75%는 뛰어나고 열정적인 TFA 교사를 받고 싶어 하는 커뮤니티에서 제공하고 있다.

멘토: 체계적인 관리

Step 1. 멘토선정(Selecting)

1. 선정기준

1) 멘토로서 가장 적절한 덕목이 무엇인지를 각 조직의 문화 등을 고려하여 선정한다.
2) 멘토의 자격 기준은 일반자격/업무(전문)자격으로 구분하여 기준을 설정한다.
*Attributes/Antecedents/직책/전문분야/기타 특성 등

[기능별 기준]
1) Best Mentor: 그룹별로 1명을 선정하여 벤치마킹 대상으로 추대하고 경영자 역량개발 교육시 베스트 멘토 강사로 추대한다.
2) Gold Mentor: 단위 조직별로 상위직에서부터 1/10 인원을 선정하여 멘제와 1:1로 연결하고 12개월 멘토링 활동에 참여한다.
3) Combi Mentor: 멘토링 Project 활동에서 멘제 인원에 맞게 선정하여 12개월 활동에 참여한다.

2. 선정 방법

1) 멘토 선발 특성

(1) Aged(나이): 이왕이면 나이가 든 사람이 좋다.

(2) Carreered(경력): 이왕이면 경력이 많은 사람이 좋다.

(3) Knowhowed(노하우): 이왕이면 노하우를 가지고 있는 사람이 좋다.

(4) Leadershiped(리더십): 이왕이면 리더십을 갖춘 사람이 좋다.

(5) Personalityed(인격): 이왕이면 인격을 갖춘 사람이 좋다.

2) 멘토 선발 자질

(1) 멘토는 한 개인을 지원하고 그 사람의 성장에 관여하는 사람이다. 구체적으로 멘제의 인간가치를 업그레이드시키는 사람이다.

(2) 멘토는 상급자로서가 아닌 한 사람으로서 멘제 개인을 염려한다.

(3) 멘토는 멘제 한 개인의 업무만이 아닌, 전인적으로 삶의 전반적인 발전을 돕는다.

(4) 멘토는 권한이나 권력을 기반으로 하는 관계가 아닌, 특수 관계를 멘제와 맺는다. 멘토는 멘제의 말을 경청하고 질문을 받고 나서야 조언을 한다. 개인적인 판단이나 비난을 배제한 뒤 멘토의 조언이 이루어질 것이다.

(5) 멘토는 무엇보다도 인간관계에 초점을 맞춘다. 멘토가 멘제와 맺은 관계에는 어떠한 사적인 이권이나 멘제에 대한 위기적인 사항도 있어서는 안 된다. 멘제 개인의 발전을 바라며, 애초에 멘제의 편에서 관계가 시작되기 때문이다.

(6) 멘토는 신뢰받는 친구이자 선생님이며 안내자이고 역할 모델이다. 멘토는 멘제에게 전달하고자 미리 준비된 지식을 소유하고 있는 전문가이거나, 적어도 자신의 분야에서는 어느 정도 지위에 오른 사람이고, 주변 동료들에 의해서도 그렇게 인정받는 사람이다.

(7) 멘토는 본래 멘제의 특성과 잠재력을 개발하며, 경쟁이 아니라 도와주는 존

재다. 멘토는 인내심을 가지고 자신을 돌보는 멘제에게 도전하도록 권하며, 나름의 견해를 가지고 열의를 보여 준다. 또한 미래에 대한 포부를 가지고 있으면서도 현재의 명확한 초점을 유지한다.

(8) 멘토는 자신이 선택한 직장과 고용관계, 공적인 거래 또는 직업의 대한 소명의식을 가지고, 직장을 사랑한다. 동시에 직장의 취약점을 인정하고 멘제가 그 취약점에 대치할 수 있게 건설적으로 도와준다.

3) 멘토 선발 방법

(1) 지원제: 본인이 지원하고 멘토 추천위원회에서 심의하여 선정하는 방법으로 가장 좋은 방법이다.

(2) 추천제: 부서원이나 부서장이 추천하여 심사를 거쳐 결정하는 방법이다. 가능한 한 부서원의 무기명 투표로 결정하는 방법이 부서장이 직접 추천하는 것보다는 효과적이다.

(3) 임명제: 1항과 2항으로 선발이 어려울 때 가장 비효율적인 방법으로 문서 임명으로 선발하는 것이다. 이는 타의에 의한 방법이므로 가능한 한 피하는 것이 좋다.

위 3개 항목으로 선발되는 과정에서 특히 추천위원회에서는 조직의 인사평가자료를 참작하여 가장 우수한 직원을 멘토로 최종 선발하는 것을 잊지 말아야 한다.

4) 멘토 선정 체크리스트

(1) 리더십을 발휘할 수 있는 자신이 있는가?
(2) 사람 중심(VS 업무 중심)의 행동 형태인가?
(3) 경청과 지도 모두 가능한가?
(4) 직장 내 조직에 관한 지식과 경험이 있는가?
(5) 조직 내에서 리더 경험이 있는가?(자치회임원, 팀장, 구역장, 주교교사 등)
(6) 멘제와 다른 분야에서 성공경험이 있는가?

(7) 조직 밖에서도 발이 넓고 칭찬의 대상이 되는가?

(8) 자신의 전문업무 외에서도 성장을 지원할 생각이 있는가?

(9) 팀워크를 다져 업무를 수행할 수 있는가?

(10) 위험하다고 생각될 때 인내력을 발휘해서 지켜보는 도량이 있는가?

Step 2. 멘토양성(Education)

1. 멘토 양성

1) 멘토사역단에 입단된 사람들을 각 단계별로 교육・훈련 프로그램에 참여시켜 인재개발 전문 멘토로 개발한다.

2) 멘토의 교육・훈련은 멘토로서의 자질, 소양, 자세, 전문분야를 주제로 관련 교육(멘토링 원리, 멘토의 역할, 멘토리더십, 멘토/멘제 기술, 인재개발 게임, 사례연구 등)에 대하여 철저히 실시한다.

멘토과정	세부과정	시간	비 고
전문과정 (Combi/Gold)	멘토 정규과정	20	멘토 프로그램 전문인력 양성과정으로 멘토 모니터 코디네이터 등 참석
	핵심 멘토과정	40	
자격과정(Dia)	자격 멘토과정	60~80	멘토링지도사 자격과정
개시과정	Workshop 과정	4~20	멘토/멘제 합동
특강과정	리더십 과정	2~4	CEO 및 간부급 멘토를 위한 특강 과정
	Cyber교육과정	10	임직원 멘토를 단체로 교육 참여가능

2. 멘토 연결(Relation)

멘토링 관계의 상호 간은 멘토와 멘제다. 많은 사람이 멘토링을 1:1이 전부인 양 생각하나 그것은 선입견이다. 멘토링의 가장 올바른 관계형태는 멘제 1에 멘토가 다수(전문별로 멘토 1, 멘토 2, 멘토 3)로 도움을 주는 형태다.

바로 왕자 한 사람을 왕사(王師) 여러 사람이 도움을 주는 형태가 멘토링 관계에서 가장 올바른 형태이기 때문이다.

1) Off Line 연결방법

멘토와 멘제가 멘토링 활동개시 전 Workshop 현장에서 성격검사를 한 후 결과에 따라 동일성격, 보완성격, 대조성격, 순서로 연결한다.

2) On Line 연결방법

단위 조직의 전산시스템의 온라인상에 멘토풀 리스트를 참고하여 멘제가 멘토를 선정하는 방법이다. 멘제가 자기에 해당하는 사항(Factor)을 체크 표시하면 멘토와 최적으로 온라인에서 연결시켜 주는 방법이다. 문제 발생 시 Off Line에서 모니터의 지원을 받아 해결한다.

(1) 관계형태 1: 멘제 1 - 멘토 다수 - 고품질의 멘토링(High Quality)
(2) 관계형태 2: 멘제 1 - 멘토 1 - 일반적인 멘토링
(3) 관계형태 3: 멘토 1 - 다수 멘제 - 저품질(Low Quality) 유사멘토링(코칭 cell 소그룹 형태)

3. 멘토 활동(Acting)

1) Off Line에서 활동

멘토링 활동은 12개월 동안 멘토와 멘제가 1:1로 1주에 한 번이나 1달에 몇 번 등 주기적으로 미팅하여 멘토링 활동하는 방법이다. 이 방법은 적은 인원에서 가능하며 멘토링 활동의 최적의 면 대 면(Face to Face) 방법이다.

2) On Line에서 활동방법

전산시스템에 의해서 대량인원(1,000명 이상 대학, 대형교회, 그룹기업 등)이나,

시간적·장소적·관리적인 제한을 벗어나 멘토와 멘제가 온라인상에서 이메일, 채팅, 영상화면 등으로 활동하는 것을 말한다. 이 방법은 충분한 만족에는 한계가 있으므로 모니터의 수시 Off Line 대응이 필요하다. 단위 조직에서는 초기 설비 및 시스템 투자를 해야 하지만 5년 이상 장기적인 안목에서는 결국 저비용 고효율의 생산성효과를 얻을 수 있는 방법이다.

3) 멘토링 미팅 활동기간

(1) 멘토/멘제의 활동기간을 6개월, 12개월, 24개월 등으로 명시한다.

(2) 멘토/멘제의 주간 미팅 등 개인 활동에 관한 프로그램을 제공한다.

(3) 멘토/멘제가 전원이 활동하는 그룹에 특별 프로그램을 제공한다.

Step 3. 멘토관리(Monitoring)

멘토링 활동 중에 발생할 수 있는 문제점(학벌/지연 등 파벌조장, 노사대립 등)을 사전에 방지하는 차원에서 모니터링(Monitoring) 시스템으로 체계 있게 관리해야 한다.

1. 모니터의 관리

모니터는 1) 수시로 목표관리가 되는가, 2) 상호간 문제는 없는가, 3) 요구사항은 무엇인가 등 Off Line상에서 활동 촉진지원을 한다.

2. 전문업체의 관리

멘토링 프로젝트를 컨설팅 차원에서 지원하는 것으로 매월, 계간, 활동종료 등 3단계로 활동을 점검하고 지원하고 목표관리를 체크하는 방법이다. 이 방법은 성공률을 높이는 가장 효과적인 방법이지만 비용이 뒤따른다. 대응방법으로 단위 조직에서 사내 강사요원이나 컨설턴트를 양성하여 전문업체 대신 수행하면 큰 비용을 절감할 수도 있다.

3. 시스템의 관리

전산 시스템에서 12개월 관리하는 방법으로 선정, 연결은 물론 활동과정에서도 현재 멘토와 멘제가 목표관리를 잘하고 있는가, 역량개발이 잘 이루어지는가, 불평여건으로 미팅 중단상태인가 등을 자세히 점검하여 모니터가 대응책을 마련할 수 있도록 한다.

4. 멘토 지원(Motivating)

멘토 활동을 지원하는 것은 조직에서 멘토의 자생력 개발과 목표달성 촉진 차원에서 지원한다.

멘토링은 정규 업무를 수행하면 멘토링이라는 특수업무를 다루기 때문에 동기부여가 필수적이다. 동기부여방법은 물리적·정신적, 그리고 업무적 차원에서 지원해 주는 방법이 있다.

1) 제도적 차원 지원: 멘토로 선정되면 Mentor 단에서 체계적으로 관리해 준다. 특히 멘토 각 그룹별로 특성에 맞는 정규교육 과정에 필수적으로 참여토록 지원한다.
2) 업무적 차원 지원: 멘토에게 멘토링 활동에 관한 올바른 목표를 설정해 주어 책임의식과 목표의식을 고취해 주고, 두루뭉술한 멘토링이 되지 않도록 해야 한다. 멘토링 활동 중 중간이나 최종평가와 직결된다.
3) 인사적 차원 지원: 멘토링 활동 자체가 이중 업무가 됨으로 멘토링 결과에 따라 인사평가, 연봉책정, 진급심사 등에서 가점(加點)을 주어 지원해 준다.

4) 활동적 차원 지원: 멘토와 멘제의 교육지원, 자유롭게 활동할 수 있도록 월간 활동비지원, 멘토링 데이 선정고시 그랜드 미팅 때 CEO 격려 참석 등으로 지원해 준다.

5) 포상적 지원: 멘토링 최종결과 발표 때 우수멘토링쌍 선정, 우수 멘토 선정, 우수 수기 제출자 선정 등으로 포상한다.

6) 인증적 차원 지원: 멘토의 공훈을 참작하여 멘토링 활동이 종료 후 일정한 방식으로 교육수강, 활동기간, 포상 등을 감안하여 CEO명으로 인증서를 수여하고 특히 사내 핵심 인재개발 대상자로 격려해 주도록 한다.

5. 평가(Checking)

멘토링 평가는 개인 및 그룹평가 그리고 정량평가와 정성평가로 구분하여 평가할 수 있다. 특히 평가 시 유의사항으로 멘토와 멘제는 정규업무를 다루면서 특수업무로 멘토링을 다루므로 평가의 원칙 중 상벌이 따르는 것보다는 포상 차원에서 다루어야 형평성에 어긋나지 않는다.

[평가기준 참고]
어떤 경영기법일지라도 조직의 양적·질적으로 성과와 연결하지 못한다면 채택 및 유지될 수 없는 것이다.

조직의 효과성을 위하여 만든 프로그램이 바로 정량과 정성 평가 목표율이며 이 기법을 적용하면 멘토링 추진팀이나 멘토 등 활동에 참여자 모두가 강한 책임의식을 갖게 된다.

그러므로 멘토링 활동이 끝난 후에는 반드시 목표율에 의한 실적평가가 나타나므로 각 조직의 CEO는 한눈에 업무 생산성 효과를 점검할 수 있어야 한다.

[멘토 활동 평가기준]

정성평가 - 비경제성 평가 Humanity - 인간성	평가율 Kind	정량평가 - 경제성 평가 Productivity - 생산성
*멘토링 4가지 만족도 평가 1. 멘토링 교육만족도 2. 멘토링 관계만족도 3. 멘토링 활동만족도 4. 조직 만족도	1. 유지율 2. 정착률 3. 상승률 4. 성과율 5. 숙달률 6. 회수(ROI)	1. 최종쌍수/당초쌍수x 100 2. 정착신입원/당초신입원 3. 확보인재수/목표인재수 4. 최종성과율/당초성과율 5. 최종숙달률/당초숙달률 6. 총회수액/총투자액
*개인 - PDI 상승률 평가 *조직 - HRI 상승률 평가 *멘토 - 자생력 상승률 평가 *멘제 - 업무 조기숙달률 평가		

Theme 4

멘토: 자기훈련

멘토 자기계발 훈련 5권의 교재로 1) 영성훈련-1권, 2) 인격계발용-1권 그리고 3) 자기훈련용-3권을 제공한다.

1) 영성훈련-성경 읽기/명상하기/영성 진단체험-도서[멘토링 영성 칼럼]
2) 인격훈련-지식개발 정서개발 의지개발--도서[멘토링 인격 오디세이]
3) 자기훈련-인성가치/활동기술/생애진단-도서[인격시리즈—3권]

제1장 멘토 영성훈련 도서『멘토링 영성 칼럼』소개

1. 효율적인 신앙훈련 성경 읽기

'탈무드가 유대인을 이끌고 성경이 신앙인을 이끈다'는 말은 성경의 주요성을 여실히 나타내는 말이다. 한편으로 성경이 최다로 출판되고 최다로 읽힌다는 한국에서 아이러니하게도 신앙생활에서 이원론에서 자유롭지 못하다는 평을 듣고 있다. "예수님은 좋은데 예수 믿는 사람은 싫다. 교회에서는 잘하는데 밖에서는 그렇지 못하다. 믿지 않는 내가 믿는 너보다 더 잘할 수 있다"는 사회적인 면에서 부정적인 평이다. 아래의 전인적인 신앙훈련이란? "행함 없는 믿음은 죽은 것"이라는 위기상황에서 성경을 올바로 이해하고 영성을 무장하여 한발 더 나아가 멘토로서 현장사역에 앞장서서 믿음과 행함의 균형을 이루어 참된 신앙인으로서 가치를 발휘할 수 있기를 기대한다.

1) 시간을 투자에 비례하여 효율성
2) 질적/양적/영적으로 효율성
3) 성경 66권 체계적 이해 효율성

2. 전인적인 신앙훈련 멘토사역

오늘날 사회 각계각층에서 기술과 지식 주(Hightech)의 부작용으로 좁아진 인격에서 심각한 갈등에 직면하고 있는 실정이다. 특히 교회 내외에서 강력한 윤리 리더십의 회복을 요구받고 있는 때에 성경 읽기, 영성무장, 멘토사역을 통해 전인적인 신앙훈련에 참고자료로 제공한다.

1) 성경 읽기에 지식적인 전문지식 보완
2) 영성무장에 정서적인 감성의식 발휘
3) 멘토사역에 의지적인 윤리회복 촉진

3. 자율적인 신앙훈련 자아실현

설교에 의존한 소극적 신앙생활에서 적극적인 자기계발 신앙훈련으로 성숙한 신앙생활애 도전의 기회이다.

1) 자율학습: 평신도 - 설교+성경 읽기 - 66권 체계
2) 자율봉사: 직분자 - 사역+소명의식
3) 자율정화: 목회자 - 인격+윤리리더

제2장 멘토 인격훈련 도서 『멘토링 인격 오디세이』 소개

1. 인격계발의 의미

멘토링의 역사는 '잔닥제도 BC. 1400 구약 모세시대'와 '멘토제도 BC. 1250 그리스신화'로 구분하여 설명할 수 있다. 그러나 인격적인 면에서는 두 제도가 대동소이하다고 볼 수 있다. 잔닥제도는 잔닥이 신앙생활과 사회생활 양면에서 전인적인 삶에 조언자가 되는 것이고 멘토제도는 멘토가 수학·철학·논리학을 교재로 오늘날 인격을 상징하는 지정의 3요소를 균형 있게 개발해 주는 역시 전인적인 삶의 조언자이기 때문이다. 그러므로 인격계발의 우선순위는 멘토를 인격적으로 개발하고 그 다음 멘제를 자신과 같은 인격적인 리더로 개발하고자 하는 데 근본 의미가 있는 것이다.

잔닥제도	신앙생활 사회생활	전문적인 삶의 조언자	⟹		
멘토제도	지 - 전문 면 정 - 정서 면 의 - 의지 면		인격계발	멘토개발 멘제개발	리더개발

2. 오늘날 인격계발 필요성

사회 각 조직마다 인간성 상실과 제도권교육의 교실붕괴로 인격계발이 절실히 필요한 시대이다. 아래 개인의 입장, 조직의 입장, 그리고 사회의 입장에서 필요성을 찾아보고 특히 맥킨지 컨설팅이 평가한 "멘토링이 21세기 인재전략에 놀라운 힘을 발휘하고 있다"는 점을 이 책에서 찾아보도록 하자.

구분	내용	21세기 멘토링의 놀라운 힘과 세부내용
개인	균형인간	인격 3요소인 지정의(知情意)를 균형 있게 개발하여 개인적으로 인간존중을 받고 자기실현하는 데 인격계발이 필요하다. →>Typical Mentoring(전통적 멘토링)
조직	균형경영	인간성과 생산성의 균형경영으로 인재경쟁력을 확보하고 행복한 개인과 희망찬 조직을 건설하는 데 인격계발이 필요하다. →>System Mentoring(제도적 멘토링)
사회	균형사회	우리 사회 Hightech와 Hightouch를 균형 있게 개발하고 인간성과 윤리리더십을 회복한다. 아울러 사회적으로 인간벨트를 구축하여 국격을 높이고 선진국 문틱을 넘는 데 인격계발이 필요하다. →>Social Mentoring(사회적 멘토링)

3. 인격계발방법

이 책에서는 인격계발방법으로 1) 두뇌 활용법, 2) 멘토 활용법, 3) 교육 활용법 등 3가지 방법을 제시하고 있다.

1) 두뇌 활용법: 양뇌이론(Dual Brain)으로 지성의 좌뇌와 감성의 우뇌를 개발한다.
2) 멘토 활용법: 멘토 자신과 같은 리더로 재생산 기법인 4Step-10Skill을 활용한다.
3) 교육 활용법: 교육, 컨설팅, 미팅 등 일정시간, 기간에 개발 프로그램을 활용한다.

제3장 멘토 자기훈련 도서 『인격총서 3권 B2-3-4권』 소개

멘토링 인격프로그램은 2000년부터 교육 및 컨설팅 과정에서 핵심내용으로 적용되어 왔다. 금번 그동안 10년에 걸쳐 인격에 관한 강의자료를 종합하여 4권의 신간에 그 내용을 담아 출간했다.

이 인격 4권 시리즈는 내부적으로는 먼저 멘토개발 및 인재개발 교재용으로 활용될 것이고 외부적으로 오늘날 사회 각 조직마다 상실된 인간성을 회복하고 지도자들이 윤리리더십을 회복하는 자정 프로그램으로, 그리고 국가적인 차원에서는 선진국 문턱을 넘는 국격(國格)을 높이는 인간벨트(Human Belt) 구축의 핵심 프로그램으로 활용될 것이다.

인격 본질 편－멘토링인격이해 부문
B 1. 멘토링 인격 오디세이
Part 1. 오늘날 멘토링의 중요성
Part 2. 멘토링 인격 오디세이
Part 3. 멘토링 인격 사례모델
인격 가치 편－知－전문역량개발 부문
B 2. 멘토링 인간가치 경영
Part 1. 멘토링 인간 중심 경영
Part 2. 멘토링 인간 핵심가치 개발
Part 3. 멘토링 인간 가치개발 명상록
인격 기술 편－情－정서역량개발 부문
B 3. 멘토링 활동 촉진기술
Part 1. 멘토링 소통기술 개발
Part 2. 멘토링 감성기술 개발
Part 3. 멘토링 미팅기술 개발
인격 생애 편－意－의지역량개발 부문
B 4. 멘토링 생애진단도구
Part 1. 멘토링 행동지침－12
Part 2. 멘토링 생애 진단도구
Part 3. 멘토링 생애개발 계획

Theme 5

멘토: 섬김사역

섬김사역은 멘토사역단의 핵심 멘토 활동으로 1) 교회 내부 지원 멘토 활동, 2) 지역사회 지원 멘토 활동, 3) 한국교회에 희망을 주는 5가지 주제인 희망 지원 멘토 활동으로 구분하여 365 프로젝트 프로그램으로 소개한다.

1. 교회 내부 사역 멘토링

교회사역 멘토링	참가 대상자	멘토링 방법
1. 봉사자 지원 멘토	구역장/교사/성가대원/선교임원	봉사업무개발 멘토링
2. 직분자 지원 멘토	목사/장로/권사/집사/	핵심역량개발 멘토링
3. 인재지원 멘토	업무/관계기술	리더인재개발 멘토링

2. 지역사회 사역 멘토링

지역사회 멘토링	지역 참가 대상자	멘토링 방법
1. 청소년 지원 멘토	지역사회 청소년	교회 직분자와 1:1
2. 노령자 지원 멘토	지역사회 노령자	"
3. 장애인 지원 멘토	지역사회 장애인	"

3. 희망주제 사역 멘토링

희망 대상 멘토링	지역 참가 대상자	멘토링 주제대상
1. 환경대응 지원 멘토	목회자	목회핵심역량 개발
2. 가치관 지원 멘토	직분자, 목회자	사명/핵심가치/비전
3. 롤모델 지원 멘토	목회자	사명 핵심가치 5가지
4. 소수정예 지원 멘토	전교인	인격계발 Star Game
5. 인성교육 지원 멘토	목회자	예수님의 황금률 8 Step

제1장 교회 멘토사역 365 프로젝트

1. 봉사자 1-사역자 핵심인재개발 멘토링

추진배경	교회 사역자(구역장, 성가대원, 교회교사, 선교회임원, 지역사회 봉사대원 등) 중에서 앞으로 핵심인재로 세울 멘제와 핵심업무에 종사하는 멘토를 연결하여 조기 핵심 인재화 프로그램으로 특히 사역자 선후배 간 대화촉진과 부서 간 봉사협조를 우선 배려하면서 추진한다. 1. 인간성 차원: 멘토와 멘제 상호 간 신뢰와 존경으로 먼저 전 교인 한마음공동체로 관계를 촉진한다. 2. 효율성 차원: 교회 고유기능인 예배, 교제, 교육, 지역봉사, 해외 선교 등에서 핵심업무를 선정하여 멘토를 통해 12개월 동안 집중적으로 봉사 및 사역 기술, 지식, 노하우 등을 전수한다. 3. 리더십 차원: 교회 중간 지도자로서 멘토의 전인적인 리더십으로 지적·정적·의적인 면에서 멘토링 방식의 핵심 인재개발 요건을 작성하고 전수한다. 1) 사역현장에서 선후배 대화 활성화 2) 교회 전체 봉사 부서 간 업무 협조화 3) 먼저 인간적으로 Human Network 형성
추진 기본사항 5가지	◦ 활동목표: 핵심인재개발 멘토링 ◦ 활동기간: 12개월 ◦ 활동始終: 2012.7.1~2013.6.30. ◦ 멘제기준: 후배 사역자(신입 사역자나 미숙한 사역자 중에서 선발) ◦ 멘토기준: 선임 사역자 중에서 리더십이 있는 자(특히 직분자로서 멘제 인원만큼 선발)
기대효과	1. 선배와 후배 사역자 간에 대화가 원활해진다. 2. 타 부서와 봉사 등 사역에서 협조가 원활히 이루어진다. 3. 교회 내 업무가 목회 차원에서 전략적 협조가 원활히 된다. 4. 멘토 그룹의 미팅효과로 핵심 인재개발 노하우가 축적된다. 5. 자율학습 인재개발 차원에서 조기핵심인재화의 효과를 거둔다.

2. 봉사자 2 - 평신도 봉사개발 멘토링

추진배경	목적: 오늘날 교회 현상에서 평신도 중 많은 인원이 교회 봉사에서 의도적으로 제외된다. 이를 자연스럽게 봉사 현장에 참여케 함으로 더욱 성숙한 신앙인으로 그리고 교회 리더로 발돋음할 수 있는 기회를 마련하는 것이다. 1. 이기적인 면에서 타인 배려의 마음을 갖게 한다. 2. 봉사를 통하여 자기실현의 기회를 제공한다. 3. 개인의 신앙성숙의 보람을 느끼게 한다. 방법: 구역이나 친지를 통하여 봉사에 능력 있는 자를 찾아내어 친분 있는 사람과 1:1로 연결하여 우선 성가대, 교사, 구역일꾼, 안내, 주차요원 등에서 멘토의 도움으로 자연스럽게 봉사를 연습할 수 있도록 하고 일정기간 지나면 임명하여 세운다.
추진 기본사항 5가지	○ 활동목표: 평신도 봉사 개발 멘토링 ○ 활동기간: 12개월 ○ 활동始終: 2012.7.1~2013.6.30. ○ 멘제기준: 봉사에 능력 있는 자(봉사 쉬고 있는 자, 전입자로 등록한 자) ○ 멘토기준: 각 부서 및 기관에서 우수 및 모범 봉사자(Golden Mentor)
기대효과	1. 멘토링 활동으로 관계가 활성화되어 공존관계가 이뤄진다. 2. 멘토/멘제 상호 간 관계 촉진 커뮤니케이션이 원활해진다. 3. 멘토링 활동을 통해서 교회를 사랑하는 마음을 갖게 된다. 4. 멘토십이 개발되어 봉사자는 자기 실현의 기회를 갖게 된다. 5. 타인을 배려하는 마음으로 교회 리더십개발의 계기가 된다.

3. 봉사자 3 - 봉사 업무능력 개발 멘토링

1) 내용 1: 교회봉사 업무혁신이란?

교회 경쟁력 강화를 위한 업무 혁신 자율학습 프로그램으로 '업무능력 혁신 멘토 1:1 12개월 프로그램'이다. GE그룹 사례를 활용하여 현장에서 적용하는 방법을 소개한다.

2) GE Group 업무혁신 멘토링사례

[사례 1. 식스시그마 업무혁신 멘토링]

GE그룹을 상징하는 경영기법으로 Six Sigma는 업무 차이와 인간 차이를 줄여 제품의 생산 수율을 최고로 높이고자 하는 것으로 30년간 유지하여 성공프로그램으로 인정받고 있다. 인간 차이를 줄이는 방법으로 전공정과 후공정 간에 멘토 시스템을 도입하여 업무 차이뿐만 아니라 인간적으로 한마음으로 인간벨트를 구축하여 성공률을 높이는 멘토링이다.

[사례 2. 인터넷 업무혁신 멘토링]

GE그룹 임원들의 업무취약부문인 인터넷을 업그레이드하는 멘토링으로 임원 600명과 인터넷기술이 우수한 젊은 사원 600명을 역(Reverse)으로 연결하여 6개월간 1:1로 진행하여 세계 최초 성공적인 성과를 거둔 임원 멘토링이다.

교회봉사 업무적용분야		봉사업무모델	업무세분
교회 각 조직별로 직분자 및 사역자로서 봉사업무 선정은 단위 부서의 특성에 맞게 선택하여 멘토/멘제를 선후배로 1:1로 연결 12개월 진행한다.		주교사역 부서 1:1	1. 교재활용 업무 2. 교사개발 업무
		성가사역부서 1:1	1. 성가기술 업무 2. 대원개발 업무
멘토:선배 직분자 (Golden Mentor)	1) 선임 봉사자 2) 자격분야 3) 지적소유권분야 4) 전문분야	전도사역부서 1:1	1. 전도기술 업무 2. 대원개발 업무
		구역사역부서 1:1	1. 구역장역할 업무 2. 구역원개발 업무
멘제:후배 직분자	1) 봉사후배 직분자 2) 봉사 업무미숙 직분자	지역사회봉사 1:1	1. 지역봉사기술 업무 2. 지역주민관리 업무

4. 직분자 1 - 평신도 출석률 향상 멘토링

추진배경	목적: 현재 교회 소속 재적인원을 멘토링 인간적인 배려 프로그램을 적용하여 한마음으로 묶고, 열린 앞문은 더 크게 열고 현재 열린 뒷문을 닫아 재적인원 대비 출석률을 향상시키는 데 목적을 둔다. 1. 인간적인 배려로 교회공동체로 한마음을 갖게 한다. 2. 열린 앞문과 뒷문 닫는 전략을 세운다. 3. 재적인원 대비 출석률을 향상시킨다. 방법: 교회 교인 재적부를 먼저 정리하여 현재 출석인원과 대비표를 만들고 멘토링 훈련받은 직분자(특히 장로, 권사, 집사, 멘토교육수료자 등)들을 멘토로 세워, 출석 부진자 현재 교회를 쉬고 있는 자들을 멘제로 하여 1:1로 연결하여 12개월 멘토링 활동을 진행한다.
추진 기본사항 5가지	◦ 활동목표: 평신도 출석률 향상 멘토링 ◦ 활동기간: 12개월 ◦ 활동始終: 2012.7.1~2013.6.30. ◦ 멘제기준: 출석부진자(부진 및 쉬고 있는 자, 새신자 등록한 자) ◦ 멘토기준: 각 부서 및 기관 직분자 중 Combi Mentor(또는 모범 및 성숙교인)

기대효과	1. 멘토링 활동으로 직분자와 평신도 간 협력과 공존관계가 이뤄진다.
	2. 멘토/멘제 상호 간 관계 촉진 커뮤니케이션이 원활해진다.
	3. 멘토링 활동을 통해서 상대방을 배려하는 마음을 갖게 된다.
	4. 멘토십이 개발되어 직분자는 미성숙자의 양육 노하우를 갖게 된다.
	5. 인간적인 배려로 출석률이 향상되고 인재경쟁력으로 이어진다.

5. 직분자 2 – 목회자 핵심역량 개발

1) 내용 1: 목회자 핵심역량개발이란?

목회자 개인 경쟁력 강화를 위한 지식전수 목회 프로그램으로 '핵심 역량개발 멘토 1:1 12개월 프로그램'이다. 핵심역량 내용은 전문적·정서적·의지적 즉 전인적인 분야다.

2) GE Group 핵심역량사례

[사례 3. 핵심인재개발 멘토링]

GE그룹의 임원들은 멘토 찾기에 전력을 기울인다. 한 가지 사례로 플라스틱 부문 여성 CEO로 승진한 샤린 베글리(40세)는 "**나는 임원 멘토링을 통하여 혹독한 수련 기간을 거쳐 20년 배울 것을 6년에 끝냈죠**"라고 말했다.

특히 잭 웰치와 현 이멜트 회장의 1년간 후계자 성공 멘토링은 삶 전체의 멘토링으로 업무뿐만 아니라 인간관계, 의사소통, 경험담으로 진행되었다.

[사례 4. 우수인재개발 멘토링]

GE그룹의 인사관리 원칙은 A급(우수)사원 20%, B급(보통)사원 70%, C급(퇴출)사원 10%로 구분하여 관리한다. 특히 보통사원에서 우수사원으로 승급하는데 1:1 멘토링 프로그램이 필수적이다. 1999년에는 우수사원으로 진급자 중 멘토로부터 멘토링받은 자는 거의 전부인 80%다.

목회 핵심역량 개발 적용분야		핵심 역량모델	핵심 역량세분
교단 및 교회 소속 목회자로서 선후배 간에 핵심역량이나 목회전문 지식이전(Sharing)을 해 줌으로 상호 핵심역량개발의 기회를 갖는다. 멘토링 지식경영 프로그램으로 선후배 목회자를 1:1로 연결 12개월 등 일정기간 진행한다.		핵심역량가치 지식전수 목회 Sharing	1. 인격가치 2. 관계가치 3. 리더십가치 4. 혁신가치 5. 성과가치
멘토: 선배목회자 중 Best Mentor	1) 선배목회자 2) 핵심역량 소지목회자 3) 탁월한 리더십 목회자 4) 전문 목회기술 목회자	핵심역량 기술 지식전수 목회 Sharing	1. 칭찬기술 2. 소통기술 3. 감성기술 4. 창의기술 5. 열정기술
멘제: 목회 희망자 신임 목회자 부교역자 대상	1) 후배 및 신입 목회자 2) 전문 및 핵심지식 배우고자 하는 후배목회자 3) 신대원생		

6. 인재 1 - 청소년 재능개발 멘토링

추진배경	목적: 교회 청소년 멘토링은 멘토링 인격계발 활동 프로그램으로 체계적으로 관리하여 학력 위주의 교육을 보완해서 멘토를 세워 1:1로 전문적 지원, 정서적 지원, 윤리적 지원으로 인간성을 회복하고 오늘의 청소년을 내일의 인격을 갖춘 리더로 세우는 데(Standing Together) 목적을 둔다. 1. 멘토를 통해 교회생활과 사회생활의 균형을 이루게 지도한다. 2. 청소년시절부터 신앙의 기본인 영혼을 사랑하는 마음을 갖게 한다. 3. 청소년 전인적인 리더십 개발 방법: 교회나 지역사회 청소년을 대상으로 먼저 체계 있게 멘토 양성과정을 인수한 교회 청소년 전문가나 연로한 사람을 멘토로 세워 1:1로 연결하고 12개월 진행한다.
추진 기본사항 5가지	○ 활동목표: 청소년 재능개발 멘토링 ○ 활동기간: 12개월 ○ 활동始終: 2012.7.1~2013.6.30. ○ 멘제기준: 초중고 학생(지역사회 학생-저소득가정, 소년소녀가장, 다문화가정 등) ○ 멘토기준: 직분자나 연로한 교인 중에서 선발(멘토교육을 이수한 Golden Mentor)
기대효과	1. 멘토링 활동으로 지적 위주에서 정서·의지 부문이 보완된다. 2. 이기주의적인 사고방식에서 멘토를 통해 감사의 마음을 갖는다. 3. 청소년시절부터 신앙을 기초로 한 진로에 대안을 세우게 된다. 4. 오늘날 물질가치 중심에서 정신적 가치인 영혼에 관심을 갖게 된다. 5. 현재 한국교회의 위기에서 미래 든든한 리더를 확보할 수 있다.

7. 인재 2 - 새신자 정착 멘토링

추진배경	목적: 새신자를 체계적으로 관리하여 교인들과 유대관계를 높이고 교회 현상 파악을 제대로 하여 적응을 잘할 수 있도록 함으로 정착률 향상을 목적으로 한다. 1. 유대관계 활성화 2. 교회적응 촉진 3. 정착률 향상 방법: 멘토로 교육받은 담당교사나 직분자를 새신자와 1:1로 연결하여 12개월 동안 세례 받아 정식교인이 될 때까지 멘토링 활동을 진행한다.
추진 기본사항 5가지	○ 활동목표: 새신자 정착 멘토링 ○ 활동기간: 12개월 ○ 활동始終: 2012.7.1~2013.6.30. ○ 멘제기준: 새신자 후배교인(새신자, 전입자 등) ○ 멘토기준: 교사나 직분자 중 Combi Mentor(멘토 교육을 이수한 성숙교인)
기대효과	1. 새신자 멘제에게 멘토를 연결하여 교회 생활에서 다양한 정보와 성경지식을 제공함으로써 믿음이 성장하도록 권면하고 나아가 신앙성숙의 기회를 제공한다. 2. 교회에서 새신자 멘제들이 겪는 심리적·사회적·정서적 문제에 대한 유경험자인 직분자 멘토들의 조언과 함께 고민(Slump)을 풀수 있는 자리를 마련해 준다. 3. 새신자 멘제들이 형제/자매와 같은 멘토들과 교류기회를 확대하여 한 가족의식을 고취하고 신속한 적응을 유도하여 교회 정착률을 향상시킬 수 있다.

8. 인재 3 - 독서인재개발 멘토링

추진배경	독서에 의한 인성계발 멘토링은 최소한의 비용과 시간에 의하여 새로운 지식정보를 입수, 이해, 습득하는 능력과 1:1 토의에 의해 사고력과 창의력을 개발할 수 있는 최상의 방법이다. 특히 금번 멘토링 활동 목표(Program)를 '인성계발을 위한 독서멘토링'으로 설정한 이유는 지식경영시대 최상의 차세대 인성을 갖춘 직분자 양성 방안이라고 판단되기 때문이다. 멘토링 프로그램을 도입하여 기존의 독서통신교육의 틀을 벗어나 새로운 방식으로 직분자 멘토와 평신도 멘제 교인을 1:1로 연결하여 커뮤니케이션 능력 개발과 공통의 신앙 가치관 공유에 좋은 실적을 거두고자 하기 위함이다. [인성계발 필독도서] 도서 1. 멘토링 인격 오디세이: 인격이해본질 편 도서 2. 멘토링 인간가치 경영: 인간가치개발 편 도서 3. 멘토링 활동촉진 기술: 인간기술개발 편 도서 4. 멘토링 생애진단도구: 인간생애개발 편 [인성계발 선택도서] 1. 멘토의 추천도서 2. 멘제의 추천도서

추진 기본사항 5가지	○ Project명: 독서인재개발 멘토링 ○ 활동기간: 12개월 ○ 활동始終: 2012.7.1~2013.6.30. ○ 멘제기준: 평신도 교인 ○ 멘토기준: 직분자(장로 권사 집사 경력사역자)
기대효과	1. 인격에 관한 정보와 지식 습득 능력이 향상된다. 2. 인간성을 바탕으로 커뮤니케이션 능력이 개발된다. 3. 멘토와 멘제가 같은 책을 읽고 토의함으로써 공통의 인간 가치관, 경험의 공유가 가능하다. 4. 섬김리더십이나 인성계발 분야뿐 아니라 특정기능분야가 개발된다(교회교육, 구역관리, 선교 업무, 성가대 봉사, 지역사회 봉사 등). 5. 독서의 능력개발로 교회 내 전문 독서 멘토 사역도 가능하다.

제2장 지역 멘토사역 365 멘토링

1. 지역주민 1 - 청소년을 위한 멘토프로젝트

추진배경	*지역 청소년 멘토링 추진배경 교회와 지역과의 그리스도 문화 공동체는 오늘날 교회의 가장 시급한 문제로 대두되고 있다. 왜 냐하면 요즈음 차가운 국민정서 속에서 교회가 지역주민과 거리를 두고 위기를 맞고 있기 때문 이다. 지역주민과 접촉점이 가장 손쉬운 분야가 청소년 봉사와 노인층 봉사이다. 다음은 청소년 분야를 교회에서 멘토링 방식으로 접근할 수 있는 참고자료다. 오늘날 교회목회의 균형은 교인행 복, 교회행복, 그리고 교회의 멘토들을 통한 주민행복으로 연결된 시스템이어야 한다. *지역 청소년 멘토제도 운영방법 1. 교회멘토 양성: 교회 직분자나 대학생 그룹에서 지역사회 청소년을 위한 멘토 지원을 받아 정 규교육으로 양성한다. 2. 교회에서 청소년을 위한 어느 분야에 멘토와 연결할 것인가를 아래 사례를 참작하여 선정한다.
추진 기본사항 5가지	○ 활동목표: 청소년을 위한 멘토 프로젝트 ○ 활동기간: 12개월 ○ 활동始終: 2012.7.1~2013.6.30. ○ 멘제기준: 지역 청소년에서 선발 ○ 멘토기준: 교회 멘토 양성자 중에서 선발 - 직분자 멘토 대학생 멘토 등
기대효과	1. 멘토는 타인 배려로 섬김리더십의 자세에서 청소년을 사랑하게 된다. 2. 교회는 지역 청소년을 개발하여 장래 교회 인재양성에 기여한다. 3. 교회는 지역사회와 정보교류가 이루어져 전도활동이 활발해진다. 4. 교회 멘토로 청소년에 관한 진로를 지도하여 국가사회에 기여한다. 5. 교회와 지역사회와 멘토링 Human Belt로 교회 이미지가 상승된다.

2. 지역주민 2 - 노년층을 위한 멘토프로젝트

추진배경	*지역노년 멘토링 추진배경 앨빈 토플러의 제3의 물결에서 밝혔듯이 "정보화시대에서 소외계층으로 노인을 꼽고 정보화 교육의 대책이 시급하다"고 말했다. 특히 우리나라는 세계 이례적으로 인구의 고령화가 급속히 진행되고 있으며, 2026년에는 전체 인구의 20%가 노년층인 초고령화 사회에 진입하게 된다. 급격한 노인 인구의 증가는 복지와 교육 그리고 사회적인 측면에서 노인들의 요구를 수렴해야 한다. 다음은 오늘날 교회와 지역사회 간 그리스도 문화 공동체 구축의 치원에서 노인층을 대상으로 교회 멘토 프로젝트로 아름다운 동행 방법을 소개한다. *지역 노년 멘토멘토제도 운영방법 1. 교회멘토 양성: 교회 직분자나 대학생 그룹에서 지역사회 위한 노년층멘토 지원서를 받아 정규교육으로 양성한다. 2. 교회에서 어느 분야에 멘토와 연결할 것인가를 아래 사례를 참작하여 선정한다.
추진 기본사항 5가지	○ 활동목표: 노년층 위한 멘토 프로젝트 ○ 활동기간: 12개월 ○ 활동始終: 2012.7.1~2013.6.30. ○ 멘제기준: 지역 노년층에서 선발 ○ 멘토기준: 교회 멘토 양성자 중에서 선발 - 직분자 멘토 대학생 멘토 등
기대효과	1. 멘토는 이기주의에서 이타주의로 섬김 리더십의 자세로 전환된다. 2. 교회는 지역사회와 한마음공동체로 유대가 강화된다. 3. 교회는 지역사회와 정보교류가 이루어져 전도활동이 활발해진다. 4. 교회 멘토를 모델로 전 교인의 지역사회 봉사열기가 확산된다. 5. 교회와 지역사회와 멘토링 Human Belt로 교회 이미지가 상승된다.

제3장 희망 멘토사역 365 멘토링

1. 희망 1 - 목회 핵심역량 진단표

이 진단은 목회자 전용으로 하나님의 소명으로 주어진 목회 리더십 은사 중에서 5가지 핵심역량으로 선정하여 개발 상태를 현재 시점에서 자기 점검으로 평가한다. 4-3-2-1-0점으로 표시하고 전체 100점 만점으로 나의 실제 점수를 평가한다.

역량 5가지	진단 설문 도구(Test Tool)	Check
1. 리딩 Leading ( )	1. 성전개념에서 내려와 예배당으로 평신도와 동행한다.	4 3 2 1
	2. 최대[量]보다는 최고[質]교회를 일구는 꿈을 꾼다.	4 3 2 1
	3. 내가 먼저 변하고 교회가 변하면 세상은 자연히 변한다.	4 3 2 1
	4. 성도의 구미(口味)보다는 하나님 만족을 우선한다.	4 3 2 1
	5. 눈을 감고 마음를 열어 원할한 소통을 이루고 있다.	4 3 2 1
2. 인성 Humanity ( )	1. 지적으로 잘 갖춘 신학에 인격과 품성을 갖추고 있다.	4 3 2 1
	2. 삶의 방법 중에서 당근과 초달을 균형 있게 시행한다.	4 3 2 1
	3. 인간의 탈인 잎을 벗기고 주님의 몸인 가죽옷을 입힌다.	4 3 2 1
	4. 목회를 우정보다는 인격을 그보다는 사명으로 실천한다.	4 3 2 1
	5. 하나님을 사랑한 만큼 인간도 그만큼 사랑한다.	4 3 2 1
3. 균형 Balance ( )	1. 지적인 설교와 감성적인 설교에 균형을 맞추고 있다.	4 3 2 1
	2. 믿음을 강조한 만큼 실천의 순종 메시지도 강조한다.	4 3 2 1
	3. 부름 받은 특권과 보냄 받은 소명의 메시지가 균형이 맞는다.	4 3 2 1
	4. 하늘의 축복과 세상의 축복에 대한 가르침이 균형이 맞는다.	4 3 2 1
	5. 부자에게는 강하고 약자에는 부드러운 목회를 하고 있다.	4 3 2 1
4. 경쟁 Competition ( )	1. 목회 기술이 아니라 영적인 힘으로 세상을 변화시킨다.	4 3 2 1
	2. 겸손, 정직, 단순함은 기본이고 그 위에 믿음이 가장 큰 무기다.	4 3 2 1
	3. 세상의 탐욕과 권력과 세상 승리가 가장 큰 우상이다.	4 3 2 1
	4. 목회에서 양적보다 사람을 먼저 키우는 데 지혜를 모은다.	4 3 2 1
	5. 예수님의 한 사람 철학으로 나보다는 남을 먼저 세운다.	4 3 2 1
5. 전략 Strategy ( )	1. 평생교육으로 성경 및 신학 공부에 계속 힘쓰고 있다.	4 3 2 1
	2. 항상 양심의 소리에 귀를 기울이고 영성의 문이 열려 있다.	4 3 2 1
	3. 섬기는 사회로부터 어떠한 대가도 치를 각오가 되어 있다.	4 3 2 1
	4. 세상의 웰빙 축복과 주님이 때문에 고난의 축복도 겸한다.	4 3 2 1
	5. 성도에게 기복 신앙보다는 주님의 열정신앙을 우선 권한다.	4 3 2 1
평가자 선정	목회자 ( )	

2. 희망 2- 가치관 목회 재정립 체크리스트

1) 사명의 조건

먼저 하나님나라와 하나님영광을 챙기고 그후 사회와 국가에 공헌하는 거시적 관점을 가져라.

오늘날 교회는 물적 성장에 매여 있지만 그러나 이익을 추구하는 기업이나 공익을 추구하는 공공기관 조직과는 다르다. 혼자 성장해서 대교회 실현에 집중만

하지 말고 하나님나라와 사회에 보탬이 되는 가치를 창출해야 한다. 교회가 사명을 갖추어야 할 이 같은 조건을 '거시성'이라고 부른다.

2) 핵심가치의 조건

교회의 핵심가치 등 모든 것에 일관성 있게 적용하고 실천하라.

이는 핵심가치를 동일하게 적용해야 한다는 뜻이다. 사역하는 방식과 행동의 우선순위를 가장 크게 좌우하는 것이 바로 핵심가치이기 때문이다. 사공이 많으면 배가 산으로 가듯이, 핵심가치가 일관성을 잃으면 사역이 엉뚱한 방향으로 진행할 공산이 크다. 이 일을 하는 사람은 이 가치, 저 일을 하는 사람은 저 가치를 따르려고 하면 한 교회 내에서 서로 모순된 가치가 충돌해 결국 교회운영이 뒤죽박죽이 되고 만다. 한편 현재 대부분 교회에서 하듯이 핵심가치를 만들어 놓기만 하고 지키지 못하면 교인들은 그 가치를 장식품 정도로밖에는 생각하지 않는다. 제대로 지키지 못할 가치는 처음부터 만들지 말거나 우선순위를 낮추어야 한다. 목회자의 언행일치는 좋은 가치관을 만들고자 하는 교회가 우선적으로 지켜야 할 덕목이다.

3) 비전의 조건

지향점이 확실히 명시된 미래의 방향설정이다.

이는 가슴 뛰는 지향점이 비전에 녹아들여야 한다는 의미다. 또한 그 지향점은 확실하게 명시되어야 한다. '글로벌'이나 '국내' 1위 교회가 되겠다와 같은 말은 너무 막연하다. 수치를 사용한다고 해서 지향점이 반드시 명확해지는 것도 아니다. 현재 상황을 고려치 않고 꿈만 크게 꾸는 것도 경계해야 한다.

구분	조건	관련질문	전혀 아니다~ 매우 그렇다				
사명	구체성	우리 교회가 제공하는 가치가 잘 드러나 있는가	1	2	3	4	5
	거시성	가치를 창조하고 세상에 공헌할 수 있는가					
핵심 가치	구체성	행동과 의시결정의 정확한 기준이 될 만큼 구체적이고 명쾌한가					
	일관성	어떤 경우에도 동일하게 적용될 수 있는가					
		우리의 사역하는 방식을 잘 나타내고 있는가					
비전	구체성	우리 교회의 미래 모습을 구체적으로 표현하고 있는가					
	방향성	교회의 10년 후 모습이 생생하게 그려지는가					
		교회의 지향점이 가슴 뛸 만큼 도전적인가					

3. 희망 3-롤모델 교회 서면 진단 도구

이 진단은 주관적 서면평가 방식으로 00교회 역할모델(Role Model) 선정을 위한 것이며 교회 직분자 중에서 10년 이상 된 자로 교회 전반을 잘 파악하는 자를 평가자로 선정했다. 25개 각 진단도구마다 4−3−2−1−0점으로 표시하고 전체 100점 만점으로 교회 실제 점수를 평가하도록 했다.

핵심가치 5가지	진단 설문 도구(Test Tool)	Check
1. 예배 레이투르기아 1등 ( )	1. 성령의 역사하심으로 인한 감동의 예배가 드려진다.	
	2. 다양한 형식으로 예배 프로그램을 개발하여 드려진다.	
	3. 목사님 설교가 복음 중심이고 은혜로워 감동받는다.	
	4. 오로지 하나님께만 영광 돌리는 예배가 드려진다.	
	5. 예배 중요성을 강조하고 예배 전에 철저한 준비를 한다.	
2. 교육/양육/훈련 디다케 4등 ( )	1. 체계적인 훈련을 통해 지도자를 양성한다.	
	2. 성경공부를 체계적으로 열심히 한다.	
	3. 신앙과 삶을 일치시키는 교육을 한다.	
	4. 다양한 프로그램을 통한 균형 잡힌 교육을 한다.	
	5. 소그룹을 통한 활발한 교육을 한다.	
3. 교제/친교 /성도 간 연합 코이노니아 5등 ( )	1. 교회 각 기관 부서가 연합하여 친목이 이루어진다.	
	2. 소그룹에 많은 인원이 참여하고 교제가 활발하다.	
	3. 지역사회 기관과 단체 그리고 주민과 친밀한 관계다.	
	4. 목회자와 성도 간에 친밀한 교제가 이루어지고 있다.	
	5. 지역교회 또는 노회 소속 교회와 연합이 잘 이루어진다.	

4. 봉사/사회적책임 디아코니아 3등 ( )	1. 지역사회를 섬기고 협력사업 등을 잘하고 있다.	
	2. 가난한 자, 소외된 자 등 지역사회의 약자를 돌보고 있다.	
	3. 사회정의에 관해서는 선지자적인 입장에서 거론한다.	
	4. 지역사회를 위하여 문화사역을 통하여 봉사하고 돌본다.	
	5. 교회에서 지역사회봉사 대원을 체계적으로 훈련한다.	
5. 전도/선교 케리그마 2등 ( )	1. 해외선교/농어촌 전도에 우선 힘쓰고 있는 교회다.	
	2. 다양한 선교 프로그램 및 전략을 가지고 있다.	
	3. 교회를 개척하여 분립하고 타 교회 지원을 활발하게 한다.	
	4. 지역 교회 중에서 지역사회 복음화에 가장 앞장서고 있다.	
	5. 교회의 사회적 책임에 재정도 적극적으로 지원한다.	
평가자 선정	장로 10명 권사 10명 집사 10명 계: 30명	

4. 희망 4-인격계발 Star Game 진단도구

인격가치개발은 멘토링 활동기간에 현재 자기의 인격지수를 진단하여 상호간 고품격의 인격계발로 업그레이드하고자 한 것이 목적이다.

절대평가로 타인과 비교할 필요 없이 자기의 삶의 현장에서의 습관과 행동을 그대로 표시하면 된다.

다음의 각 설문이 당신의 경우에 얼마나 해당되는지 아래 점수를 기록하되 설문 한 개당 5점, 4점, 2점, 1점, 0점으로 한다.

주제	번호	진단 설문 도구(Test Tool)	점수
마음 지수	1	나는 타인을 위해 넓게 포용력을 발휘하는 편이다.	
	2	나는 이웃을 위해 구체적으로 헌신 봉사한 사례가 있다.	
	3	나는 다른 사람과 다툼이 있을 때 먼저 화해를 청한다.	
	4	나는 타인을 책망하기보다는 칭찬을 더 많이 해 주는 편이다.	
지식 지수	5	내가 소지한 자격증이나 노하우를 활용하고 있다.	
	6	내가 취득한 기술이나 정보를 제대로 활용하고 있다.	
	7	나의 IT(정보기술-컴퓨터 인터넷 등) 실력은 수준급이다.	
	8	나의 외국어실력은 외국인과 의사소통을 잘한다.	
건강지수	9	나는 정기적으로 건강을 위해 운동을 한다.	
	10	나는 건강에 유의하면서 음식을 가려 섭취한다.	
	11	나는 정신 수양을 위해 명상의 시간을 갖는다.	
	12	나는 스트레스를 받으면 바로 풀려고 노력한다.	

	13	나는 직장에서 구성원과 인간관계가 좋은 편이다.	
관계지수	14	나는 가정에서 식구들과 대화를 잘하는 편이다.	
	15	나는 사회에서 학회나 전문인 모임에서 교제를 넓히고 있다.	
	16	나는 사회 건전 단체나 봉사 기관에 참석하고 있다.	
관리 지수	17	나는 윤리의식에서 선(善)과 악(惡)을 판단하여 행동한다.	
	18	나는 혈기(血氣), 식욕(食慾), 성욕(性慾) 등 절제력이 있다.	
	19	나는 생애 목표로 시간(時間)과 자금 계획을 세우고 있다.	
	20	나는 승진 등 리더십 개발을 위한 계획을 갖고 있다.	
합계		탁월(81~10) 우수(61~80) 보통(41~60) 부족(21~40) 미달(01~20)	

5. 희망 5-인성교육 365 프로젝트

1) 인성교육 목회란 무엇인가?

(1) 멘토가 인격적인 면에서 지, 정, 의 3요소를 통째로 개발해 주는 전인적인 도움을 의미한다.

(2) 멘토가 영역적인 면에서 가정, 직장, 사회 등 전 영역에서 통째로 도움 주는 것을 의미한다.

(3) 멘토와 둘이서 하나 되어 12개월 활동에서 1) 교육수강, 2) 미팅활동, 그리고 현장답사 등 통째로 프로그램이 진행되는 것을 의미한다.

2) 인성교육 목회 현장 적용 단계

오늘날 목회 현장에서 인간성과 윤리리더십 상실로 교회마다 심각한 갈등과 분쟁으로 위기에 직면해 있다. 멘토링 인성교육 목회는 아래 인성계발 단계 중 1~4단계를 중점적으로 1년 365일 인격 실행 프로그램을 적용하여 인간성과 윤리 리더십을 회복하고 나아가 전 교인 한마음공동체 구축에 힘을 보태고자 하는 것이다.

[인성교육 진행 6단계]

Step	Part	Contents
1단계	지성 Intelligence	1. 좁은 인격을 넓은 인격으로 개발하는 단계
2단계		2. 인간성과 윤리리더십을 회복하는 단계
3단계	인성 Humanity	3. 타인배려 섬김 리더십을 개발하는 단계
4단계		4. 인격적으로 존경받는 리더로 개발 단계
5단계	영성 Spiritual	5. 하나님 형상(창 1:26~28)과 그리스도를 닮(엡 4:12~13)는 단계
6단계		6. 구원확신 그리고 영생의 단계

제4장 멘토사역단 365 프로젝트

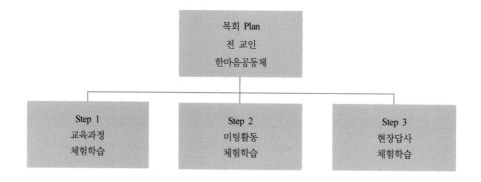

1. 컨설팅 4 Process—12개월의 의미

멘토링은 일회성이 아니고 멘토/멘제가 활동하는 데 일정기간이 필요하게 된다. 아울러 활동에 필요한 사람투자, 설비투자, 자금투자가 필요하게 되는데 교회에서는 이에 대한 생산성 효과를 반드시 측정하는 것이 원칙이다. 멘토링의 목적은 투자를 감안한 인간성 바탕 위에 목회생산성효과를 얻기 위함이다.

개인 멘토링에서는 기간에 큰 문제가 없지만 교회에서는 목표에 의한 평가 문제가 반드시 대두되기 때문에 일반적으로 교회의 법정 회기(會期)에 맞게 12개월을 최소 단위 기간으로 설정한 것이다. 그러나 가장 적합한 기간은 12—Projects 하나하나에 특성과 형편을 감안하여 정하는 것이다.

2. 컨설팅 4 Process – 12개월의 내용

멘토링 활동을 효율적으로 관리하기 위하여 4개 과정(4 Process)을 나누어 편의상 준비과정, 도입과정, 12개월 활동과정 그리고 최종평가과정으로 구분했다.

[Process 1 – 준비과정]

준비과정 단계	과정진행 프로그램
환경분석 ↓ T F Team ↓ 운영매뉴얼	준비과정은 시행 전 3개월 동안 멘토링 활동 12개월 실행을 위하여 미팅교회 운영매뉴얼을 작성하고 4개 프로그램 – 관리, 교육, 활동, 평가 – 을 설계한다. [교회 환경분석(토양 – Soil – 테스트)] 1. HPI 행복지수 진단도구, 2. HCI 희망지수 진단도구 3. SWOT 강약지수 진단도구 [TF Team] 1. 교회 멘토링 위원장, 2. 모니터(매니저) 3. 멘토/멘제 [운영 매뉴얼 5가지 선행 조건 작성] 1. Project(활동목표), 2. 활동기간, 3. 활동시종, 4. 멘제그룹 5. 멘토그룹

[Process 2 – 교육과정]

교육과정 단계	과정진행 프로그램
멘토/멘제 선정 및 교육 Workshop 겸행 멘토 ⇕ 결연식 멘제 1:1 결연식 진행	교육과정은 활동개시 Workshop을 시작으로 멘토/멘제 상견례 그리고 1시간 정도 당회장 참석하에 결연식 순서를 진행하고 마지막으로 이벤트식 만찬에 멘토/멘제를 초대한다. [교육과정] 전문가과정 20~80H 멘토과정 08~60H 목회자과정 04~40H Workshop 04~20H 인격계발과정 08~40H [결연식] 멘토/멘제 1:1 결연식 프로그램 진행

[Process 3 - 활동과정]

활동과정 단계	과정진행 프로그램
개인/그룹 미팅 모니터링 상담/설문 보고활동 문제점 발견 대응활동	활동과정은 멘토/멘제가 12개월 동안 개인활동, 전체 모임인 그룹활동 등을 위한 프로그램이다. 활동 촉진을 위하여 주간별 서비스, 월간서비스, 계간서비스, 마지막 종료 서비스를 제공한다. **[주/월간미팅 개인활동]** 1. 주간 정기 미팅활동 2. 월간 정기 미팅활동 **[월간보고활동]** 1. 멘토 월간활동보고서 **[계간미팅 그룹활동]** 1. 보수교육 2. 중간 평가 3. 그룹친목회

[Process 4 - 평가과정]

평가과정 단계	과정진행 프로그램
멘토링 성과측정 측정결과 토의 ↓ 결론 ↓ 상호 존중	평가과정은 멘토링 참가자들에게 책임감과 자부심을 갖게 하는 것으로 정량/정성평가로 구분하여 실시하고 종료 후에 멘토 인증서를 제공한다. **[정량평가]** 1. 유지율 2. 정착률 3. 성과율 4. 확보율 5. 달성률 6. 회수율 **[정성평가]** 1. 멘토링 사역 만족도 2. 관계 만족도 3. 활동 만족도 4. 교회조직 만족도 **[인증서 수여]** 1. 멘토인증서 수여

3. 멘토링 활동 현장답사 프로그램

멘토링 현장답사 체험학습은 크게 두 가지로 나눌 수 있는데 멘토/멘제 한 쌍이 콤비로 하는 방법과 멘토/멘제 쌍 전체가 그룹으로 하는 방법이 있다. 여기서 활동 주제선정은 지정의(知情意)의 면을 감안한 인격주제로 선정했다.

인격활동주제	세부 소재 내용
知 - 전문분야 체험 1. 학업 및 지식 성취를 위한 활동	*도서관 탐방 서점탐방 *전문세미나 등 함께 읽기 *멘제의 전문관심과제에 대한 정보를 조사하고, 습득하도록 도움 *인터넷상에서 전문과제 정보 찾기 *외국어 학습이나 해외연수 등을 개인지도 *컴퓨터나 인테넷 사용방법을 가르침 *박물관 방문 및 방문에 대한 보고서나 스피치 준비
情 - 정서분야 체험 2. 개인적 정서 관계 진전을 위한 활동	*멘제가 좋아하는 음식으로 식사 *멘제가 가보고 싶어 하는 곳 - 한강/산/바다/등을 방문 *멘토/멘제 상호 가정에 초대 *영화 연극 음악회 등 관람 *야구장, 축구장, 농구장 방문 *볼링이나 포켓볼을 함께 즐김 *시장이나 백화점을 함께 다님 *함께 장애인 시설이나 병원에 봉사 활동
意 - 의지분야 체험 3. 진로 탐색 또는 리더로 준비를 위한 활동	*멘토/멘제의 출신 학교나 지역 모범 직장 방문 *관심분야에 대한 자료와 정보 제공, 선배와 만남 주선 *전문분야에 대한 자료와 정보 제공, 선배와 만남 주선 *기술박람회, 산업박람회에 참석 *진로에 대한 것들에 대해 토론

4. 멘토사역 12개월 일정표

멘토링 활동기간은 바로 멘토/멘제 활동기간이 기준이 된다. 멘토링 활동기간 설정은 멘토링 활동 Project에 좌우된다. 특별히 금번 소개하는 12개월 일정표는 3개월을 준비과정으로 하고 실행과정 12개월로 설정하여 샘플로 소개하는 것으로 교회에서 실정에 맞게 목표선택과 활동기간은 주문형으로 가능하다.

구분	예비1	예비2	예비3	실행1	2	3	4	5	6	7	8	9	10	11	12	비고
준비과정 1. 환경분석 2. 시스템구축 3. 매뉴얼작성	☐	☐	☐													
교육과정 4. 교육과정 5. 결연식				☐												
활동과정 6. 주/월간활동 7. 보고활동 8. 계간활동				☐	☐	☐ ☐	☐	☐	☐ ☐	☐	☐	☐ ☐	☐	☐	☐ ☐	
평가과정 9. 활동평가 정량/정성평가 10. 멘토인정						☐			☐			☐			☐	

희망 한국교회

멘토링
프로젝트

초판인쇄 | 2012년 3월 5일
초판발행 | 2012년 3월 5일

지 은 이 | 류재석
펴 낸 이 | 채종준
펴 낸 곳 | 한국학술정보㈜
주   소 | 경기도 파주시 문발동 파주출판문화정보산업단지 513-5
전   화 | 031) 908-3181(대표)
팩   스 | 031) 908-3189
홈페이지 | http://ebook.kstudy.com
E-mail | 출판사업부 publish@kstudy.com
등   록 | 제일산-115호(2000. 6. 19)

ISBN   978-89-268-3172-4 03230 (Paper Book)
        978-89-268-3173-1 08230 (e-Book)

이담 /books 는 한국학술정보(주)의 지식실용서 브랜드입니다.